读客女性主义文库

熊猫君激发个人成长

女性生存战争

[日] 上野千鹤子 著
郭书言 译
李亚姣 校

女たちのサバイバル作戦

文匯出版社

图书在版编目（CIP）数据

女性生存战争 /（日）上野千鹤子著；郭书言译. — 上海：文汇出版社，2023.6
ISBN 978-7-5496-4031-7

Ⅰ.①女… Ⅱ.①上…②郭… Ⅲ.①女性-文化研究-日本 Ⅳ.①G131.3

中国国家版本馆 CIP 数据核字 (2023) 第 071765 号

ONNATACHI NO SURVIVAL SAKUSEN by UENO Chizuko
Copyright © 2013 UENO Chizuko
All rights reserved.
Original Japanese edition published by Bungeishunju Ltd., Japan in 2013.
Chinese (in simplified character only) translation rights in PRC reserved by Dook Media Group Limited, under the license granted by UENO Chizuko, Japan arranged with Bungeishunju Ltd., Japan through BARDON CHINESE CREATIVE AGENCY LIMITED, Hong Kong.

中文版权 © 2023 读客文化股份有限公司
经授权，读客文化股份有限公司拥有本书的中文（简体）版权
著作权合同登记号：09-2023-0474

女性生存战争

作　　者 /	［日］上野千鹤子	
译　　者 /	郭书言	
审　　校 /	李亚姣	
责任编辑 /	陈　屹	
特约编辑 /	张　齐　　夏文彦	
封面设计 /	陈艳丽	

出版发行 / 文汇出版社
　　　　　 上海市威海路 755 号
　　　　　（邮政编码 200041）
经　　销 / 全国新华书店
印刷装订 / 三河市龙大印装有限公司
版　　次 / 2023 年 6 月第 1 版
印　　次 / 2023 年 6 月第 1 次印刷
开　　本 / 880mm×1230mm　1/32
字　　数 / 231 千字
印　　张 / 10.5

ISBN 978-7-5496-4031-7
定　　价 / 66.00 元

侵权必究

装订质量问题，请致电 010-87681002（免费更换，邮寄到付）

目　录

第一章　新自由主义、国家主义与性别　001

导　言　002
什么是新自由主义　003
全球化与新自由主义　007
新自由主义、"男女共同参画"与国家主义　010
新自由主义和国家主义是好伙伴吗？　013
新自由主义与"男女共同参画"之间的危险关系　015
男女共同参画、国家主义与保守逆流（Backlash）　018
新自由主义改革为什么推进男女共同参画？　020

第二章　《男女雇佣机会均等法》是什么？　027

成为国策的男女共同参画　028
应该修改《皇室典范》吗？　030
在《男女雇佣机会均等法》颁布之前　031
《均等法》有怎样的作用？　039
《均等法》的漏洞　041
禁止招聘"仅限男性"，允许招聘"仅限女性"　042
为什么女性管理人员的数量没有增加？　043

i

钻《均等法》的空子	045
《均等法》真的在保护女性吗？	050
《均等法》修正案的颁布	052

第三章　劳动大爆炸　　　　　　　　　　057

放宽劳动力市场管制	058
"新时代的'日式经营'"	061
政界、商界、官僚界和工会的合谋共犯	066
差距的问题化	069
女女格差	073
《男女雇佣机会均等法》的讽刺意味	075

第四章　新自由主义与少子化　　　　　　079

少子化：新自由主义的"效果"	080
从晚婚化到不婚化	082
"奉子成婚"越来越多	084
非婚生育率之谜	086
日本事实婚姻不增加的原因	087
建立现代家庭	089
性革命的历程	092
作为少子化对策的单亲妈妈支援	095
不结婚的都是谁？	097
等待结婚的女性	101

从优雅寄生到被迫寄生 104
真正的少子化对策是什么？ 105

第五章 新自由主义与性别 107

新自由主义的两种影响 108
女性的高学历化 109
教育的成本和收益 112
对女儿进行的教育投资 115
专业的性别隔离 117
女儿的学校 119
女生的"实学"志向 121
女儿偏好之谜 125
不允许失败的育儿 129
女儿受苦的时代 133

第六章 新自由主义对女性的影响
——在"胜间派"和"香山派"之间 137

母亲和女儿 138
守墓女的负担 140
机会均等和优胜劣汰的原则 143
心理健康问题增加 144
新自由主义的效果？ 147
胜间派vs香山派 149

女儿的双重负担 151
代际锁链 153

第七章 "男败犬"都去哪儿了？ 157

"女败犬"和"男败犬" 158
父母"基础设施"庇护下的"单身贵族" 162
《败犬的远吠》为什么没有男性版？ 167
雇佣崩溃的风险 168
男性的"婚活"压力 171
"男败犬"的老后 175
男性的绝招？ 180

第八章 新自由主义、保守逆流和国家主义 183

导　言 184
新自由主义和"男女共同参画" 186
谁是保守逆流的真正实施者？ 190
"保守逆流"的共通点 193
保守逆流的手法 197
"攻击女性"的历史 204
新自由主义与国家主义 206

第九章　女性从新自由主义中受益了吗？　　211

回答："是，也不是。"　　212
新自由主义和"女女格差"　　214
女性的分裂与对立　　217
新自由主义和女权主义　　218
日之丸女权主义？　　221
女权主义者的参与？　　225

第十章　性别歧视合理吗？　　235

谁是"劳动崩溃"的罪魁祸首？　　236
企业内部是否存在性别歧视？　　238
性别歧视是经济合理的吗？　　244
歧视型企业与平等型企业　　247
平等型企业与歧视型企业展开竞争，结局如何？　　251
"能够连续奋战24小时吗？"　　253

第十一章　新自由主义的陷阱　　255

导　言　　256
离职率是万恶之源吗？　　260
适应新自由主义　　263
"妈咪轨道"的陷阱　　266
那么"楷模"到底是什么？　　270

v

第十二章　为了女性的生存　　　　　　　　277

给女生的建议？　　　　　　　　　　　　　　278
"Bari Career"，还是"Happy Career"？　　281
揖美追欧？　　　　　　　　　　　　　　　　288
制度的变革　　　　　　　　　　　　　　　　291
规则的变革　　　　　　　　　　　　　　　　294
多样性　　　　　　　　　　　　　　　　　　296
个人的多样性　　　　　　　　　　　　　　　297
回归"百姓"生活　　　　　　　　　　　　　302
互助机制　　　　　　　　　　　　　　　　　305
最后的话　　　　　　　　　　　　　　　　　307

后　记　　　　　　　　　　　　　　　　　311

译后记　　　　　　　　　　　　　　　　　319

第一章

新自由主义、国家主义与性别

导　言

　　日本妇女解放运动已历经四十春秋。在第二波女权主义迎来不惑之年的时候，我自己也年过花甲，成为一名"高龄者"了。

　　在过去的40年里，日本女性的生活境况真的得到改善了吗？每次被国外媒体或者年轻记者问到这个问题时，我都会默默陷入沉思。

　　如果非要找个答案的话，那我想回答：是，也不是（Yes and No）。

　　在某些方面，女性的生活确有改善，但在其他方面却变得更加艰难，而这种艰难好像与过去的那种苦日子完全不是一回事。

　　在这本书中，我将从以下几个问题入手，谈谈这样想的理由：

　　生活为什么会变成这样？

　　问题到底出在哪里？

　　我们应该怎么办？

　　——当然，能不能把这些都说清楚，我心里是没底的。

　　在此之前，让我们先回顾一下催生了日本妇女解放运动和女权主义的过去40年吧。这40年到底是个怎样的时代呢？没有谁可以选择自己生于何时。对40岁上下这一代女性来说，她们是这40年的"原住民"；而对我来说，这40年就是我成年以后的全部人生。这个时代的沧桑巨变，我不仅是亲历者，更是参与者。作为这段历史的活生生的见证人，我期望在自己的观察和经验之上，基于一些数据，一同为当今日本在时代浪潮中找准位置。虽然我们每个人都难免被时代的浪潮摆布，但我们还是可以谈谈日本女性到底经历了怎样的变化；谈谈面对浪潮，我们应该如何自处。

什么是新自由主义

一言以蔽之，过去40年就是"新自由主义改革时代"。

"Neoliberalism"这个术语被翻译为新自由主义，有时也被称为市场原教旨主义（Market fundamentalism）。它主张，基于市场的自由竞争是资源配置的最有效方式，因此要求不断放宽对竞争的限制，一切都由市场的公平竞争决定。成王败寇，优胜劣汰——这就是竞争的规则。

2001年的小泉内阁是第一个打着新自由主义改革（在日本也称"结构性改革"）旗号的日本政权，但小泉纯一郎并不是新自由主义改革的开创者。在此之前，日本一直贯彻着新自由主义改革的管制放松路线，并且小泉早就有了榜样。所谓榜样，就是20世纪80年代英国的撒切尔夫人改革和美国的里根经济学。因此，小泉改革也被叫作"落后20年的保守革命"。

小泉下台后，严重的贫富差距成为新自由主义改革的"负面遗产",饱受社会各界诟病。但小泉本人和以竹中平藏为首的智囊团丝毫不认为改革有什么问题。看看他们的发言就知道了！他们认为"创业未半"而政权中途倒台，改革因而并没有达成预期的目标。他们还不甘心地说，要是让他们接着干下去，可能不会搞得这么狼狈。后来，这位竹中先生再次成为安倍政权智囊团的一员，而"安倍经济学"正是新自由主义改革路线的延续。

这个"改革"到底是什么东西呢？

以1973年的石油危机为契机，新自由主义的风潮席卷全球，而《增长的极限》(The Limits to Growth)这篇罗马俱乐部的报告[1]，恰恰发表于1972年。这并非巧合。当时，世界各国领导人已经意识到资源、能源和环境承载力是有限的。从第二次世界大战的破坏中复苏过来的发达工业国家一直以一往无前的经济增长为发展目标。但是随着石油输出国的出口限制和油价上涨，能源断供突如其来，发达国家顿时陷入恐慌，石油危机随即爆发。那时，日本已经成为世界汽车大国之一。想想看，可以说日本是一个根本不产石油的远东岛国，如果石油供应被切断，汽车会立刻变成一堆废铁。燃烧重油以支撑全国电力供应的火力发电厂也会立刻停摆。一旦石油耗尽，日本经济将陷入全面停顿！这样的恐慌愈演愈烈，究其原因，战后日本严重对外依存，是一个脆弱的社会。

一旦石油供应停止，一切经济活动都会受到影响，生活用品

---

1 罗马俱乐部（The Club of Rome）成立于1968年，是一个研究全球问题的民间智库组织。《增长的极限》是罗马俱乐部发布于1972年的一篇报告式经济学著作，探讨了人口、资源、环境对经济发展的限制问题。——译者注（本书脚注均为译者注。原文中标注格式为[1]的均为作者注，见各章节末页。）

一定会短缺，由于老百姓的这种预感，各地还发生了抢购厕纸的骚动。那时，已经有很多人住在高层公寓和居民楼之类的都市住宅中。对他们来说，缺乏厕纸是一个生死攸关的问题。当时很多日本人已经选择了这种现代化的生活方式——告别旱厕，而且人们也不会再用报纸当厕纸了。（人们确实曾用报纸当厕纸！）

我们最近还意识到，也正是在那个时候，政府开始把核能发电当作国策推进。这一政策的意图正是寻找石油的替代品，以确保能源安全吧。

我们知道，自由主义（Liberalism）是支撑市场经济的原则。而随着萧条和失业等市场失灵的情况出现，国家就需要伸出"看得见的手"，用财政政策和货币政策干预市场，凯恩斯主义政策也算是一种"修正资本主义"。在凯恩斯主义的统治仍在继续之时，自由主义重新梳妆打扮，以另一种姿态再次登场。这就是新自由主义。

1973年的石油危机改变了国际经济秩序。为了打造"强劲的经济"，市场选择机制变得至关重要。因此，必须淘汰效率低下的亏损部门，发展高利润率的产业部门。这就是所谓"产业结构调整"（Restructuring）。由此，发达工业国家（日本也是其中之一）必须将无利可图的产业部门转移到追赶型经济体——发展中国家，从而将本国投资集中在高附加值领域。这种调整的紧迫性一日强于一日。为此，这些国家推出了一揽子改革政策：取消对传统产业的保护；放宽对新进竞争者的限制；将效率低下的公共部门（包括铁路和邮政服务等）从国家机关中拆分出来，将其民营化；一项接着一项废止公共福利。

在英国推进新自由主义改革的是前首相"铁娘子"撒切尔夫

人。所以你看，主张邮政民营化的小泉改革，根本不是什么新鲜玩意儿。在此之前，还有中曾根内阁力推日本国有铁道的民营化[1]。从那时起，日本的新自由主义改革就在推进中了。

撒切尔夫人是一个打造了"强劲经济"的"强劲政治领袖"。此言非虚，撒切尔夫人成功重塑英国经济，使得英镑汇率重新坚挺，饱受慢性"英国病"[2]之苦的老大帝国由此续上了若干年寿命，撒切尔夫人作为政治家，所获的评价不低，可实际上，她却很不得人心。

英国电影《铁娘子：坚固柔情》（*The Iron Lady*）的主人公是80多岁、罹患了阿尔茨海默病的撒切尔夫人。这部电影描绘了她在英国民众中不受欢迎的程度。撒切尔夫人首次就任英国首相是在1979年。从那以后，英国的失业补贴和福利就一直缩水。不论在东洋还是西洋，这种抛弃弱者的新自由主义改革的阴影，最终都会降临到妇女和年轻人身上。英国女权主义者刻骨铭心地感受到，即使女性成为国家领袖，也不能保证她会对女性施行善政。

比撒切尔夫人稍晚，里根于1981年就任美国总统，并推动了类似的新自由主义改革。这就是所谓的"保守革命"。

"保守"和"革命"组合在一起，很奇怪吧？通常，如果"保

---

[1] 1987年4月，时任日本首相的中曾根康弘领导内阁进行日本国有铁道（国铁）的分割和民营化改革，将原来的国铁拆分为6个"旅客铁道会社"和1个"货物铁道会社"，并将拆分出来的经营实体全部民营化。
[2] 英国在战后实行凯恩斯主义的经济政策，推行国民经济命脉行业国有化，实行"从摇篮到坟墓"的社会保障。20世纪60—70年代，由于社会负担过重，经济活力不足，英国陷入滞胀：财政状况恶化，劳资纠纷频发，社会不满丛生……这就是所谓的"英国病"。

守"和"进步"互相较量，那么"进步"方的立场才应该叫作"革命"立场。然而，从这个时期开始，为了应对新的全球秩序的变局，挥舞着改革大旗的恰恰不是进步力量，而是保守阵营。攻守之势变易，保守派摇身一变，成了"改革派"；而原来的进步派被逼到墙角，成了"守旧派"。不论什么力量，只要开始被动防守，不再进取，也就失去了对民众的吸引力。这个时代就是"进步"大厦将倾，失去魅力的时代。

全球化与新自由主义

为了应对全球化和随之而来的国际秩序重构，各国普遍进行新自由主义改革。这是一种适应性策略。20世纪90年代，日本的新自由主义改革正式启动。与其他发达工业国家相比，日本实际上成功拖延了本应该在石油危机之后就立即实行的结构性改革，从而也拖延了改革阵痛的到来。

通过走"劳资协调路线"[1]保持经济高速增长的日本社会，在确保稳定就业的同时，利用公司内部的职务调动熬过了结构性改革的阵痛时期。日本企业十分类似变形虫，长期实行多种经营战略。这种将触手伸向各行各业的经营方式是一种劳资双方共存共荣的战略，使得作为命运共同体的企业可以守护所有的员工。日本企业内部遵循着这样一种人才培养原则：与其提升员工的专业能力，不如

---

1 劳资协调路线（労使協調路線，勞資協調路線）指劳动者通过工会与资方谈判、协作，促进企业利润的增长，从而在最终的收入分配中享有更多的份额。

让他们成为全能的组织型人才。只要继续把蛋糕做大，无论怎么分配都没有关系。

企业福利与现代家庭的组合，被称为"企业社会主义"。这一在经济高速增长时期建立的组合，一直延续到结构性改革时期。20世纪80年代的泡沫经济，就是这一体制的最后一朵灿烂而无果的花。在其他发达工业国家都在为产业结构转型而苦苦挣扎的时候，我们为"日式经营"（终身雇佣、年功序列工资制、企业内部工会）的成果感到自豪；当西方国家直面"性革命"和家庭崩溃等问题时，我们为"日本式家庭制度"的稳定性感到自豪。回想一下，所谓的"家庭主妇优待政策"——年金制度的"第三号被保险者"[1]正是在1986年被制度化的。在这个时期，国家政策显然这样诱导女性："嫁给上班族，成为全职主妇，走上人生巅峰。"

这时候，像傅高义这样的外国学者纷纷吹捧"日本第一"，日本也举国上下陶醉其中。

然而，日本社会不得不为改革的推迟付出代价。

1991年，泡沫经济崩溃。请大家牢牢记住这一年。在这一年，对于日本来说，发生了三件足以动摇国本的事件：一是泡沫经济的崩溃；二是冷战秩序因苏联解体而瓦解；三是"战后处理问题"[2]的集中

1　日本的年金制度即养老保险制度。养老保险加入者共分为第一号、二号和三号三个种类。第一号被保险者是自营业者、农民、学生和无业人员等；第二号被保险者是企业职员、国家公务员等；第三号被保险者是全职主妇（主夫）。成为第三号被保险者的条件是"年收入未达到130万日元，且是第二号被保险者的配偶"。前两类被保险者都有缴纳养老保险的义务，而第三号被保险者无须自己缴纳养老保险，其养老金由其配偶加入的年金制度负担。
2　指日本的战争罪行的善后问题，包括领土归还、战争赔款、受害者补偿、战争谢罪等事宜。

爆发，其中就包括后来进步派与保守派长期争论的"慰安妇"问题。

20世纪90年代，面对日益猛烈的全球化风暴，日本被迫卷入了这三个难题之中。然后，众所周知，长期的结构性衰退和无穷无尽的通缩螺旋就开始了。与此同时，随着老龄化和少子化，日本又陷入了人口持续减少等人口结构变化的泥沼。时至今日，我们还深陷其中，无法脱身。

此时，已经开始的新自由主义改革在日本进行"业务扩张"，以"行政改革"的名义正式启动。经济衰退开始时，虽然政府也用强心剂一样的传统行政手段——基础设施投资来刺激经济，但这种手段已经显露颓势，成了负债无底洞。仔细想想，20世纪80年代苦于财政、贸易"双赤字"的美国，现在已经重整财政，振作起来了；而享受着从容富裕、"健全财政"的日本，现在却变成了世界上数一数二的负债大国。这才过了20年啊！这就是人祸，政治带来的人祸，而人祸的代价总是由我们老百姓承担。

表1-1列出了1991—2012年的日本内阁。因为基本上都是短命政权，记住这些首相的名字并非易事。但还是让我们牢牢记住，哪个政党的哪个政客都干了些什么事情！我们正在反刍的记忆不是别的，正是这些无能政客给国民带来的无尽哀叹。

表1-1　1991—2012年的日本内阁

任期	首相姓名	党派
1991—1993年	宫泽喜一	自民党
1993—1994年	细川护熙	反自民党执政联盟

（续表）

任期	首相姓名	党派
1994年	羽田孜	反自民党执政联盟
1994—1996年	村山富市	自民党、日本社会党、先驱新党执政联盟
1996—1998年	桥本龙太郎	自民党、日本社会党、先驱新党执政联盟
1998—2000年	小渊惠三	自民党、自由党、公明党执政联盟
2000—2001年	森喜朗	自民党、公明党、保守党执政联盟
2001—2006年	小泉纯一郎	自民党、公明党、保守党执政联盟
2006—2007年	安倍晋三	自民党、公明党执政联盟
2007—2008年	福田康夫	自民党、公明党执政联盟
2008—2009年	麻生太郎	自民党、公明党执政联盟
2009—2010年	鸠山由纪夫	民主党、社会民主党、国民新党执政联盟
2010—2011年	菅直人	民主党、国民新党执政联盟
2011—2012年	野田佳彦	民主党、国民新党执政联盟
2012年	安倍晋三	自民党、公明党执政联盟

新自由主义、"男女共同参画"与国家主义

顺便说一句，新自由主义政权、国家主义、"男女共同参画"政策之间存在一种奇怪的关系。随着新自由主义政策的推进，国家主义得到了加强，但同时政府也有推进性别平等政策的倾向。

举个例子：1999年，《男女共同参画社会基本法》获得通过。这部法律的序言指出："实现男女平等，是决定21世纪我国社会发展方向的最重要课题。"但也就在这个一致通过性别平等法案的国

会会场上，执政党不顾在野党的反对，依靠多数强行通过了《国旗国歌法》，也就是所谓"君之代、日之丸法"[1]。这些保守派政客在同一场国会中，为《男女共同参画社会基本法》和"君之代、日之丸法"同时投了赞成票！

那一年通过的《国旗国歌法》为持续至今的保守浪潮提供了法律依据。这部法律只有两行简短的条文："国旗是日章旗，国歌是《君之代》"，没有对违法、处罚事项做任何规定。推进这项法律的自民党鹰派政治家野中广务做证说"本法没有任何强制的意图"（所以没有任何违法处罚内容）。据说在某次宫中的游园会上，天皇也有"不要强制"的口谕。

然而在21世纪初，东京都政府根据这部法律，规定在公立学校的官方活动（毕业典礼和入学典礼）中，参加者有义务出席升旗仪式并齐唱国歌[1]。违反东京都教育委员会《通知》[2]的公立学校教职员工将受到训告、诫告、停职等处分，如果屡次违反，还要重罚。自从《通知》下发，教育界的紧张情绪每到春天[3]都会被调动起来，每年都有三位数的教职员工遭到处分。即使东京都知事从石

1　该法规定《君之代》为日本国歌，"日之丸"即日章旗为日本国旗。在第二次世界大战结束以前，日本实行绝对主义天皇制的法西斯统治和军国主义体制，国旗、国歌都带上了浓厚的军国主义色彩。日本在战败之后，国旗、国歌虽然没有更换，但是升国旗、齐唱国歌不再是国民的义务，而这一行为也成为反战进步人士与保守右翼势力斗争的焦点问题之一。支持性别平等的人士，往往也是反对军国主义、国家主义，主张反思战争，促进民主化的进步人士。
2　东京都教委的《通知》指《关于在入学典礼、毕业典礼等仪式中升国旗、唱国歌的通知》（『平成15年10月23日15教指企第569号：入学式、卒業式等における国旗掲揚及び国歌斉唱の実施について』）。
3　日本学校的毕业、入学典礼都在春季举行。

原慎太郎换成了猪濑直树,[1]违反《通知》者依然会受到处分。

我想毫不客气地质问这些政客:"你们脑子里到底在想些什么?"此前,自民党当局在1985年的国会中批准了联合国《消除对妇女一切形式歧视公约》(以下简称《消歧公约》)。令人难以置信,投票通过这部"修正、废除一切歧视女性的既存法律、规则、习惯和习俗"公约的不是别人,正是那些包养艺妓、情妇成群的日本"爹味"政治家。公约条文的目标与日本现实之间的落差,实在是令人怅然若失。

众所周知,性别研究专家大泽真理[2]作为政府审议会的专家成员,在制定《男女共同参画社会基本法》方面发挥了积极作用。在和她的谈话[2]中,我略带挑衅地提了一个问题:"(为了让法案终获通过)你是怎么糊弄那些人(政治家)的?"听了我这个提问,保守派立刻就"破防"了,追着我骂了好一段时间。其实在我提出问题后,大泽老师立即回答说:"我没有糊弄他们。我当时认真参与讨论,整个审议会都达成了共识。"骂我的人根本没有引用大泽老师这句回答。我的提问本来是为了插科打诨,而对号入座的恰恰就是那些保守派。大泽老师将与《男女共同参画社会基本法》在同一场议会通过的《国旗国歌法》称为"老爹抚慰法"。对于经历了长期的经济衰退而失去自信的老爹们,国家主义多多少少可以让他们体验到一种团结感。

---

1 石原慎太郎(石原 慎太郎,1932—2022),日本右翼政客,1999—2012年任东京都第14—17任知事,他在任上推动所谓"钓鱼岛国有化"。猪濑直树(猪濑 直樹,1946—),日本作家、政治家。
2 大泽真理(大沢 真理,1953—),日本经济学家、性别学家。

新自由主义和国家主义是好伙伴吗？

新自由主义和国家主义之间有着不可思议的关系。由于某种原因，推动新自由主义改革的政府往往具有强烈的国家主义色彩。

让我们回顾一下日本新自由主义的旗手小泉纯一郎做过什么。2006年8月15日，小泉纯一郎穿着燕尾晨礼服[1]，成了战后第一位，也是至今唯一一位在"终战纪念日"[2]参拜靖国神社的首相。后来几年，小泉还穿着羽织袴参拜，搞得跟Cosplay（角色扮演）一样。每次新任日本首相上台，是否参拜靖国神社，参拜的话什么时候进行，以官方身份还是私人身份参拜……都会成为社会热点话题。靖国神社参拜问题，是反映政治家对于侵略战争的历史认识的一面镜子。不仅如此，靖国神社参拜问题还挑动着东亚战争受害国的神经，直接影响外交关系。不出所料，对于小泉的这出闹剧，中韩两国政府立刻表示谴责。拜小泉所赐，中日两国关系进入了长达五年的冰封期。

如果说小泉在亚洲外交方面有什么成就的话，那就是访问朝鲜、促成被绑架受害者回国[3]。不过，如大家所知，从此以后自民党政府对绑架问题的政治利用是很彻底的。

小泉是一个爱好歌剧的"文化人宰相"。已经离婚的小泉还证明，即使没有第一夫人，他也能把首相官邸打理得井井有条。他长

---

1 燕尾晨礼服是日本政要的西式正装，下文的羽织袴是和服中的男性第一礼装，二者都是极为庄重的礼服。
2 指日本无条件投降日。
3 日本官方认定，20世纪70—80年代朝鲜在日本本土和其他国家绑架多名日本公民。

发、消瘦，和此前的保守派政治家形象完全不同。但就是这样一个首相，却穿着羽织袴去参拜靖国神社……违和感实在太强。话虽如此，我对他这么做的原因是一清二楚的。

小泉高举"砸碎自民党"（自民党をぶっこわす）的改革大旗，插手自民党地方支部事务，保守派的执政基础就此产生了裂痕，简直和字面意思一样"砸碎"了自民党。小泉对这一点心知肚明。因此，他才要"两手抓，两手都要硬"：一只手离间自民党旧势力，另一只手修复裂痕。这种"看人下菜"的本事和不达目的誓不罢休的行事风格，倒也真是"优秀政治家"的特质。所以穿着羽织袴的小泉首相也没少享受保守派"干得好，纯一郎！"的欢呼。

小泉指名的后继者安倍晋三组阁之初，曾在某个场合说："修复保守派的裂痕是我的政治使命。"嚯！他还怪有自知之明。修复裂痕——换句话说，把利益立场不同的各色人等团结起来的最方便的动员工具，就是国家主义。除了利用前述的绑架问题，2002年日韩共同主办的足球世界杯的应援歌《日本恰恰恰》也是国家主义动员手段之一。不出意料，安倍晋三强推《国旗国歌法》、"改恶"《教育基本法》[1]，认为现行宪法是"美国强加"的而试图修宪……虽然第一次安倍政权是个短命政权，但它在2012年大选中又复活了。按惯例来说，辞职的首相不可能再次当选。因此，我把第二次安倍内阁叫作"僵尸复活内阁"。

---

[1]《教育基本法》是规定日本教育基本原则的法律。目前实行的《教育基本法》是于2006年在国会通过的。此前实行的旧《教育基本法》颁布于美军占领下的1947年。该法的修改主要涉及删去"宪法所确定的……"相关内容，加入带有保守主义倾向的"尊重传统文化、热爱国家乡土"等内容。

新自由主义与"男女共同参画"之间的危险关系

不可思议的是,新自由主义政权不仅与国家主义兼容,还与"男女共同参画"政策兼容。

让我们展示一张日本自1985年联合国《消歧公约》批准以来性别平等政策成就的时间表(见表1-2)。在《消歧公约》批准的同时,《男女雇佣机会均等法》《国籍法(修正案)》等国内法相继出台,1999年颁布了《男女共同参画社会基本法》。同年,修订后的《男女雇佣机会均等法》将预防和应对工作场所性骚扰规定为"雇主的责任"。根据2001年的《反家暴法》,丈夫的家庭暴力终于被认定为违法行为。仅从法律的发展来看,自联合国公约批准以

表1-2 男女平等政策法律的通过施行情况

年份	政策法律名称
1985	联合国《消除对妇女一切形式歧视公约》 《男女雇佣机会均等法》
1991	《育儿照护休假法》
1995	第四届世界妇女大会(北京世妇会)《ILO156号条约》获得批准
1997	《照护保险法》获得批准(2000年起施行)
1999	《男女共同参画社会基本法》 《男女雇佣机会均等法(修正案)》
2001	由于日本中央省厅改革,"内阁官房男女共同参画室"升格为"内阁府男女共同参画局" 《反家暴法[DV(Domestic Violence)防止法]》
2003	《少子化社会对策基本法》

来，日本的"男女共同参画"政策远远不能望其他国家的项背。

顺便说一句，我们今后不要再使用"男女共同参画"这个词了。根据日本政府的标准翻译，"男女共同参画"的英文是"Gender Equality"，这个词显然只能翻译成"男女平等"。当时正是为了体谅那些自民党政府保守派政客，官僚们生造了一个字典里都找不到的，难以理解的术语。这是因为那些保守派"爹味"政客最讨厌"平等"。相比之下，"男女平等"不论在国际上还是历史上都是一个已成定论的词。所以，我们不要使用这种羞答答、弯弯绕的官话，而应坚决采用"男女平等"一词。最近，内涵更广的"社会性别"（Gender）一词广为流行，所以说采用"性别平等"可能比"男女平等"更好。

为了生造出"男女共同参画"这种谁也不懂的新词，官僚们必须得阐述其丰富深刻的内涵。有学者这样说："男女共同参画"包含着"性别平等"的目标，而"男女共同参画"本身就是达成这个目标的过程……这种车轱辘话谁能听得懂啊！为了强推这个概念，各地的女性中心[1]都改名"男女共同参画中心"。明明"女性中心"这个名称无论在起源上还是在目的上都已一目了然。实际上，因为联合国《消歧公约》是这个"中心"设立的上位法，所以如果将这些女性中心命名为"消除对妇女歧视中心"，可能更容易让人理解其工作内容和目的。中心的一些工作人员吐槽说："就算

---

1 女性中心（女性センター）是日本地方政府自主设置的为女性服务的综合设施。设立的目的是"解决女性的问题""提高女性的地位""促进女性参与社会"，对女性的所有问题进行信息提供、咨询、研究等事务。据目前（2022年3月）日本男女共同参画局的官方介绍，也有地区称其为"男女共同参画中心"。

在我们单位里，也没人说什么'男女共同参画'。"这种官僚们瞎编乱造的谁也听不懂的新词，没人用是理所当然的。

顺带一提，新自由主义政权大都成为性别平等政策的推行方。在桥本内阁时代，因桥本龙太郎推行的"行革"（"行政改革"的简称）路线而被架空的"总理府男女共同参画室"反倒是在新自由主义政权执政时期，被升格为"内阁府男女共同参画局"。不仅如此，新自由主义政权还在内阁中任命了"男女共同参画担当大臣"专司性别事务。《男女共同参画社会基本法》也是小渊惠三执政期间通过的。小泉政权陆续任命了几位女大臣，这个时候女性担任阁僚已经不是什么新闻了。众所周知，小泉纯一郎在"邮政选举"期间，将被称为"刺客"的女性候选人派往选区，成了大新闻。[1]在此期间，女议员的比例有所增加。"邮政选举"后，众议院女性议员的比例从6.9%上升到9.0%。在2009年政权更替的大选中，女性议员比例一度达到11.3%，但在2012年底的大选中又回落到7.9%。

这些政权给性别平等政策相关的女性官僚提供了一展身手的舞台。坂东真理子、椋野美智子等女性主义官员声名鹊起，被称作"Femocrat"（Feminist与Bureaucrat的组合词）。众所周知，福田康夫政权成了她们的后盾。总的来看，新自由主义政权扮演了Femocrat支持者的角色。

---

[1] "邮政选举"指2005年的第44次众议院议员选举。由于此前参议院否决了日本邮政公社民营化法案，而众议院通过了这一法案，因此时任首相小泉纯一郎解散了众议院，进行改选。在选举期间，小泉纯一郎领导的自民党宣布不再提名支持邮政民营化的党内反对派参选议员，改为提名党外的竞争候选人，由于自民党提名这些候选人的目的是使反对派落选，因此这些人被称为"刺客"。自民党提名了很多女"刺客"，有名的有现任东京都知事小池百合子。

男女共同参画、国家主义与保守逆流（Backlash）[1]

在新自由主义、男女共同参画和国家主义的三角关系中，新自由主义和国家主义、新自由主义和男女共同参画彼此之间都有亲和力，但国家主义却是男女共同参画的死对头。因为不论哪国的国家主义者都喜欢强调男性气质、女性气质，而男女共同参画政策的背景——联合国《消歧公约》正是"以消除基于性别而分尊卑观念或基于男女定型任务的偏见、习俗和一切其他做法"[2]为目标的。

新自由主义改革是把双刃剑。一方面，改革像嵌入既得利益集团的楔子，很可能将其一分为二、破碎瓦解。另一方面，对于被排除出既得利益集团的人群，新自由主义同样会创造差别，破坏团结。总的来说，新自由主义对于前者是威胁，而对于后者是机会。改革把一切集团都投入机会均等、优胜劣汰的竞争之中。这意味着，对于既得利益集团来说，不能再守着铁杆庄稼过日子，他们也可能随时从目前所处的阶层滑落下来。相反，对于弱势群体来说，这是前所未有的翻身好机会——女性正属于后者。

在新自由主义改革的过程中，女性无疑获得了更多机会。《男女雇佣机会均等法》扩大了受过高等教育的女性的就业机会，只要她们有意愿和能力，她们就可以像男性一样从事综合职[3]。在该法颁

---

[1] 原文是バックラッシュ（Backlash），该词在广义上指逆历史潮流而动的反动逆流，在这里特指父权制反攻倒算、反对女权主义的逆流。

[2] 参见联合国人权事务《消除对妇女一切形式歧视公约》第一部分第五条（a）款。

[3] 日本企业的职务类别人事管理制度（コース别人事管理制度）将员工分为"综合职"员工和"一般职"员工。综合职是管理、技术岗位，有更大的晋升空间，而一般职只是综合职的辅助。详见本书第二章。

布之前，女性完全没有机会担任综合职——这可以说是天翻地覆的变化。长期以来，"女性缺乏领导力""女性不能胜任领导职务"之类的说法仿佛天经地义，这显然只是因为此前女性根本没有机会发挥领导力。事实已经充分证明，只要有机会担任领导职务，女性也能和男性一样当领导。职位是可以历练人的。而在此之前，女性根本无法获得这种职位。

如此说来，新自由主义改革对既得利益者不利，而对弱势群体相对有利。这种竞争的结果之一，就是人们被分成赢家和输家。而既得利益者中也有输家，这些输家被排除出既得利益集团，于是开始对赢家产生怨气。这样的事情也发生在日本。有些男性大学生毕业后找不到工作，成了啃老族或者自由职业者。[1]这些人往往倾向于将女性赢家视为"假想敌"，不分青红皂白地视对方为"女权"，认为"女权"是造就咄咄逼人、专横跋扈的女强人，把男性逼得走投无路的元凶，从而把"女权主义"当成靶子来打。这些男性不去敌视让他们在竞争中落败的新自由主义改革，而是专找软柿子捏。

女强人、女精英并不等同于女性主义者。我相信这一点，只要充分说明就能明白。否则，胜间和代、林真理子[2]都成了"女权主义者"。你想想，如果她们被这样称呼，会有什么反应？

新自由主义改革拉着国家主义和男女共同参画这一对死对头，在平衡木上颤颤巍巍地推进改革。

1　详见第四章"等待结婚的女性"一节。
2　胜间和代（勝間　和代，1968— ），日本女性作家、评论家。林真理子（林　真理子，1954— ），日本女性小说家、随笔作家。这两位都是日本知名的"精英女性"。

新自由主义改革为什么推进男女共同参画?

新自由主义改革推动性别平等政策的原因是什么?

答案很简单。他们想让女性成为劳动力。

原因是少子化。在如此低的总和生育率[1]下,很容易预测,在不久的将来劳动力必然短缺。因此改革的目的就是用女性劳动力来弥补这一不足。

1989年有一场总和生育率骤降的"1.57冲击"。此前,总和生育率在丙午年(1966年)曾一度下降到1.58。这是因为有这么一个说法:丙午年出生的女孩会克夫。信不信由你,但是这一年的总和生育率确实大幅下降。在20世纪的日本,育龄的青年男女竟然还有这种迷信思想,实在不可思议。而在第二年,总和生育率回升到正常水平,这证明了1.58的总和生育率的确是因为迷信而人为避免生育的结果。

然而,生育率在此后逐年下降,1989年降到1.57,低于战后最低的丙午年。这个数字把政商两界都吓了一跳,因此被称为"1.57冲击"(见图1-1)。

此事一出,各大经济团体[2]立即表示担忧。很快,在1991年

---

[1] 总和生育率,英文为"total fertility rate"(TFR)。总和生育率为15~49岁(育龄)女性各年龄段生育率之和,相当于一位女性一生平均生育子女的数量。通常,人口学界将总和生育率2.1作为世代更替水平,将总和生育率低于2.1视为低生育率的门槛。

[2] 经济团体(経済団体,Economic organization)是雇主、企业主结成的团体。日本的主要经济团体有"三团体",分别是日本经济团体联合会(经团联)、经济同友会(同友会)和日本商工会议所(日商)。

《育儿照护休假法》获得通过。在此之前，《劳动基准法》所保障的产前、产后假期最长为14周。长达一年的育儿假期是只有部分公务员才能享有的特权。这部法律赋予了所有民营企业雇员休满一年产假的权利。

育儿假期制度在很长一段时间以来都是女性劳动者的夙愿。孩子出生后到1岁期间是哺乳期。其实，只要克服了哺乳期的难关，女性就无须辞职。但实际上不知道有多少女性为了哺乳而含泪中断职业生涯。女性劳动者早就要求制定育儿假期制度，但她们的呼声犹如石沉大海。可是，一直对女性呼声充耳不闻的经济团体突然被"1.57冲击"搞得狼狈不堪，慌里慌张地推动了《育儿照护休假法》的出台。这次冲击的强烈程度可想而知。

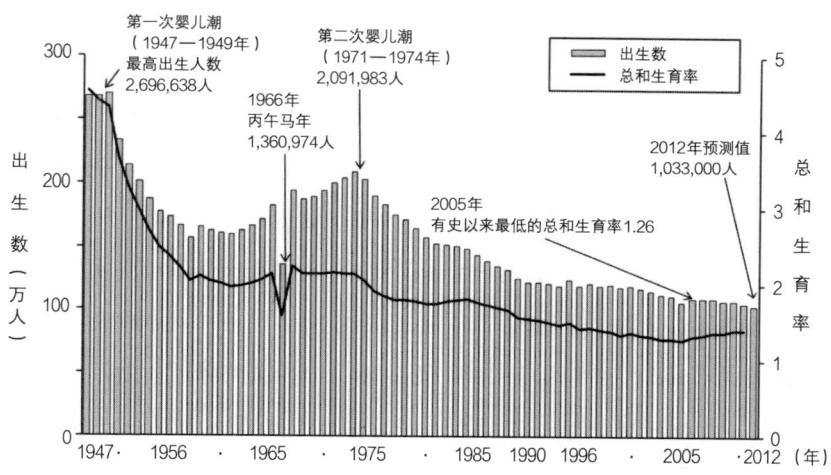

图1-1　历年出生人数及总和生育率

资料来源：厚生劳动省《人口动态统计月报》

围绕着《育儿照护休假法》的制定，社会各界进行了各种讨论。起初，该法案仅仅保证劳动者可以休假，但休假期间完全无薪。雇主们的理由是"No Work, No Pay"（不工作就不支薪）。育儿假期补贴少得可怜，仅相当于休假前工资的30%的福利还是从失业保险中支付的（后来增加到50%）。同时期，瑞典等福利发达的国家有提供休假前工资80%的福利的"父母保险制度"。日本福利水平之低，无法与这些国家相提并论。虽然不是事事如意，至少有了育儿假，女性可以不用辞职了。这对女性劳动者来说依然是个好消息。只要有一年后重返职场的希望，即使是育儿期最艰难的日子，女性也能安心度过，而不会有那种前途无望的闭塞感。

另一个问题是，男性是否应当取得休育儿假的权利。雇主们认为，育儿假的目的是保证母亲在哺乳期正常休假，因此没有理由给不能喂奶的男性假期。但是，有些母亲没有母乳，也有些孩子是靠奶粉长大的。除了分娩和哺乳之外，几乎没有什么女性能做男性却不能做的事情。因此劳方主张应当给男性以休育儿假的权利。再加上有些预测认为，即使允许男性休育儿假，也很少会有男性真正行使这一权利，故而雇主们同意在此让步。事实上，在这部法律实施的第一年，全国只有两名男性真正休过育儿假。这两位很快就成了当地的名人。即便是现在，日本民营企业中男性劳动者休育儿假的比例也只有2.63%（2011年）。正如雇主们预测的那样，给男性休育儿假的权利并不影响他们挣钱。

在1991年以来持续的经济衰退中，女性的就业压力越来越大。最近，想要在育儿期结束后重返工作岗位的女性比例越来越高。女性重返职场的时间也变得越来越早，即使当时孩子还很小。与此同时，不能进入保育所而只能排队等号的所谓"待机儿童"也在增加。

孩子的数量明明在减少，而保育所依旧不足，这不是很奇怪吗？这是因为即使孩子数量减少，如果想上班的母亲数量增加，那么对保育所的需求也会增加。幼稚园只开园半天，这样就无法满足希望上班的女性的需求。为了容纳这样的"待机儿童"，政府一直在放松相关管制。政府放宽了以往严苛的保育所设立标准，为增设提供便利，并允许企业资本进入这一领域。最近还在构想一种结合了保育所和幼稚园的长时间育儿机构"儿童园"。

那么，保育所真的是"一切为了孩子"吗？幼稚园是文部科学省管辖的早教场所，而保育所是厚生劳动省管辖的福利设施，两者的设置目的完全不同。保育所是为了照顾因父母的事务而导致"无人照管儿童"的日间保育设施，重点是确保儿童安全，兼顾其饮食、睡眠等，不包括教育职能。这就是为什么保育所的入学审查仍然需要"母亲的就业证明"，这是为了证明申请人是一个本应专心照料孩子，但不得不外出工作的母亲。一直以来，被送到保育所的是"没妈的孩子像根草"的这种刻板印象，像阴影一样笼罩在母亲和孩子的头顶。而相应地，幼稚园的教师则以"幼儿教育专家"的身份为荣，反对将幼稚园与保育所合并成"儿童园"。

日本保育所的开端是过去的电电公社（现在的NTT）[1]的职场托儿设施。这一设施的设置目的，本来是避免电话接线员这种宝贵的熟练工人因为孕产而离职。因此，电电公社在单位内部设立了托儿

1　日本电信电话公社（日本電信電話公社），简称"电电"，日本国营的电信企业。1985年民营化，改制为以日本电信电话株式会社为核心的"NTT集团"。

023

设施，允许女性在休息时间哺乳。从这个角度看，保育所原本是确保女性劳动力的劳动政策，而儿童福利政策是次要的方面。

既想让女性工作，又想让女性生育……日本的家庭政策的管理对象已经完全从全职家庭主妇转向职场妈妈。"WLB"（Work Life Balance），即工作生活平衡政策，就是这种转变的象征。这是一项女性友好政策，还是一项儿童友好政策？规定"支持兼顾工作和育儿"的WLB，从其推出的目的上来讲，它是一项劳动政策，是一项应对少子化的政策。但仅仅是这些基本构想，也都根本没有实现。

未来弥补劳动力短缺的途径，不仅要促进人口的自然增长，还要促进人口的社会增长。实现前者是提高生育率，增加孩子的数量；要实现后者是引进外国人劳动者。日本政府之所以急于推进女性就业政策，应对少子化，其中一个原因是政商两界都不愿意采取后一种选择。让女性既工作又生育，就是这些官僚财阀的如意算盘。

这一盘算背后的现实是，日本女性主要从事的职业，恰恰就是其他发达国家中移民劳动者在从事的职业。我想在本章最后指出的是，在20世纪90年代以来的全球化浪潮中，如果与移民劳动力普遍涌入的其他发达国家对照来看就会发现，日本社会的性别差异机制与其他国家的种族差异机制十分类似，二者在劳动力市场中所起的作用恰好相同。

◆ 作者注 ◆

[1] 2003年东京都教委出台了《国旗国歌法实施通知》(『国旗国歌実施通達』),并依据该《通知》对"职务命令违反者"进行处罚。受到处分的教职员工向法院提起了诉讼,法院虽然判处东京都一方败诉,但该《通知》仍在实行。大阪府大阪市计划中的教育基本条例也有强制升国旗、唱国歌的内容。

[2] 大泽真理、上野千鹤子《对谈:男女共同参画社会基本法的目标·立法前的里里外外》(「対談 男女共同参画社会基本法のめざすもの 策定までのウラオモテ」),收录在《上野千鹤子对谈集:谈到激进……》(『上野千鶴子対談集 ラディカルに語れば…』,平凡社,2001年)。最初发表在《女性设施期刊5》(『女性施設ジャーナル5』,财团法人横浜市女性協会編集,学陽書房,1999年)。

第二章

《男女雇佣机会均等法》是什么？

成为国策的男女共同参画

1985年6月,国会一致通过联合国《消歧公约》后,男女共同参画成为一项"国策"。此后,政府制订了相应的行动计划,划定了地方自治体的责任和义务。各地成立了审议会,并陆续出台了各种条例,设立了女性中心。

国际条约要正式生效,必须在政府签署后得到国会的批准。由于国际条约的签署是紧要的事务,政府常常派出全权代表进行签署,而这一行为就意味着该国政府保证该条约在五年内一定会获得国会批准。如果签而不批,就会影响政府的公信力,也会为国际社会所不齿。

日本政府于1980年在哥本哈根举行的世界妇女大会上签署了联合国《消歧公约》。签署人是日本政府代表高桥展子[1]。关于条约的签署,还有一段插曲:直到缔约前,日本政府似乎仍然在犹豫要不要签署,但负责报道当地情况的《朝日新闻》特派记者松井耶

---

[1] 高桥展子(高橋 展子,1916—1990),出生于中国长春,是日本昭和年代重要的主管劳动政策、女性政策的政治家。

依[1]撰写了相关报道，并在报道中向政府施压：她认为，如果任由政府拒绝签署这一公约，日本将在国际社会颜面扫地。许多人都认为，如果不是迫于"外部压力"，日本是不会主动着手消除性别歧视的。

然而，迄今为止，日本仍未批准该条约的《任择议定书》[2]，该《任择议定书》规定了个人控告制度：当出现违反国际条约的侵害行为时，如果缔约国的国内法不为受害人提供救济，则受害人可以向联合国等机构提出指控。不仅日本，美国也一样没有批准这一议定书。在国际舞台上拿不上台面的事情，两国都有不少。

---

1 松井耶依（松井　やより，1934—2002），日本记者、女权主义者、《朝日新闻》专职撰稿人。松井女士在日军强征慰安妇等战争犯罪问题上与右翼军国主义势力进行了坚决斗争，于1977年创立了亚洲女性会（アジア女性たちの会），1995年退休后设立了亚洲女性资料中心（アジア女性资料センター），1998年创立了"战争及其对女性的暴力：日本网络"（「戦争と女性への暴力」日本ネットワーク）。在《朝日新闻》任社会部领导时期，松井女士在报道中明确指出日军强征慰安妇，撕破右翼势力"女性自愿"的无耻谎言。2002年，松井女士在"战争及其对女性的暴力：日本网络"等组织举办的模拟审判"女性国际战犯法庭"中作为日方代表任国际实行委员会共同代表。2002年松井女士因肝癌去世后，女权主义者们继承了她的遗志，设立了位于东京都新宿区西早稻田的"女性们的战争与和平资料馆"（女たちの戦争と平和资料馆，WAM），收集、整理并展出了大量日军战争罪行，特别是性暴力的铁证。
2 《消除对妇女一切形式歧视公约任择议定书》（*Optional Protocol to the Convention on the Elimination of all Forms of Discrimination against Women*）是于1999年12月10日由26个国家的代表签署的一份法律议定书。这份议定书为权益受到侵害的妇女提供了原《消歧公约》中没有规定的申诉权利。

应该修改《皇室典范》[1]吗？

为配合《消歧公约》的批准，《国籍法（修正案）》于《消歧公约》批准的前一年，也就是1986年5月颁布。同月，日本国会通过了《男女雇佣机会均等法》。我会在后文中详细分析《男女雇佣机会均等法》，所以在这里我先谈谈《国籍法》的修改。

在此之前，《国籍法》是完全父系主义的。日本丈夫和外籍妻子所生的孩子可以获得日本国籍，但相反，外籍丈夫和日本妻子所生的孩子被默认为父亲的国籍。在不允许双重国籍的日本，这样的孩子不可能获得日本国籍。这就是一种父权制的"家制度"[2]。这种制度就是把"嫁鸡随鸡"——因而媳妇属于夫家、"借腹生子"——因而孩子也属于夫家这种观念直接移植到国籍管理上。按照这种规定，对于拥有日本国籍的男性和同样是日本国籍的女性而言，其孩子取得日本国籍的权利不同，这是赤裸裸的性别歧视。因此，《国籍法（修正案）》将立法原则改为双系血统主义[3]。

---

1 《皇室典范》（皇室典範，昭和22年法律第3号）是基于日本宪法第二条和第九条，对日本天皇、皇位继承和摄政的设置、皇族的身份、皇室财产、皇室会议等皇室相关事项进行规定的法律。根据《皇室典范》，只有男性皇族拥有皇位继承权。
2 家制度（家制度、いえせいど）是颁布于1898年日本明治《民法》规定的家庭制度，规定"家"由"户主"和"家族"构成；户主是家的统帅，家族是指家中除户主以外的成员。二战后，修改后的《民法》废除了"家制度"，取消了有关户主继承所有财产的规定以及丈夫一方拥有更优越地位等规定。但有学者指出，这种规定还只停留在法律规定层面。
3 指参考父母双方的国籍来确定一个人原始国籍的原则，与此对应的是"单系血统主义"，又称"父系血统主义"，优先采用父亲国籍，只有在处理非婚生子女的情况下采用母亲国籍。

如果这个时候《皇室典范》也根据双系血统主义修订就好了。但当时似乎没有任何人指出，《皇室典范》同样违反了《消歧公约》。

现行的《皇室典范》是明治政府的"杰作"，这部典范用父系主义扭曲了自古以来的皇室传统。之所以这么说，是因为众所周知，在明治以前，不论是古代还是江户时代，都曾经有过女性天皇。

如果当时修改了《皇室典范》，今天就没有必要讨论女性天皇的问题了。想想看，日本于1994年批准了联合国《儿童权利公约》。皇室所生子女享有不同的皇位继承权，这与儿童无论如何出生均享有平等权利的公约规定相悖，也因为性别歧视与《消歧公约》相悖。

国际条约是高于宪法的，因而高于一切国内法，因此作为国内法之一的《皇室典范》也必须遵守国际条约。不过我们也不用再抱怨了，因为当时批准这个条约的是国会的大老爷。本来天皇就不属于"国民"，因而皇室可能根本没有"人权"！

在《男女雇佣机会均等法》颁布之前

《消歧公约》带来的另一个成果是《男女雇佣机会均等法》（以下简称《均等法》）。需要注意的是，大多数民间妇女团体都反对通过这项法律。诸位一定很费解吧！让我来说明一下。

在制定《均等法》时，主管部门是（当时）劳动省的妇人少年局，担任局长的赤松良子[1]成了众矢之的。

NHK的《X计划》[2]大家都知道吧，这是一档收视率很高的节目。伴随着"男人们曾战斗……"的旁白，中岛美雪演唱极具戏剧性的主题曲。节目开播以来的很长一段时间里，只有"男人如何如何"，而完全没有女人的戏份。不知道是不是因为这种没有女性的压力，赤松良子成了第一个出场的女性。节目展现了赤松良子在劳资双方激烈的攻防战中，拼死保卫这部眼看就要流产的《均等法》，最终使该法律获通过的事迹，她本人也成了英雄。

我知道有人把这个节目录下来，在课堂上放给学生看。那是在1985年，可能现在的诸位同学还没出生，对于大家来说，这可能已经成了历史事件了。但是既然要讲当时的故事，我不光想说说这个节目，还想给大家讲讲这部法案的反对者的意见。毕竟每个事件都有功过两面，单向度的历史不能称作历史。之所以这样说，是因为当时全社会展开了"到底要不要这部法律"的激烈讨论。

为什么很多妇女团体，特别是妇女劳工团体反对《均等法》？

自《消歧公约》于1975年在墨西哥举行的世界妇女大会上缔结以来，日本民众期待尽快根据《消歧公约》修订国内法。国内一批女性积极团体在各地设立学习班和议案筹备会，希望制定出自己想

---

[1] 赤松良子（赤松　良子，1929— ），日本重要的女性政治家、外交官。在担任日本劳动省（现厚生劳动省）妇人局局长期间，作为核心人物制定了《男女雇佣机会均等法》并推动该法颁布与施行。
[2] "ProjectX：挑战者们"是NHK综合频道在2000—2005年播出的综艺节目。主要内容是介绍战后日本经济高速增长期在经济、文化等各领域克服困难，推动日本经济腾飞的劳动者的奋斗故事。下文提到的主题曲就是名曲《地上之星》（「地上の星」）。

要的法案。1979年,"我们的男女雇佣平等法制定会"[1]成立,提出了"男女雇佣平等法"这个名称。

大家比较一下"男女雇佣平等法"和"男女雇佣机会均等法"这两个提法,"平等"已被"机会均等"取代。"雇佣平等"和"雇佣机会均等"的区别也很明显。换句话说,就是"结果平等"和"机会均等"的区别[1]。前者的目的是在结果的意义上消除职场中对女性的歧视,而后者是为女性提供与男性均等的机会,使女性有可能与男性平等竞争乃至获胜。二者的旨趣完全不同。雇主们认为,"既然我们保证不了'结果平等',那么就保证'机会均等'吧!"。在"机会均等"的竞争中,一定有人输、有人赢。如果这部法律的目的就在于让人接受机会均等,也就是结果不平等,那么新自由主义原则就已经在此展开了。

在谈判桌上,雇主们逼迫劳动者步步退让,使得当初"男女雇佣平等法"的政策理念也退无可退。《男女雇佣机会均等法》就成了这种让步的最终结果。因此,在法案最终提交审议时,广大妇女团体充满了"这样的法律根本不是我们想要的""这种东西有还不如没有"之类的失望情绪。

她们反对这部法案,主要基于以下理由。

第一,这部法案漏洞百出,其实效性在施行前就遭到了质疑。

第二,雇主们精明地提出,让劳动者们用一直在实行的"女性保护"交换这种没有实效的"名义上的平等"。他们主张"没

---

1 "我们的男女雇佣平等法制定会"(私たちの男女雇用平等法をつくる会)在1979年1月成立于东京,以新宿的"中岛通子法律事务所"为主阵地展开活动,作为女性劳动者的代言人,呼吁制定"真正有用的平等法"。

有保护的平等"：你们想要平等的话，就别要以前的"娇惯（保护）"了！

拿"实质保护"换取"名义平等"实在是亏本买卖。

我在当时的一次英语演讲中曾称之为"不公平交易"（Unfairtrade）。然而，劳动者若不在此忍气吞声，雇主们是不会同意在国会上通过这一法案的。所以法案推进派含泪让步，赤松女士就属于这一派。虽然对这部法案存在的各种问题心知肚明，但为了避免夜长梦多，影响以后类似法律的通过，赤松女士还是带着炽热的使命感推进了这部法律的通过。

在制定《均等法》的过程中，雇主一方给出了"要保护，还是要平等"的单项选择题，而劳动者一方则坚持"既要保护，又要平等"。结果是劳动者的全面败北。

为了换取这部法律，女性劳动者放弃了《劳动基准法》中的"女子保护规定"[1]。这个规定包含了限制加班，禁止深夜工作，限制危险工作以及休月经假的权利。竟然还有月经假？大家很吃惊吧。让我来说明一下。但在说明之前，请大家牢牢记住：这种权利不是资本家的施舍，而是女性劳动者——被长时间、高强度的劳动残酷压迫的女性劳动者——通过漫长而艰苦的工人运动争取而来的。

在1985年之前，日本女性劳动者以"母体保护"的名义，拥有

---

1 《劳动基准法》（『労働基準法』，昭和22年4月7日法律第49号）颁布于1947年，继承了战前的一些劳动立法成果，其中就包括对女性劳动者的保护。《劳动基准法》第六章第二部分规定了对女性劳动者在孕产期、生理期的劳动时间、劳动环境限制以及劳动保护措施。

每月一次的带薪休月经假的权利。在生理期,不少女性会因为严重的生理痛和大量出血而寝食难安,因此月经假很受女性欢迎。但与此相对应的,对月经的偏见也助长了对女性的歧视。有一种偏见认为,女性在月经期间判断力和注意力都会下降,因此女性比男性更容易"被自然必然性支配"。因此,不能把重要的事情交给这种被激素周期左右的女性。比如,哪有让每月都会失去一次判断力的女性入主白宫,执掌核按钮的道理?

还有一种诽谤:说是有的女性本该老老实实在家休假,但是有人看见她在电影院看电影。当流血流到浑身难受、意志消沉之时,我们凭什么不能去看看电影,转移一下注意力?竟然还有男工酸溜溜地说:明明我们都没"大姨父"假……

那时,双休制还没建立起来。工人们每周劳动6天,一共48小时;每周只有一天休息,并且除了家务和睡觉之外无事可做。对于这些劳动者来说,即使是每月仅有一天的带薪休假也是一项极为宝贵的权利。

在其他国家的女权主义者看来,不愿放弃月经假权利的日本女性很奇怪。毕竟,月经周期属于个人隐私,休月经假仿佛是让单位把握了自己身体的周期。如果月经推迟或者该来不来,免不了会有烦人精说"是不是怀孕了?"。此外,生理痛问题也存在个体差异。那种痛到不得不休假的痛经是一种病,叫作"经期综合征",所以请病假即可。

1964年,在东京奥运会上一举成名、人称"东洋魔女"的日纺贝冢女子排球队里,有一个被叫作"魔鬼大松"的教练——大松博文。他强迫女队员在生理期照样训练,不许休假,因此恶名远扬。但是这似乎证实了女性在生理期也能耐受这么激烈的训练。

尽管月经假的权利是战后妇女工人运动的成果之一，但女性还是在资方的威逼之下同意放弃这项权利："要平权就别要特权！"——他们责难女性称，想和男性平起平坐，就别想被娇惯。

被认为是"娇惯"的"女子保护"条款还包括禁止女性从事深夜工作和限制加班。深夜工作是指晚上10点到凌晨5点的工作（不包括护士和医生等医务人员，个体经营者也不包括在内）。一到夜里10点，就有人说"你是女员工，先回家吧"。这种情况使得很多媒体人感觉工作难以推进。此外，还有很多女性高管感觉如果一到下班时间就拍屁股走人，就很难带好团队。因此事实上，媒体行业的工会和女性高管对废除这些保护措施表示欢迎。

报社有夜班，电视行业也有深夜节目。如果不允许女性在晚上10点以后工作，她们的工作领域将被限制在女性"隔都"[1]之中。这样，电视台的女员工没有机会参与深夜节目，取而代之的是自由职业的女艺人。显像管老电视深夜发出的微光，贩卖着青春和性魅力。

报社的情况与之类似。此前，即使聘用了女记者，她们也会被分配到没有夜班的"妇科"，也就是文化部、生活部等有限的领域。报社不需要没用的记者。就算有女记者，也是只被当成花瓶。

《均等法》颁布后，女记者开始能够上夜班，或被分配到报社的地方分社。现在女性终于可以"与男性平等"地竞争了。她们和男性记者一样披星戴月，早出晚归，也能跑政法口，专门和警察打交道了。

---

[1] 隔都（Ghetto）原指中世纪欧洲城市中带有强迫隔离性质的犹太人聚居区，纳粹德国设立的犹太人集中营也被称作隔都。

有一位刚入职某个大报社的女记者,是《均等法》颁布后的第一届新社员。她给我讲了一个入社研修时发生的有趣故事。一位担任研修导师的资深男记者说:"有时间你可以约警官出去喝酒聊天,这也是一种采访方式。"这位新人女记者问道:"我也可以约警官出去吗?"脑子里只想过男性邀请男性喝酒的研修导师没转过弯,一时语塞。这些资深男记者一定没有想到,有一天来到案发现场采访的,竟然会是穿着超短裙和高跟鞋的女记者。

《均等法》对于女性媒体人和女性高管来说,确实起到了解除那些束手束脚的"保护",拓宽职业发展空间的作用。此后报社女性招聘比例一直在稳步上升,但当女性新员工超过20%之后,上升势头就有所放缓,最终停滞在30%左右。因为达到20%之前上升势头都很顺利,所以这种原地踏步的态势让人不由得感觉"肯定有点儿什么原因"。因此我想看看,其他公司的女性招聘率是不是也有这种"30%壁垒"。虽然没什么证据,但我怀疑,那些执掌公司的"爹味"高管们担心一旦女员工超过了三成,企业文化和氛围就会发生变化。想到这里,我想起了管理学者罗莎贝斯·坎特的"黄金三成"定律。仔细一想,如果少数派超过三成,少数派就不再是少数,组织结构就会发生变化。对于这种情形,管理层是心存芥蒂的。

但是请大家在这里稍作停顿:《均等法》的颁布与推行对女性媒体人和女性高管,总之,这对那些想和男性一样工作的精英女性来说,真的是个好消息吗?

她们进入职场后，面对的是那些狂灌Regain[1]、干活不要命的"企业战士"。那些男性满脑子想的都是"能够连续奋战24小时吗？"。之所以这么豁得出去，是因为他们家里的老小有人照顾，下班回到家只用等着"吃饭、洗澡、睡觉"。相比之下，女性劳动者回家后要自己做家务、照顾孩子。和那些妻子做家庭主妇的男员工不同，对于工作的女性来说，这从一开始就不是一场公平的比赛。为什么女性会大喊"我也想要个家庭主妇"，原因一目了然。

和那些能够免除家庭责任，踏出家门就成了"单身者"的男人进行所谓"公平"的较量，女性从一开始就输掉了这场比赛。女性要想"赢"，要么别成家，要么把家庭责任转移给其他人（妈妈或婆婆），否则一定会累垮身体。换句话说，"像男人一样竞争"是指在有利于男性的规则下进行的竞争。难怪愿意进入这种竞争的女人，要么带着悲壮，要么看起来魂不守舍。"这种'平等机会'，到底谁会想要？"女人这样说也不是没有道理。

据说，这项法律将女性劳动者分化为两极：精英女性和普通女性劳动者。《均等法》受到一些女性的欢迎，但遭到大多数女性的反对。但这"一些女性"，其实就是少数的单身女性。事实上，就连那些"精英女性"也被卷入了不公平的竞争之中。

那么，《均等法》对广大非精英的普通女性劳动者的影响如何？

反对《均等法》的女性劳工团体预测，如果取消原本的女性保护条款，深夜工作和加班将不受限制，这样只会提高女性的劳动强

---

[1] 原文是"リゲインを飲んで"，其中リゲイン（Regain）是一种提神的功能性饮料。下文"能够连续奋战24小时吗？"为该饮料的广告语。

度而不会改善工作条件。结果和预期的一样,《均等法》一颁布,雇主们就对着女员工恶狠狠地说:"从今往后,要是不扔掉小姐习气好好干活,那我可就……"

《均等法》有怎样的作用?

《均等法》的颁布对日本女性来说无疑是一场剧变。

因此,以《均等法》颁布为分界,在此之前就业的女性叫作"前均等法"一代,此后的叫作"后均等法"一代。《均等法》生效后聘用的女性被称为"均等法一期生""均等法二期生"等,她们的境遇和表现成为职场的焦点。

《均等法》究竟起到了怎样的作用?

在此之前,让我们根据《均等法》的内容,研究一下反对该法的妇女团体预测它颁布后也"没有用"的理由。

《均等法》为了实现男女平等,设立了四大支柱:"招聘与录用""岗位安排与晋升""教育培训""福利待遇"。前两者是雇主的"努力义务"[1],而后两者是"禁止"规定。

此外,它禁止在退休、离职和解雇方面对女性进行歧视,但是这些禁止事项在之前女性劳动者起诉用人单位的判例中,基本已经被判定违法。因此《均等法》不过是对既成事实的追认而已。

此前,用人单位以"结婚离职制度""生育离职制度""30岁

---

[1] 努力义务(努力義務)指日本法律制度中规定必须努力去做的事,但未尽到努力义务,也不会受到刑事制裁或处罚。

离职制度""男女不同龄退休制度"等各种借口,试图让女职工提前离职。在以往的判例中,这些行为都被判违法。又不是继承幕府大奥的"褥御免"[1]制度,搞什么30岁的退休年龄,简直是欲加之罪。有一家大型电视台,竟然以"容貌衰老"为由,撤换30岁以上的女性播音员[2]。还有一家航空公司,把超过30岁的女性空乘人员换到地勤岗。所谓"男女不同龄退休制度",就是男员工55岁退休,女员工50岁退休。而雇主们在被告席上给出的理由竟然是"女性衰老得更早"……以上这些在现在难以想象的性骚扰行为,在当年竟如此猖獗。

请大家牢记那些女性劳动者前辈曾为了废除这种歧视而在法庭上进行了怎样艰苦卓绝的斗争。

由于这些女性的努力,结婚离职制度现在已经属于违法。即使雇员在被聘用时写下"将在结婚的同时离职"的书面承诺,也会由于是私人文件而不具有法律效力。"关于婚姻,你怎么打算呀?"这种当年的面试必答题,现在已经属于一种性骚扰。女性在面对这种问题时,如果怕对方认为自己是要赖着不走而被拒,那就可以先糊弄人事专员说"打算遇到合适的人就嫁了,结了婚就辞职",等真到那一天就装傻充愣,说"我说过这话吗?"就好了。

---

1 褥御免(お褥すべり,お褥御免)是江户幕府后宫"大奥"的制度之一,指被幕府将军看中后有资格侍寝的侍女,会在30岁后自动失去侍寝资格。

《均等法》的漏洞

众所周知，就业中的性别歧视有两大重灾区："招聘与录用"和"岗位安排与晋升"。其余的"教育培训"和"福利待遇"是从属性的次要问题。当然，由于禁止在"教育培训"中歧视女性，以前那种只针对女性员工的鞠躬、泡茶等礼仪培训都不再开设。此外，由于禁止在"福利待遇"上歧视女性，已婚女性现在可以作为户主领取子女抚养补贴和住房补贴[3]。

但是，如果在至关重要的"招聘与录用"和"岗位安排与晋升"中消除对女性的歧视仅仅是雇主的"努力义务"，那些雇主说"不不不，我确实正在努力"就能搪塞脱责。毕竟，这部法律漏洞百出的决定性原因就是缺乏处罚条款。每部法律都对违法行为规定了相应的处罚。即使是《轻犯罪法》也有处罚规定，如随地小便也会被拘留或者罚款。可以说，没有处罚条款的《均等法》从一开始就没有指望被认真遵守。

这部法律还有一个很大的漏洞。不难想象，法律生效后劳动者与雇主之间免不了纠纷。《均等法》中虽然没有处罚规定，但有纠纷调解的条款。发生纠纷时，可以请求各都道府县劳动局设立的机会均等调解委员会（2001年改组为纠纷协调委员会）进行调解。但是，调解开始的必要条件是劳资双方共同同意并提交调解申请。一般来说，申请调解的都是劳动者一方。那么可以想见，雇主不太会承认纠纷的存在，并且老老实实地坐上谈判桌。用脚指头想想，也能发现这部法律的漏洞，这种纠纷调解机制根本不可能有效——不妨把话说得更明白些：这就是一部偏袒雇主的法律。而实际情况也确实如此（1997年修订后的该法已经允许单方面提出调解申请）。

禁止招聘"仅限男性"，允许招聘"仅限女性"

《均等法》带来的另一大变化是禁止招聘、录用时"仅限男性"。如果有机会，可以看看1985年以前报纸上的招聘广告。跨页整版的招聘广告有"仅限男性""仅限女性""性别不限"三种，"仅限男性"的占了所有广告的八成。"仅限女性"的一般是"招会计，有工作经验者优先，珠算三级以上"或者"急招陪酒女"这种风俗业广告。"性别不限"一般就是"柏青哥[1]店包住宿，夫妻二人可"。一个应届生到学生部的宣传栏看看，基本上全是"仅限男性"的招聘广告。偶尔看见那么一两个"女性亦可，若干名"，心里还要打鼓，担心对方是骗子。这是因为大多数女性求职要么靠脸蛋儿，要么靠关系，面试官竟然会直接问"你父母帮你打点好没有啊？"。当时公司对女性员工的态度是"暂时寄存"未婚女孩，直到结婚"寿退职"[2]。因此，赖着不走的女员工就成了难对付的"老阿姨"[3]，被用人单位视为"不良资产"。

《均等法》实施后，尽管表面上"仅限男性"的招聘消失了，

---

1 柏青哥（パチンコ）是日本流行的一种小钢珠游戏，带有赌博性质。
2 寿退职（寿退職）就是女性随着结婚离职，"寿"指喜庆的事情。这是将一件对于想工作的女性来说并不喜庆的事故意说成了喜庆的事。
3 老阿姨原文是"お局さま"，"お局"原指江户幕府时代大奥的一种高级宫女。如今在日本，这个词指职场中资格老、脾气坏、对人（特别是对女性）严苛的年长女性。

但是在招聘面试阶段女性求职者还是能够切身感受到严重的性别歧视。有的是以自宅通勤（用人单位既不提供宿舍，也不提供住房补贴）为条件；有的是询问婚姻状况、结婚离职的面试性别歧视；还有尽管名义上设置了女性名额最低数量，但是不管女性的成绩多么优秀，留到最后的还是男性这种怪事。早稻田大学的女生们编写的《我们的应聘手册》[4]记载了大量类似的性别歧视案例。但是，因为《均等法》没有处罚规定，所以告也没处告。当时的劳动省表示，会对违法企业进行公示。但这也只是说说而已，从未真正实行。

《均等法》禁止招聘"仅限男性"，但允许"仅限女性"。理由是《均等法》的主旨是消除对女性的歧视，扩大女性职业领域，"仅限男性"与法相悖，因而必须禁止。但"仅限女性"与该法的宗旨并不相悖，因此《均等法》没有进行干涉。《均等法》颁布后半年，劳动省发布通知，称招聘可以"仅限女性"。有些人认为，这条保留"仅限女性"职业的通知简直像儿戏，显露出这部法律的片面性。不过这种批判声音并不十分强烈。这是因为《均等法》半年前颁布之时，许多妇女团体就感到非常失落，乃至军心涣散，从而失去了组织反对该通知的余力。

为什么女性管理人员的数量没有增加？

在"招聘与录用"之后，"岗位安排与晋升"环节也存在着对女性的歧视。

"岗位安排与晋升"的性别歧视程度,可以通过女性管理人员的比例来衡量。日本企业的特点就是职位越高,女性的比例越低。越是部长、役员这些高管,就越是"男性俱乐部"。即使偶尔有公司开恩似的提拔了一批女性管理人员,那些"前均等法"一代的新晋女高管也会因为缺乏培训和"帝王学"[1]历练就仓促就职,而成为拉后腿的角色。最后只能败下阵来,还会被人说:"看看,我早说过女的不行吧!"

实际上,即使在《均等法》颁布之后,女性管理人员比例的增加也并不明显(见图2-1)。担任股长及以下低层管理人员的女性的比例虽有增长,但在科长以上的职位,该比例就急剧下降。如果有女性当了部长乃至董事会成员,那可真是稀有动物[2]。这一点对于雇员超过500人的大公司来说尤其如此。

如果问起来,这些企业往往表示"没有歧视"。他们辩称,就算想提拔,候选人中也没有女性入围。在大企业服务20年左右,才有可能拿到科长以上的职位。在这段职业生涯中,必须经历调岗、外派等全方位的"帝王学"历练。"前均等法"一代人中根本没有工作20年的女员工。假设有这种人,她也没受过完整的历练。即使受过这种历练,也只是专门负责窗口业务的员工,根本不能当作合适的管理职务候补者。这是因为,企业的人事战略一开始就没有将女员工视为能够独当一面的力量,也根本没有考虑过将她们提升到

---

1 帝王学(帝王学コース),指企业中为培养重要的管理人员而设置的历练和特定的晋升路线。
2 日本企业中的职位等级由低到高一般如下所示:职员(一般社员)、股长(係长)、科长(課長)、副部长(次长)、部长(部長)、总经理(社長)、董事(取締役)、董事长(代表取締役)。

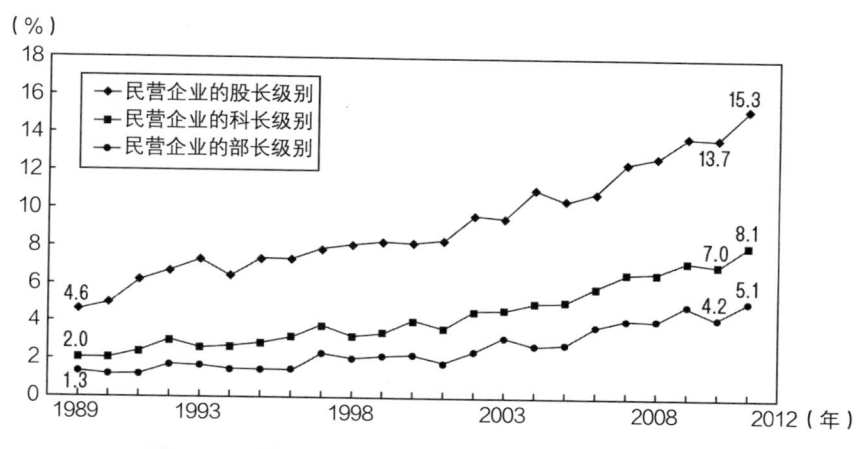

图2-1 历年各职务中女性所占比例的变化情况

数据来源：厚生劳动省《工资结构基本统计调查》

管理职位。

同样，这些企业也往往说"晋升方面根本不存在性别歧视"。那么为什么没有女高管呢？因为女性都早早地离职了。这些公司在招聘中搞性别歧视的理由也是"不能承担早早离职的女性给企业带来的风险""这无非是企业的'理性选择'"之类。他们总是找借口说，如果女性真的想和男性平起平坐，那么就别想被偏爱、被保护，而是参加和男性条件相等的竞争……

钻《均等法》的空子

上述现象并不是职场性别歧视的全部。日本企业在《均等法》生效之前就找好了空子，那就是把职位分成"综合职"和"一般职"的"职务类别人事管理制度"[1]。综合职就是那种包含外派、调岗和出差的传统线性岗位。这只不过是把此前的"男性职种"和"女性职种"换个说法罢了。招聘时虽然没写"仅限男性",因而不属于性别歧视,但这显然只是场面话而已。

职务类别人事管理制度是企业为了尽量规避《均等法》的影响而发明的一种狡猾的手段。拜这个制度所赐,对于企业来说,有没有《均等法》区别不大。在新自由主义下的劳资谈判中,雇主一方总是能够闪转腾挪,和劳动者巧妙周旋。

职务类别人事管理制度的巧妙之处在于,如果要以职场性别歧视的理由进行投诉,那么当初录用的条件必须与他人一致。只有在相同的条件下被雇用,但由于性别而被区别对待,那才叫性别歧视。如果招聘的职务类别一开始就不同,那么有不同的待遇也是自然而然。

说起来,我还记得当初国会通过《均等法》时的事情,那真是一段苦涩的回忆。那时,我在一所女子短期大学[2]任教。在女性学的课堂上,我说:"各位,昨天《男女雇佣机会均等法》在国会通过啦!"但紧接着,我就不得不说:"不过对于大家来说,倒是关系不大……"

这是因为,只有教育背景相同、录用的职务类别相同,才能要求待遇相同。实际上,上短大的往往是女生。这些短大的女毕业生

---

[1] 原文是"コース別人事管理制度",这是在1985年前后在日本大企业中普及的制度。这一制度按业务内容和是否有外派等将职务岗位分为"综合职"和"一般职"。详见下文。

[2] 日本的短期大学为学制3年以下,主要教授家政、文学、教育、保健外语等内容的高校。高中毕业后继续接受教育的日本女生大多进入短期大学。简称"短大"。

的教育背景一开始就与男性不同，就不能指望拥有和男性一样的待遇。在本科毕业的男性被录用为综合职员工的职场上，这些女性短大毕业生只能被录用为一般职员工，做一些辅助性业务。

我有一位女性朋友，她就是短大毕业生。在一家大型商业公司工作了十年后，她主动向公司表示，希望尝试新的业务，愿意自费参加只有男员工才能参与的培训。结果，她的男性上司告诉她："虽然不知道你是怎么考虑的，但我们公司没指望你再进步了呀……"这位朋友听完这话，除了心灰意冷、就此沉沦，还能如何呢？

《均等法》颁布的第一年，拨开迷雾看看现实就会发现，男性一般被录用为综合职员工，而女性担任综合职的则少得可怜，大部分女性都被录用为一般职员工。即便如此，那些雇主还是主张招聘过程中"完全没有性别歧视"，而是应聘者自愿选择了不同的职务类别。听说也有一些男性应聘者因为不想被外派，因而选择只在本地工作的一般职。但是，用人单位面对这种情况会说："公司充分尊重你的个人意愿，但还是建议你调到综合职。"如果依然坚持己见，那就叫给大家"带了坏头"。

《均等法》实施后，各路主流媒体都在吹捧"综合职女性"，但是从招聘录用的实际情况来看，这些女性只是少数例外，可以说媒体对这种夸大报道负有主要责任。综合职女性都是大学本科毕业生。我认为同样是本科毕业的女性媒体人，似乎给予了和自己境况类似的精英女性太多的关注。报纸印得铺天盖地，仿佛所有女性都在做综合职。似乎这些综合职女性的一举手一投足，乃至便当里带了什么菜，都会被写进新闻报道里。

在这些光鲜靓丽的"成功女性"背后，大多数女性仍然仅仅在做男性员工的辅助业务，无论她们年纪多大、资历多老，都会被称作"小姑娘"。这些一般职女性的境况完全被少数精英女性的光辉掩盖了。并且从事一般职还被认为是她们自己的选择，不管受到怎样的不公待遇，都不能说企业在"歧视女性"。对于这些现实，媒体并不关心。

职务类别人事管理制度固化了对女性的歧视，使得那些基于《均等法》的维权努力全都化作泡影。著名的"住友金属工业诉讼案"[1]的当事人就是一位"前均等法"一代的女性。她在《均等法》颁布后依然遭受职场性别歧视，因而愤然提起诉讼。辩护团队中的女律师感叹，《均等法》根本当不了法庭斗争的武器。她们的诉讼请求完全是基于《劳动基准法》和《宪法》提出的。这一事实再次强有力地证明了《均等法》多么缺乏效力。

那么，职务类别人事管理制度真的对公司有利吗？在该制度实行大约五年后，我和某企业的人事专员交谈过。他的结论是，这个制度基本上失败了。

在招聘时，综合职和一般职的划分并不基于求职者的能力和特性。因为只有在工作开始之后，用人单位才会了解这个人的能力

---

[1] 大阪地方裁判所于2005年审结的诉讼案。原告是住友金属工业的四名女性员工，她们发现她们任职的住友金属工业株式会社中有"人事潜规则"。企业将员工以"伊吕波"的顺序分为五等，分别是"イ：本科毕业男性；ロ：高中毕业男性；ハ：职务类型转换男性BH（Branch High School）类；ニ：职务类型转换男性LC（Labor Clerk）类；ホ：女性"。女性不论学历或其他条件如何，都在人事管理制度中被默认排在男性之后，在晋升、收入等各方面都受到歧视。经过一年的法庭斗争，四位原告同意与住友金属和解，被告住友金属支付了合计7600万日元的解决金，并保证不再歧视女性劳动者。

和岗位适配性，并且还有一些能力会在工作中不断增强。因此这位人事专员认为，既然如此，不如从一开始就不搞什么职位分类，而是在入社第三年、第五年等时间节点设置一些考察，根据考察的结果分析员工的能力和特性，以此安排职位或者晋升才是合理的用人之道。

事实上，那些在许多公司中被称作"第一位女性……"、开创了所谓新职业领域的女性的资格证书或聘用条件根本不成问题。在《均等法》颁布之前，电通[1]在很长一段时期内，在招聘女性员工时只聘用高中或短大的毕业生，但依然有胁田直枝、斋藤洋子这样的人才崭露头角。当初进行内部新业务开创时，胁田女士直接去和老板谈判说："给我找点儿事情干！"如果聘用类型从一开始就固定下来，那么即使是能够被磨炼出来的才能，最终也会被埋没。

意识到这一点的公司很快引入了职务类别转换系统。在员工的工龄达到一定年限时，如果本人愿意，就可以提出转换职务类型的申请。但是，这种转换的条件极其严格，除了上司的推荐等审查程序之外，还要通过内部的职务类型转换考试。这种渠道仅仅对于那些公司认为对其有用的员工来说，才能够算是一种机会窗口。

职务类别人事管理制度虽然涉嫌违法，但依然在日本广泛实行。而今天，当就业机会在总体上变得稀缺时，一般职雇佣制度就开始崩溃了。于是，高中毕业生和短大毕业生那种梦想式的"成为一般职员工，在公司内恋爱，坐等结婚离职"的传统女性人生路

---

[1] 株式会社电通（株式会社電通）的简称。电通是日本规模最大的广告代理商，拥有"鬼十则""责任三条""战略十训"等鼓励过度劳动，鼓吹超强压力的企业文化，曾多次发生员工过劳死、自杀等事件。

线，现在已经崩溃了。另外，尽管幅度很小，综合职的就业机会正在扩大。换句话说，那种谁都能干的流水线式非熟练工种慢慢向非正规就业——兼职和劳务派遣——转移的同时，公司也在试图尽可能榨干可用的人力资源，无论是男性还是女性。可见，企业行为的"合理性"得到了进一步增强。在长期的经济衰退中，许多公司已经失去了雇用普通女性从事接待和辅助业务等工作的余力。

企业不断强化其新自由主义战略，不管是综合职还是一般职，是正规就业还是非正规就业，都标榜"自我决定、自我负责"原则，其实根本没有什么"选择的自由"。在这样的制度下，对职场性别歧视的维权，正在变得越来越困难。

《均等法》真的在保护女性吗？

让我们看看，《均等法》到底是如何影响女性就业的。

《均等法》颁布于1985年，正式施行于1986年，恰好处在日本泡沫经济高速膨胀的上升期。因此"后均等法"一代也正是"泡沫世代"。20世纪80年代后半期的劳动力市场是个"卖方市场"，不少应届生都能轻松拿到两三份录用通知书。

那个时候，女性本科毕业生的就业率节节攀升。由于同一时期的晚婚化，毕业后就结婚的人越来越少。即使后来结婚了，婚姻也不会影响就业。更何况综合职也包含在就业选项之中。因此有人认为，这就是《均等法》立竿见影的效果。

但是，果真如此吗？

女性本科毕业生的就业率从《均等法》颁布以前就在逐年提高。因为本来女性的本科入学率就在攀升。一些进步的企业甚至在《均等法》颁布之前，就已经开始聘用女性本科毕业生。乘着"女性时代"的东风，被提拔到管理岗位的女性并不少见。因此，可以说《均等法》带来的"综合职女性"之类的效应，都只不过是在追赶时代的脚步罢了。

疾风知劲草。一部法律对保护女性就业权利的承诺能否兑现，只有在经济衰退时才会得到检验。众所周知，在1991年泡沫经济崩溃后的"就业冰河期"和"就业超冰河期"[1]中，女性的处境比男性艰辛得多。在应届生招聘市场上，无论男女，求职成功的比例都在下降，但男女差距显著扩大了，而其中吃亏最多的是女性短大毕业生和女性高中毕业生。

显然，《均等法》并没有在经济衰退期保护女性就业。女性本科毕业生就业的扩大，看似是《均等法》的作用，其实仅仅是泡沫经济影响的结果。经济一旦转为萧条，这一影响的效果就立刻消失：这就是《均等法》无效的决定性证据。

"《均等法》根本没在保护我……"我想，这是女性劳动者的切身感受。

"《均等法》缺乏实效性……"这是专家们的看法。并且，法律专家更是明确指出：《均等法》根本不能拿来打官司。

性别法学者浅仓睦子在日本女性学集大成的著作《岩波女性学事典》中撰写了"均等法"条目。她还指出：

---

1 指泡沫经济崩溃后，1993—2005年毕业的一代人遭遇的就业困难时期。

"1985年颁布的《男女雇佣机会均等法》与最初设想的'雇佣平等法'相去甚远。即使是1997年修订后的《均等法》……与其他国家的类似法律相比,实效性也严重不足。"[5]

那么《均等法》到底是什么?

公共政策专家、男女共同参画政策的主要制定者大泽真理将这部法律称为"为男性量身打造的法律"。她在分析《均等法》的英文论文中使用了"tailored"(量身定制)一词,我至今忘不了读到这个词时的那种振聋发聩之感。这个词的意思是"Taylor Made",也就是西服订制服务。更直白地说,《均等法》就是"为男性利益而订制"的法律。对这一点,我举双手赞成。

《均等法》修正案的颁布

是有《均等法》好,还是没有更好?

自1985年该法颁布以来,已经过去了四分之一个世纪。终于到了对《均等法》进行历史检验的合适时机了。

《均等法》缺乏实效性,没有处罚规定,纠纷调解程序有问题……这一系列缺陷,在制定之初就广为人知。当时立法推进者找了这样的借口:无论法律有多大缺陷,都应该先制定出来。实在不行,将来还能修订嘛。

确实,修订后的《均等法》颁布于1997年(施行于1999年)。修订后的《均等法》有两个重大变化。其一,在"招聘与录用"和"岗位安排与晋升"环节中,根据原来的规定,避免性别歧视是用人单位的"努力义务";而修订后的《均等法》则明令禁止用人单位进行性别歧视。其二,修订后的《均等法》规定用人单位有责任预防和应对性骚扰。

可以说,第一点的禁止性别歧视的准则出台得太晚,算是摸着枕头天亮了。但是,因为仍然没有处罚规定,用人单位还能装傻。如上文所述,当时的劳动省说要公示违法企业名单,但完全是说说而已。与此同时,职务类别人事管理制度已经牢固确立下来,经济萧条导致就业竞争加剧,这些都使这条禁止性别歧视的规定变成了一纸空文。

第二点的性骚扰责任明确化,对于企业来说算是晴天霹雳。在此之前,用人单位一直以"私人事务、个人隐私"为由无视性骚扰问题。不堪忍受的受害者即使向工会申诉,工会也会说"不掺和私人事务",让人吃个闭门羹。换句话说,任何下半身的事情不论多么不合理,都在公共领域中以"隐私"为名被掩盖起来。

根据劳动省的定义,性骚扰是"利用职务上的地位胁迫对方,强行进行违背对方意愿的与性相关的行为",也就是一种滥用职权的越轨行为。按照这个定义,性骚扰已经从"个人隐私"变成了"工伤"。顺便说一句,"职权骚扰"(Power Harassment)是"滥用权力地位或是过度行使权力的行为"。性骚扰就是伴有性相关行为的职权骚扰。

以前参加过一个应对性骚扰的培训。培训的主题是"为了避免受到性骚扰",而进行培训的都是女性员工。我觉得非常不可思议。性骚扰不是受害者的问题,而是加害者的问题。最有可能成为性骚扰加害者的就是职场中的男性管理者。在中小型企业中,老板本人往往就是性骚扰的加害者。关于这种"头号犯罪",大家请记住大阪府横山知事的性骚扰案[1]。因此,我认为,最应该接受相关培训的"高危人群"是男性才对。

在《均等法》修订后,企业中有关性骚扰的培训主题由"如何避免受到性骚扰"转变为"如何避免成为性骚扰的实施者"。于是,人力资源培训公司的性骚扰相关培训项目变得大受欢迎。即使在我工作的东京大学,各个部门的教授们也有义务接受全员必修的性骚扰相关培训。考虑到企业的风险管理,对一群大概率成为肇事者的人进行培训是很自然的。性骚扰对每个人来说都是一种可耻的犯罪行为,不仅会损害公司的声誉,而且在法庭上被判的赔偿金还越来越高。我觉得树立起"性骚扰的成本很高"这种观念是非常有效的。我觉得在性骚扰的应对方面——虽然还远远不够——修订后的《均等法》还是效果显著的。

总之,《均等法》已经颁行了。如果我们可以继续修订这部法律……那是不是意味着,《均等法》有比没有好?

然而,同时也出现了更具讽刺意味的事情。现实情况是,自《均等法》颁布以来的四分之一个世纪中,处于该法适用范围以外的女性劳动者大幅增加。这些女性念叨着"《均等法》有是有……但是跟我关系不大呀",以惊人的数目,出现在劳动力市场上。

---

[1] 横山诺克(横山 ノック,1932—2007),日本漫才师、喜剧演员、主持人、政治家。在1999年大阪府知事任上参加第二任竞选期间,对参加助选活动的女大学生进行了强制猥亵。当年12月,大阪地方裁判所在民事诉讼中判处横山赔偿受害者1100万日元赔偿金。2000年,大阪地方检察厅对横山提起公诉,横山被判有罪,被判处有期徒刑1年6个月,缓期3年执行。

◆ 作者注 ◆

［1］ "结果平等"和"机会均等"的区别，请参见竹中惠美子编著的《女子劳动论——从"机会平等"到"结果平等"》(『女子労働論—「機会の平等」から「結果の平等」へ』，有斐閣，1983年）。

［2］ 田原总一朗的妻子田原节子（旧姓村上）作为播音员入职日本电视台。电视台在她结婚生育后以"容貌衰老"为由免除了她的播音员职位。田原节子不服，与电视台对簿公堂。通过法庭斗争，法院判决她胜诉。

［3］ 通常，夫妇中收入高的一方领取扶养补贴（扶養手当）和住房补贴（住宅手当）。

［4］ 《我们的应聘手册》(『私たちの就職手帖』)由早稻田大学的女生于1980年创刊，1998年停刊，历经了18年。第一任总编福泽惠子现在是著名的职业生涯咨询师。

［5］ 浅仓睦子撰写的"男女雇佣平等法"条目，出自井上辉子等人编著的《岩波女性学事典》(『岩波　女性学事典』，岩波書店，2002年）第558页。

第三章

劳动大爆炸

放宽劳动力市场管制

将《男女雇佣机会均等法》解释为新自由主义改革的一个环节是有根据的。这是因为在1985年，即《均等法》颁布的同年，日本又颁布了另一项重要的劳动法律：《劳动者派遣事业法》。与《均等法》不同，媒体对此没有大张旗鼓地报道。

让我们以年表（见表3-1）列出20世纪80年代以后新颁布、新设立的劳动相关法律和制度。

表3-1　20世纪80年代以来的劳动相关法律和制度

颁布年份	名　　称
1985	《男女雇佣机会均等法》 《劳动者派遣事业法》
1993	《兼职劳动法》
1997	《男女雇佣机会均等法（修正案）》
1999	《劳动者派遣事业法（修正案）》 《职业安定法（修正案）》 《劳动基准法（修正案）》

（续表）

颁布年份	名　称
2000	企划业务型裁量劳动制
2007	《兼职劳动法（修正案）》

《劳动者派遣事业法》（以下简称《派遣法》）解禁了拼缝儿、掮客[1]这一类职业介绍业务。这些叫法当然都是蔑称。这是因为，仅仅通过介绍工作就不费吹灰之力地赚钱实在不太合理。过去很多职业介绍所确实都是黑店，因此政府将私营的职业介绍业务取缔，并把就业安置当成公共责任。政府当时还成立了"公共职业安定所"，也就是现在的"Hello Work"[2]。《派遣法》放松了相关限制，允许私营企业通过职业介绍而赢利，从而承认了民间职业介绍行业的合法地位。这就是"劳动大爆炸"——从此像开闸泄洪一样，劳动管制被放开了。

随着《派遣法》的制定，劳务派遣公司应运而生。经济同友会的第一批女性成员之一的奥谷礼子就是一家名为"The R"的劳务派遣公司的创始人。奥谷女士也是第一个使用"女女格差"[3]一词的人。小泉改革的核心人物竹中平藏离开政界后，也转任大型劳务派遣公司保圣那的董事。小泉改革带来"格差"的始作俑者正是竹

---

[1] 原文为"周旋業""口入れ屋""ピンハネ業"，通过介绍工作牟取暴利的民间职业中介业务的俗称，常带有黑社会性质。
[2] Hello Work（ハローワーク）是公共职业安定所的爱称，是日本政府设立的免费职业介绍机构，简称"职安"。
[3] 日语中"格差"指由收入、社会地位、生活境况等诸多因素构成的社会差距。"格差"反映了日本社会在新自由主义时代的特殊状况，因此保留日文汉字不译。

中。新自由主义者似乎很喜欢拉大社会差距，而社会差距拉大就是放宽劳动管制的结果。

起初，派遣工作仅限于一些专门性的工作。当时办公自动化（OA，Office Automation的简称，这个词好令人怀念啊）的普及如火如荼。20世纪80年代后半期，能用文字处理器和电脑打字的专业人才，会被派遣到时薪1800日元乃至2500日元的企业。就算有派遣公司在中间赚差价，派遣员工的时薪也比正式员工高很多。在泡沫经济时代（1985—1991年），派遣员工的薪水、能力和自豪感都比普通白领女性高出很多。

此后，《派遣法》经历了数次修订，每次修订都在放宽劳动管制[1]。最初，《派遣法》存在对职业种类的管制，劳务派遣仅限专业性较高的职业，后来的修正案放开了非技术性和常规性的工作，直到放开制造业的普通工种。这些修订名为"修正"，实为"修恶"。有些人说，"法律虽然已经制定，但今后还是可以根据情况修订的"，借此在法律中留了"后门"。我们必须对这种阴谋诡计保持警惕。这个放松劳动力市场的管制改革方向正是日后新自由主义改革的一环，人称"劳动大爆炸"。回想起来，1985年《派遣法》的颁布似乎就是为引发"劳动大爆炸"投石问路。

现在，几乎所有职业都允许劳务派遣。不仅仅是劳务派遣，合同工、短期雇佣、承包工、零工等各种所谓非正规就业遍地开花，一时间令人眼花缭乱。

这些非正规就业有个共性，那就是雇主再也不必为劳动者承担什么责任，非正规雇佣没有什么雇佣保证，更不用说各种保险、担保和福利了。制造业有一种劳务派遣方式，叫日结承包工。我听说这种雇佣方式的阴险毒辣之后，简直瞠目结舌。承包工实行包工制，包工头是私营业主，劳动者找他们签订日结劳务合同，被包工头派遣到工程现场。日结工的合同都是按天签，从来不保证第二天的工作，这些工人简直是每天都要被炒一次鱿鱼。当然工人也没什么失业保险、健康保险。万一发生工伤事故，因为工人的身份与包工头对等，都是"私营业主"，责任自负，所以包工头完全没有责任。真是狡猾！狡猾！也不知道谁想出的"好"手段！

千万不要忘记，在战后的劳资关系下，"卖的没有买的精"，资方总能比劳动者先行一步。包括《均等法》在内的政策缺陷，使得劳动者们接连维权失败。

"新时代的'日式经营'"

实际上，以一份报告书为契机，这些劳动力市场管制宽松政策才得以落地。1995年，日经联（后来的日本经济团体联合会）发表了《新时代的"日式经营"——必须挑战的方向和具体措施》。

这份报告建议，今后管理层应该将员工分为三种，分别进行人才管理。第一种叫"长期积蓄能力活用型"，就是所谓的"Line职"[1]。第二种叫"高度专门能力活用型"，就是所谓的"Staff职"。最后一种叫"灵活雇佣型"，包括劳务派遣工、临时工、合同工、承包工、兼职工这些非正规雇员。

1　Line职也就是传统的条线式垂直管理结构中的管理岗位。

第一种"长期积蓄能力活用型"就是招聘应届生，通过内部培训培养人力资源，通过调职、转岗将其培养为全能人才的那种传统雇佣形式。这种形式不应该叫"就职"或"就业"，而应该叫"就社"[1]。第二种"高度专门能力活用型"一般是专业性比较高的法务、语言类工作。对于这些岗位，企业所持的态度是尽可能外包，而非亲自培养相应人才。说起来，外包岗位的派遣员工一般也被称作"Staff"，就是因为Staff指那些可以外包出去的岗位。第三种"灵活雇佣型"，又叫"雇佣调整型"，也就是被称作"经济安全阀"的灵活就业人员。不妨把话说得更明白一些：就是指那些用完就扔的"召之即来，挥之即去"的一次性劳动力。说灵活，并不是对工人来说灵活，而是对雇主来说工人灵活、方便、好用。

这份报告实在是替日本资本家说出了心里话。他们拼命压缩第一种"长期积蓄能力活用型"岗位的数量，尽可能把第二种"高度专门能力活用型"岗位外包出去来降低内部成本，然后用第三种"灵活雇佣型"替换那些程式化的业务和非熟练岗位。这就是他们的人力成本压缩战略。这一战略的结果就是让雇佣产生了正规和非正规的两极分化。企业一方面仍然重视综合职员工，另一方面拼命压缩一般职员工，用非正规劳动者替代他们。原因不是别的，是这些企业的经营状况已到了捉襟见肘的地步。

时间来到1995年，也就是泡沫经济崩溃四年后。那时舆论普遍认为经济走势已经触底，即将反弹，但是实际上经济还是在不停地下滑，仿佛掉进了通缩螺旋的无底深渊。在泡沫经济时代投资的那

---

[1] 公司在日语中为"会社"，因此作者将这种传统的、与公司绑定的终身雇佣制称为"就社"。

些非核心业务都成了坏账，大小企业都被逼到了"乌江边"。

这份报告打上"日式经营"的烙印是有原因的。第一种"长期积蓄能力活用型"员工和之前的综合职正式员工没什么区别。这似乎是在宣布，企业并没有打算改变之前的"日式经营"方式。但是，企业准备进行组织体制的瘦身，用壮士断腕的决心打造重视效率的体制。从此，就业的"抢椅子游戏"[2]（汤浅诚语）变得更加激烈了。这是因为终身雇佣这种"会员制俱乐部"名额缩减，越来越难进了。

其实，各类企业，尤其是大企业都没有改变经济高速增长期的招聘方式，维持着应届生统一招聘制、终身雇佣制、年功序列工资制这一体系1。但是，这种"抢椅子游戏"的椅子数量大大减少了。为什么呢？企业手头越来越紧，求职竞争越来越激烈，而那些抢到椅子的男人的婚姻竞争同样越来越激烈。有一种说法：企业招聘一个新人平均要花300万日元的成本。只有该员工从被录用到退休都不离职，企业才能不冒亏本的风险，因此企业当然要谨慎录用。结果就是企业对离职风险较高的女性求职者敬而远之。所以，招聘中的性别歧视绝对没有消失。

我从一位人事专员那里了解到，无论是笔试成绩还是面试成

---

1 "应届生统一招聘制"（新卒一括採用）是指企业以应届毕业生为对象，每年举行一次的统一招聘、统一考试、统一录用的制度。被录用的学生在正式毕业之前就会获得"内定"，毕业后直接就业。"终身雇佣制"指除非企业破产倒闭，劳动者将在某一企业长期工作，直到退休的制度。"年功序列工资制"是企业或政府部门按员工工龄和年龄依次晋升、提高工资的制度。上述三种制度并称"日式雇佣系统"的"三神器"。但是作者在后文中也有将应届生统一招聘制、年功序列工资制和企业内工会并列的情况。

绩，都是女性求职者表现比较好。在招聘过程中，应聘者的男女比例为3∶7，女性人数优势明显；但是最终录用者中男性却占了七成。这是因为，如果按照招聘成绩比例录用，女性将占绝对优势。当时我没问出来，但是我实在想知道，企业里真的有"女性定额"吗？

用一种来自流行病学的方法可以确定招聘中是否存在性别歧视。如果应聘者的性别比例与被录用者的性别比例存在显著差异，那么录用过程很可能存在性别歧视。虽说应聘者个人有个人的情况，招聘录用过程算是个黑箱，但从群体角度来看，如果某个性别在录用过程中存在明显的优势或劣势，那么相对于直接歧视，这就算得上一种间接歧视。

或许可以说民营企业有"歧视的自由"[3]，企业即使公开录用结果，也不会公布应聘者的性别比例。但如果是公务员招聘，那就有问题了：这说明本来必须公平的公务员招聘中竟然存在性别歧视。[4]

有一次，我拿到了各县和市町村公务员考试申请人性别比例和通过者性别比例的对比数据。看完这些数据，我发现一些事情着实有趣。在县和町、村一级的考试中，男性录用者比例高于男性报名者比例；但在市一级的考试中，反倒是女性录用者的比例要高一些。如果我们怀疑县和町、村一级考试存在男性优待的话，是不是也应该怀疑市一级考试优待女性，歧视男性？

当时是20世纪90年代后半期。很多优秀的女生在那个"超级就业冰河期"被逼无奈，只得跑来考公。大家都说，经济不景气的时候，优秀人才都跑去考公务员了。这是因为，经济景气时，私营企业待遇更好，本来就有很多优秀人才趋之若鹜；相反，经济一旦下行，私营企业招聘收紧，变得更加难进。经济衰退时，求职者不分男女，都会去考公，而且优秀的女性还会遭受私营企业的招聘歧视，更是被挤对得去考公务员。至于为什么大家都报市一级的公务员考试，大概是因为调岗的地域范围比较小吧。而比较报名者和录用者的性别比例时，我们会发现，市一级和县、町、村级之间的性别比例存在某种反转，似乎可以看作市级公务员招聘相对公平的证据。反过来说，这些数据也能够证明，县级和町、村级公务员招聘存在偏向男性的潜规则，还有人找关系、走后门。因为不受经济波动影响、工作稳定，公务员称得上是地方上惹人羡慕的"特权"职业。

不仅有性别歧视，学历歧视也还是老样子。不同的是，自从大学入学率超过50%之后，学历歧视就变成了学校歧视。过去有一个口碑极差的"指定校制度"[1]。因此当时企业的人事专员经常说，"投我们公司的话，请隐去学校名称"。现在早就没人说什么"指定校制度"了。这是因为今天大家都知道，招聘者按照学校的牌子挑人是天经地义，哪还有什么抱怨。

学历歧视、学校歧视、性别歧视都是企业降低用人风险的"成功经验"。他们无意改变企业体制。企业聚集同质化的高素质人才，让他们作为同辈在企业的职业发展竞赛中相互竞争，在漫长的职业生涯中培养他们对企业的忠诚——这正是一条将员工"社畜"化的道路。因此，应届生招聘绝不可能取消。

---

1 "指定校制度"即企业在应届生招聘时，不进行公开招聘，而是对特定学校的毕业生进行招聘的制度。

2010年，政府希望革除只招应届生的弊害，要求各用人单位将毕业三年内的求职者都视为应届生。显然，不论怎样延长应届生年限，"应届生招聘"这条铁律依然没变，政府这话完全不能当真。另外，如果"延长三年"，那么去年和前年的应届生都会进入求职市场，那样应届生的求职竞争将更加激烈。如人饮水，冷暖自知。那些正在找工作的年轻人对这一点是最明白不过的。

但是，对于抢到椅子的成功者来说，生活真的就此安定下来了吗？

现实是，自从泡沫经济崩溃以来，正式员工的劳动时间不断延长。每周工作超过60小时（相当于一年工作超过250天）的劳动者人数从1987年的16.3%增加到2007年的21.1%（数据来自《就业结构基本调查》）。在泡沫经济时代，工会的主要诉求是缩短工时而不是增加工资，但衰退之后都成了泡影。

就算成功当了正式员工，也绝对高兴不起来。这是因为企业精挑细选的"长期积蓄能力活用型"正式员工每天都被迫高强度劳动，直到流尽最后一滴血，吐尽最后一口气。在这一点上，男女没什么区别。我见过无数综合职女性身心都遭到摧残，男性也被逼得过劳死，或者得了抑郁症。因此对于成功当了正式员工的人，我从没有羡慕过。

政界、商界、官僚界和工会的合谋共犯

日经联那份报告把第三种"灵活雇佣型"员工当作用完就扔的

一次性劳动力。他们说，这是在长期衰退和日益激烈的国际竞争中生存下来的唯一途径。由于日元升值，日本的工资水平朝着国际标准一个劲上涨，制造业纷纷逃离日本，产业空心化初现端倪。

即便如此，也只有在出国时才能感受到日元走强的好处。虽说身处世界上工资水平数一数二的国家，但是日本国内的劳动者对此完全没有实感。

而为这个方针开绿灯的正是政客和官僚们。如此这般，政、商、官僚三者共同引发了"劳动大爆炸"，一步步放宽了对劳动力市场的管制。《派遣法》接二连三地"修正"就是这条路线的延续。

吞下苦果的最终是年轻人和女性。这些刚毕业就遇到就业冰河期的年轻人（正好是"团块少年"[1]婴儿潮一代），被迫"灵活就业"，成为自由职业者。错失机会的他们再也无法进入应届生就业市场，沦为"失落的一代"。事实上，当时企业招聘完全没有长期计划性，都是见机行事。进入21世纪后，经济逐渐回暖，应届生招聘也重新活跃起来。但是"失落的一代"那时已经30多岁，完全被甩出了就业市场，当时的企业也形成了完全没有30～39岁员工的不平衡的人事构成。

其实，广大女性沦入"灵活就业"的时间远比这一代年轻人更早。在失落的一代之前，女性就在干兼职、临时工等非正规

---

[1] 团块少年（団塊ジュニア）指"团块世代"的子女一代。出生于1971—1975年间的战后第二次婴儿潮。"团块世代"是日本战后第一次婴儿潮时出生的一代人。他们出生于1947—1949年，经历了日本在战后的经济高速增长期、石油危机和泡沫经济。

工。经济衰退后，女性被"最后雇用、最先解雇"（last hired, first fired），充当了"经济的调节阀"。她们就是所谓的"产业后备军"（reserve army of labor）。战前的农村领域和战后的家庭领域，是日本社会中吸收经济衰退压力的缓冲垫。[5]

和政界、商界、官僚界沆瀣一气的，还有一个角色。"用完就扔"路线没它的同意，根本无法推行。这个不光彩的角色，就是工会，就是日本最大的全国性工会组织——日本劳动组合总联合会（简称"联合"）[1]。"联合"是一个保护男性正式员工、维护男性单职工家庭利益的团体。

工会也是日经联的报告以"日式经营"为题的原因之一。日式经营的三件套之一就是企业内部工会。日式经营是通过雇主与工会的共存共荣维持自身运转的。因此雇主在决策之前必须取得工会的同意。

在20世纪90年代后半期的一场研讨会上，我遇见"联合"的一位大人物。我们素来意见相左，他知道我对工会持批判态度。认出我的一瞬间，他一下就拉下脸来：

"上野，你知道，工会本来就很保守……"

确实，你不说我也知道。保护男性正式员工的既得利益，正是工会做出的选择。在衰退期抛开女性，牺牲年轻人，也正是工会做出的选择。这就是所谓的"劳资协调路线"。

---

1 日本劳动组合总联合会（日本労働組合総連合会）是日本工会的全国性组织之一、日本最大的工会组织、国际工会联合会加盟成员。1964年由日本劳动组合总评议会的右派脱离者、全日本劳动总同盟、中立劳动组合联络会议、全国产业别劳动组合联合四大全国工会组织合并而成。1989年，日本劳动组合总评议会全部并入"联合"，宣告解散。

虽说如此，但也请大家记住，工会蜕化为"劳资协调路线"的走狗是在高速增长期结束之后的事情。在那之前，工会确实是个"战斗工会"。1989年，日本劳动组合总评议会（简称"总评"）并入"联合"，宣布解散。当时我就想，这就是日本工会运动历史的终结。现在，"联合"是民主党的主要支持者，那民主党的保守性也是显而易见的事情了吧。

如此这般，"新时代的'日式经营'"由政界、商界、官僚界，再加上工会，四方一致同意，最终作为政策落地。如诸位所知，"劳动大爆炸"从此开始。

差距的问题化

如上所述，日本的非正规雇佣人数在新自由主义改革时期越来越多。

先来看看非正规劳动者比例的数据（见图3-1）。

从20世纪90年代开始，非正规劳动者占劳动者总数的比例持续增加。2011年（不包括受地震影响的岩手县、宫城县和福岛县）达到了35.4%。这一年，女性群体中的非正规劳动者的比例高达54.6%，约为男性20.1%的2.7倍。如果单独看女性数据的话，我们发现，在20世纪90年代初经济衰退刚开始时，非正规工在女性劳动者中的比例约为三分之一。10年后，在21世纪初，这个数字增加到大约二分之一。在此期间，女性劳动者的数量不断增加，但她们中的大多数都是非正规劳动者。

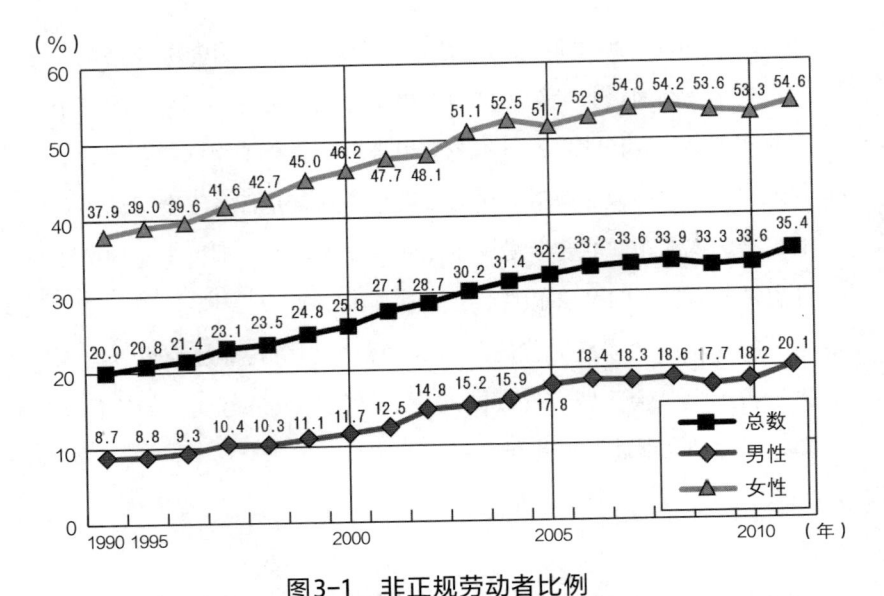

图3-1　非正规劳动者比例

非正规劳动者指除企业高管和正规雇用的职员、从业者之外的劳动者
资料来源：根据总务省《劳动力调查》制作

在经济衰退的10年中，非正规劳动者不仅在量上，而且在质上发生了重大变化。20世纪90年代初的非正规劳动者多为已婚中年妇女，但此后新增的基本上都是未婚年轻女性。换言之，经济衰退后，年轻女性毕业后获得的第一份工作就是派遣工、合同工、临时工作等非正规劳动形式。

众所周知，日本的非正规劳动者与正式员工相比，工作待遇差距巨大。据说非正规劳动者的工资仅是正式员工工资的一半甚至三分之一。现在，年轻人往往认为自由职业或者兼职零工之类的非正规就业是获得正式工作之前的过渡，但是这种劳动形式似乎在固定化。工作待遇的差距在年轻时并不明显，但随着年龄的增长越来越大。超过35岁后，就不能再被称为"青年"了。厚生劳动省对"啃老族"和自由职业者的定义有"34岁以下"这条年龄限制，一旦超过34岁，待业青年就只是失业者或穷光蛋了。

随着新自由主义改革的推进，差距问题成为社会批判的焦点。媒体和政客们天天大喊大叫着"差距差距"，他们说小泉改革是万恶之源。但正如我所说，新自由主义改革早在小泉政权之前就开始了。并且那些批评不平等的人反倒支持和新自由主义改革没什么区别的政策，真是令人费解。

自从大家开始争论社会差距问题以来，我就觉得莫名其妙：

到底是谁跟谁的差距？男性之间的差距？抑或是高学历者之间产生了差距，于是差距就成了热点问题吗？难道真是"东大毕业也免不了上街要饭的时代"这种噱头式说法的感召起了作用，媒体和政客们——别称"爹味社会"——才开始一窝蜂地关注差距问题吗？

在此之前，社会上一有男性之间的学历差距，二有男女之间的性别差距，但那些媒体和政客从来没把"差距"当成问题来讨论。20世纪60年代之前，日本是个学历差距极大的社会。在1968年犯下数起手枪枪击案、被判处死刑的长山则夫（1997年执行）就是60年代的初中毕业求职者之一。地方的初中毕业生们坐着集体就业[1]列车，进入城市底层劳动力市场。他们中的很多人短期内就辞职不

---

[1] 集体就业（集団就職）是日本战前出现，战后复兴期到经济高速增长期盛行的就业方式。在战后，中心城市以外的各地农村初高中毕业生大规模进入东京等工业中心城市务工，从事劳动力密集的制造业。他们所乘坐的列车就是集体就业列车。

干,最后杳无音信。那时大家都说,贫困、教育背景和家庭破裂都是问题所在,但没有一个人指出,这就是差距问题——因为人们视学历差距为天经地义,谁也不觉得成问题。

还有一种差距——性别差距。社会上一窝蜂地讨论社会差距问题时,女性学研究者们想:我们20年前就开始讨论这个问题了,可是谁也没听进去过。为什么呢?——媒体和政客们视性别差距为天经地义,谁也不觉得成问题。

2008年,日本的男女收入比是100∶69.3。在OECD(经济合作与发展组织)诸成员国中,瑞典的男女收入差距比接近100∶84.6,法国接近100∶88。日本与这些国家相比,男女之间存在巨大的收入鸿沟。而且,即使在批准了联合国《消歧公约》之后,这种男女收入差距在长期内依然没有改善,这与其他国家相比依然是个问题。

男女收入差距是性别歧视最明显的指标之一。男女收入差距没有改善这一事实表明,妇女所处的社会状况在过去的30年中并没有改善。其中最大的原因,就是大多数妇女是非正规就业。

我把正式员工丈夫和非正规就业的兼职妻子组成的夫妻称为"身份不同的夫妻"。年收入800万日元的丈夫,和年收入100来万日元的妻子的身份显然不同。当我读到一些经济学家2000年之后写的夫妻经济差距的文章时,我想,你们怎么才知道。

在社会学的阶层研究中,一般认为妻子与丈夫归属于相同的阶层。显然,妻子自己也是这么认为的。但如果以个人为单位而非以家庭为单位,这些妻子显然属于贫困阶层。经济阶层的衡量应该以家庭为单位,还是以个人为单位进行,本来就是有争议的。阶层归属和阶层归属意识是不同的概念。不管妻子怎么想，一旦离婚，这种意识的虚假性就暴露无遗了。许多女性一旦离婚，立刻跌落到贫困线以下。美国也有数据，能够清晰明了地说明离婚提高了丈夫的生活水平，降低了妻子的生活水平。似乎可以说，妻子所处的就是那种只要能维持好夫妻关系，承受什么样的家庭暴力或者蔑视、无视都无所谓的经济阶层吧。

事实上，离婚单身母亲的平均年收入在200万日元上下。这是为了养家糊口，同时打两份甚至三份工的收入。只有当差距成为一个社会问题时，单身母亲的贫困问题才像搭便车一样顺带进入公众视野。这是"差距成为问题"的意外效果之一。

女女格差

新自由主义改革扩大并且固定了男性之间的差距和男女之间的差距，但除此之外，它也带来了女性之间的差距，即所谓的"女女格差"。

奥谷礼子是日本第一个使用"女女格差"一词的人[6]。她早在20世纪90年代初就提出了这一概念。后来，橘木俊诏写了一本书，书名就是《女女格差》（东洋经济新报社，2008年），但那是好久之后的事情了。

奥谷女士是觉得"女女格差"无所谓的新自由主义者。她是一位乘着劳动力市场管制宽松化的改革东风，创办了劳务派遣公司的女性企业家。她也是一个在大量对差距的批判声音下依然死硬的

"确信犯"[1]。她的许多粉丝都是男企业家,因此她也被推荐为经济同友会的第一批女性成员之一。

只有在管制宽松化政策执行之后,女女格差才有产生的机会。在那之前,女性作为一个集体受到歧视,但拜新自由主义所赐,她们现在能够参加"机会均等"的竞争。其中,女性中有赢家,也有输家——女性也形形色色,不再是铁板一块了。

于是,结婚当家庭主妇也成了一种选择。虽说此时结婚生子仿佛还是女性的必选套餐,但是因为机会确实增加了,所以有人结婚,有人单身,有人婚后继续工作,有人婚后辞职,继续工作的也有全职、兼职、派遣之类各种各样的选项。

社会学中有"相对剥夺感"(relative deprivation)的理论。不患寡而患不均,当出现差异时,人们开始将自己的情况与他人进行比较。根据这一理论,和比较对象(对照组)之间的落差将造成巨大的剥夺感。

我至今忘不了一位年轻官僚对我说的一句话。我记得那大概是在20世纪80年代后半期,《均等法》出台之后,他说:

"听了上野老师的话,我才第一次意识到我老婆有多命苦。"

他的妻子大概是个30多岁的高学历家庭主妇。当她跟同辈的"在外企打拼的惠子""在政府当科长的夏美"这些女性相比时,一定会产生一种相对剥夺感。而这种相对剥夺感,是从未享受过"机会均等"的那一代女性无法体验,也不必体验的。

---

1 "确信犯"是日语中的一个法律术语,最初指犯罪者根据自身对某种道德、宗教、政治、经济等理念的信仰实施的犯罪。现在,这个词也指"明知故犯"。

《男女雇佣机会均等法》的讽刺意味

行文至此，让我们回到《均等法》的历史评价上来。《均等法》最大的讽刺意味在于非正规就业的增加。换句话说，虽然《均等法》颁布了，但该法适用范围之外的女性劳动者不断增加。

"法律颁布是颁布了……可是跟我们没关系呀。"这就是她们的心声。

《育儿照护休假法》也是如此。

《育儿照护休假法》真的有效吗？

自颁布至今已有20年，是时候对这部法律做个历史判决了。数据得出的结论是"NO"。女职工的孕产期离职率长期徘徊于六成到七成的高位（虽然最近下降到了五成，大概是受经济衰退的影响）。这个数字自20世纪80年代以来基本没变。如果说，孕产期离职率在法律颁布前后没有变化，那么只能说明，基于"生育孩子也不必离职"政策理念制定的这部法律完全无效。

那么到底为什么要制定《育儿照护休假法》？

这部法律实施前，女性如果生育只能被迫离职。大家是不是认为《育儿照护休假法》实施之后，女性重育儿、轻事业的态度依旧没有改变？其实这只说对了一半。

育龄女性非正规就业增加，是孕产期离职的主要原因之一。虽然有了《育儿照护休假法》，但该法并不适用于兼职、派遣工等非正规雇佣的女性。非正规雇佣的现实就是女性一旦被发现怀孕就必须辞职，什么产假、育儿假都是白日做梦，甚至不能说这是"歧视"，因为非正规就业的类别是应聘时的"自我决定"。日本女性劳动者在战后通过斗争争取到的"禁止以怀孕、分娩为由解雇员工"的成果，已经名存实亡。

是不是有人想说"非正规就业本来就是自我决定，那么后果自负天经地义"？

让我们好好说道说道，女性的非正规就业——不，这个时期不分男女的非正规就业，是否真的是"自我决定"的结果。

◆ 作者注 ◆

［1］ 比如延长派遣期限，扩大允许劳务派遣的业务种类，简化许可或登记手续等。

［2］ 汤浅诚，《来吧，贫穷！》，理论社，"绕路的思想"系列图书（『どんとこい、貧困！』，理論社，「よりみちパン！セシリーズ」，2009年）。

［3］ 私营企业的招聘工作如果不属于性别歧视或种族歧视等侵犯人权的行为，则不构成违法。例如，庆应义塾大学校友经营的公司只雇用庆应义塾大学的毕业生这种行为，并不能在法律上加以追究。最近岩波书店只允许"作者或员工介绍的人"参加招聘，虽然掀起一些舆论波澜，但并不属于违法行为。

［4］ 20世纪80年代东京都立某高中的入学考试被证明存在"男子定额"，成为社会问题。如果只根据考试成绩进行录取，女生的比例就会增加，因此校方会酌情放松男生的录取标准，确保一定的男生名额。这一事项本来属于内部情况，时任东京都议员的三井麻理子在东京都议会上针对此事进行了质询，校方承认确有其事。也就是说，由于都立学校使用都民税维持运营，因此同样是

东京都民，在孩子偏差值相同的情况下，男孩的父母就比女孩的父母享受了更多公共资源。这是明显的性别歧视。这个问题目前已被纠正。

［5］参见上野千鹤子《父权制与资本主义》（『家父長制と資本制』，岩波现代文库，2009年）。

［6］参见上野千鹤子编《风险商业：女性与资本主义之间的危险关系》（『リスキー・ビジネス　女と資本主義の危い関係』，学陽書房，1994年）。

第四章

新自由主义与少子化

少子化：新自由主义的"效果"

我们在第三章中提到，新自由主义改革吹响了把女性和年轻人当成"一次性劳动力"的号角。然而，改革的结果让人始料未及：那就是远超预期的不婚和少子化。

上文提到，在"1.57冲击"之下，政界、商界和官僚界争先恐后地采取措施应对少子化，这一事实在第一章已经论述过。然而，这些措施非但没有一点效果，总和生育率的下降速度更是刹不住车，2005年竟然降至1.26，到了世界最低水平。处于同一水平的国家只有西班牙、意大利和韩国。之后，生育率一直低位徘徊于1.39左右。虽然2012年生育率突然达到1.41，但这应该只是一时的现象，而非生育率趋势转向上升的征兆。

生育率如此之低，我认为是理所当然。这是因为育龄男女在经济衰退中首当其冲。

把女性和年轻人当成一次性劳动力，主要是试图在短期内抑制日本在全球化中高企的劳动力成本。伴随着"合理化"的努力，资方把工资牢牢控制在手中。与各种高度刚性的支出相比，工资更容易控制。如果遇到工会意料之中的抵抗，资方就会一方面保证那些拥有既得利益的劳动者的工资，同时在还没有进入劳动力市场的年轻人的工资和劳动条件上砍一刀。

资方购买了劳动力，那就必须承担劳动力再生产的成本。简单地说，工资要足够让劳动者有的吃、有的住，第二天还能接着奋斗。这就是"可持续"劳动力再生产的费用，而其标准是社会公认的"正常生活"水平。如果你是大企业的员工，这个水平就是养活老婆孩子，供孩子升学，到退休能够还清房贷，最后能落下一套一户建[1]。

与此相对，资方不必为一次性劳动力的再生产承担责任。这一政策瞄准妇女和年轻人是有原因的。女性有丈夫养着，而年轻人有父母养着（更准确地说，是资方不分青红皂白地"假设"这一条件），这样一来，资方就认为这些人的工资低于劳动力再生产成本也没问题，并且不管什么时候解雇他们，他们的生活都不会陷入困境。所以新自由主义的改革实际上依赖于日式家庭的存在。

劳动力市场不仅要完成个体劳动者的再生产，还要再生产劳动人口本身，即再生产下一代劳动者。通过抑制工资，企业可能获得了短期利润。但是如果他们有心的话，就会注意到由于出生率下降，新生儿越来越少。饮鸩止渴，后果大约会在20年后显现。很容易预测，从长远来看，劳动力市场的供给将越来越紧张。因此政界和商界已经着手制定少子化的对策。

---

1 一户建（一戸建て）是日本城市的主要民居形式之一，即独门独户的民宅。

从晚婚化到不婚化

据说有以下三个因素会导致出生率下降。一是结婚率下降,二是婚内生育率下降,三是非婚生育率下降[1]。

日本出生率下降首先是由于结婚率的下降,这与其他经历出生率下降的发达工业国有很大的不同。因为在其他国家,结婚率下降导致的生育率下降被婚外生育率的上升所抵消,但日本没有出现这种情况。

就这个问题我们细说端详:

在日本,结婚率下降首先表现为晚婚化。截至2011年,男性的平均初婚年龄约为30岁,女性为29岁。战后"团块世代"形容适婚年龄的说法是"女孩是圣诞蛋糕":24岁之前好卖,25岁就崩盘了。虽说当时晚婚化趋势不断发展,但是政界和商界并不焦急。因为可以预料的是,日本的年轻男女总有一天会结婚,结了婚总会生两个孩子。当时的婚内生育率长期维持在2.0‰上下,因此结了婚就当"俩孩子的妈"(二児の母),谐音"彩虹妈妈"[1]——女孩子们迟早会成为彩虹妈妈的。

但是晚婚早晚会变成不婚——她们就是"败犬"一代,酒井顺子就是不婚化的先驱。她在畅销书《败犬的远吠》中提出了"败犬"这个说法,定义是"30岁以上没有丈夫、没有孩子"的女性。在此之前,酒井女士还写了《少子》(讲谈社,2000年)一书。在那本书中,她不加掩饰地说女人不生孩子是"因为实在太痛了"。

---

1 日语"二児の母"中"二児"日语读音与"虹"的读音相同,都是にじ(niji)。

酒井女士面对大行其道的"看到孩子，阵痛就全部抛在脑后"之类的"母职神话"，毫不留情地吐露了这些败犬女性的"真心话"。

酒井女士在年近四十时撰写了《往里冲！安全吗？》一书。当然，所谓"往里冲"就是往婚姻里冲。"适婚年龄"延后，女性的"保质期"也延长了。当然，这个"保质期"保的"质"包括生育的可能。

酒井出生于1966年。根据预测，在她这一代人中，女性的终生未婚率将超过10%，而男性将超过15%。顺便一提，终生未婚率是50岁时的未婚率。根据研究，一旦超过这个年龄，人们结婚的概率就会变得极低。此前，统计部门习惯以40岁为限统计未婚率。这次统计口径变更，我好像感受到了人口统计工作者让大家"不管多大都赶紧结婚"的良苦用心。并且这似乎意味着统计部门认为40多岁的人仍然应该有结婚的可能——甚至还有生育的可能。

取代"女孩是圣诞蛋糕"说法的是"大年夜"神话：30岁之前还有人来说媒，一过"三十"顿时冷冷清清[1]。虽然"适婚年龄"随着晚婚化而延后，但可惜女性有生物钟——最佳生育年龄的限制。当时的厚生省在《母子健康手册》中称30岁以上怀孕会大大提高分娩风险，并且盖了"高"字大红章提醒大家注意。众所周知，卵子在女性的胎儿期就在体内形成。卵子数量是确定的，并且一生也不会增加。卵子依次在排卵期被从卵巢送到子宫，等待受精。因此，高龄产妇的卵子已经老化，并且据说高龄产妇不仅有流产和难产的风险，而且生下来的孩子也有可能患上唐氏综合征等疾病。后

---

[1] 原文是"过了31岁"，这是因为日本的大年夜（大晦日）是公历12月31日。为了符合汉语的语言习惯，在不影响文意的情况下做此调整。

来，高龄产妇的年龄标准从30岁提高到了35岁，最近连提都不提了。相反，现在由于生殖技术的发展，据说只要没有闭经，就还可以生育[2]（尽管是理论上），但是与此相伴的风险却基本没人强调。说这些话的人显然是预料到晚婚会影响婚内生育率，因此话里有话，似乎让人感受到"无论结婚多晚都赶紧生孩子"的良苦用心。最近，有些声音重提"卵子老化说"和"适龄生育"。后来这种声音逐渐消失，但政府似乎开展了编写"女性手册"，向女性普及正确的孕产知识的工作。不过我并不觉得这会对提升生育率有什么效果。相反，强调高龄产妇的风险只会使得那些错过最佳生育年龄的人更加踌躇不决。

"奉子成婚"越来越多

上述三个指标之二——婚内生育率（也称"有配偶生育率"）从20世纪50年代的一对夫妻平均生育子女人数从5人急剧下降到2人左右，并长期保持在2.0附近。总和生育率为2.07，勉强达到维持人口不增不减的世代更替水平。在一个几乎所有人都结婚的全员结婚社会中，如果大多数夫妇生育两个孩子，还有一些夫妇生育三个或更多孩子，人口数量就可以维持下去。在日本，被称为DINKS（Double Income No Kids的缩写，中文也叫丁克族）的无子女夫妇未见增加，而大多数夫妇都生了孩子。更进一步说，现在不同以往：有了孩子，所以决定结婚；而不是决定结婚，然后要了孩子。因此，伴随着晚婚化，奉子成婚的比例变得越来越高。

国立社会保障与人口问题研究所大概是从20世纪90年代开始公布结婚时新娘已经怀孕的比例。当第一次看到"九对新人中有一对新人奉子成婚"的数据时，我就奇怪：这么隐私的数据到底是怎么测算出来的？或许是从登记结婚日期和第一个孩子的出生日期的间隔时间中推算到的。但即便如此，这些个人信息是如何获得的，仍然是个谜。现在，奉子成婚比例越来越高，据说最近（2013年）已达到四分之一。如果新娘已经怀孕，那当然就不是处女了。在这里我很想吐槽一句，既然已经不是处女，婚礼上就不要穿什么"白无垢"，走什么"处女之路"了[1]。不过，婚前性行为早已不是什么稀罕事。

在日本，比起与爱侣相伴终生，生孩子、组建家庭才是结婚的动机。如果说正是结婚和生育之间的这种密切联系（过强的联系）导致日本的少子化，大家会不会吃惊？

当晚婚化被不婚化替代，结婚率下降，结婚申请的数量就会减少。即使并非如此，在年轻人口减少的情况下，结婚人数必定减少。出生人数是婚姻登记数乘以婚姻内的出生率，因此很容易预测，不管婚内生育率怎样维持不变，人口减少都无法避免。因此，各地政府纷纷把提高结婚率作为少子化的对策。地方政府策划单身男女的相亲甚至海外"爱情之旅"，把地方的税金用在这些婚恋活动上。"如果他们结婚了……肯定会给我（地方政府）生孩子"就是这些策划者的如意算盘。

---

[1] "白无垢"是和服形制之一，表里都用纯白色的布料制作。白色代表神圣纯洁，因此白无垢也被用作新娘礼服。"处女之路"（ヴァージンロード，Virgin road）是日本西式婚礼业界创造的和制英语，指西式婚礼现场中央的走道。英文为"Wedding aisle"。

非婚生育率之谜

　　然而，在其他经历出生率全面下降的国家中，具体情况却有所不同。所有进入成熟社会的OECD国家，总和生育率低于人口世代更替水平的2.07。这些国家被分为三类，分别是：总和生育率高于1.8的高出生率国家（瑞典和法国）、1.5左右的中等出生率国家（瑞士和德国）以及1.3左右的低出生率国家（意大利和西班牙）。日本处于低出生率国家的水平。

　　高出生率国家与低出生率国家最大的不同，是高出生率国家中的非婚生育率很高。顺便说一句，根据2010年的数据，瑞典新生儿中有二分之一是非婚生子女，德国则有三分之一。1990年以前，法国的新生儿中非婚生子的比例是三分之一，2006年激增到50%以上。换言之，在这些国家，非婚生育率弥补了因结婚率下降和婚内生育率下降而导致的出生人数下降。

　　晚婚化和不婚化并非日本独有的现象。所有国家的结婚率都在下降。然而，这个"结婚率下降"指的是合法婚姻率的下降。欧洲国家的年轻人在正式登记结婚之前就开始同居。同居和事实婚姻是一种在法语中被称为"自由结合"（union libre）的生活方式。从开始同居到正式登记结婚之间有一个时间差。甚至有数据显示，如果仅限正式婚姻，那么晚婚化的现象确实存在，但如果将同居的开始视为婚姻的开始，那么初婚年龄实际上并没有怎么上升。

　　从事实婚姻到正式登记结婚，往往是以怀孕或分娩为契机。但即使怀孕分娩也不结婚的案例也在增加。这是因为成为单亲妈妈没有任何不利影响，甚至在瑞典这样的社会，这些女性可以享受优先入住公共住房和子女优先进入幼儿园等单亲妈妈优待政策。可以说，正是这些政策减少了结婚的诱因。当然，这背后是女性经济实力的提升。

日本事实婚姻不增加的原因

结婚的主要动机之一是获得固定的性伴侣。所以想要发生性关系的爱侣希望一起生活是很自然的。

如果开始同居并进行性行为，那就存在怀孕的可能性。即使采取了避孕措施，怀孕的概率也会增加。再比如说一对同居并且有怀孕意愿的情侣，在这种事实婚姻的同居生活中出生的孩子就是非婚生子。

因为日本的结婚率完全没有上升苗头，所以有人认为在进行国际对比的时候，应该比较事实婚姻的比例而不是正式婚姻的比例。因此这些人罗列了同居率的国际比较数据。根据这一数据，以北欧国家为中心的欧洲各国同居率极高，50%以上的已婚夫妇在正式登记结婚前都同居过，而在日本，同居率只有2%到3%。在团块世代年轻的时候，出现了以上村和夫的漫画名作《同居时代》和民谣团体辉夜姬的歌曲《神田川》为标志的同居热潮。从那时起，人们预测日本将有越来越多年轻人与伴侣同居。但事实并非如此，正相反，年轻人对婚姻的看法变得越来越保守。

日本的婚姻之谜在于，事实婚姻的数量并没有增加，而正式登记婚姻的那天也正是同居的开始。所以在日本，晚婚化和非婚化都不是数据注水，而是事实。难道日本人真的认为婚姻如此神圣，如此遵守法律？

我一直都在苦恼，到底该如何回答国外的人口学家这样的提问：

"若真是如此，日本年轻人到底是如何过性生活的？"

晚婚化在20多岁的年轻人中不断推进。这个年龄段既是性行为最活跃的年龄段，也是生育的合适年龄。众所周知，在日本，未婚男女基本上都与父母同住。性问题也是个住房问题。如果不能把男女朋友带到父母家，那他们在哪里做爱呢？或者说他们真的守身如玉？难怪外国人觉得奇怪。

其实，这个时期的青年男女根本没有遵守"结婚之前守贞""新婚之夜就是初夜"的性道德。他们根本不是苦行僧，从奉子成婚的数据就可以看出，"处女神话"早已崩溃。"已经有交往对象了"的意思基本上就是"已经发生过关系了"。

那么他们在哪里做爱呢？

我的回答是这样的：

"别担心。日本拥有世界一流的都市基础设施——情趣旅馆。"

情趣旅馆（Love Hotel）是日本独创的专门提供性行为空间的场所。情趣旅馆的外观和内部装修都引发人们文化史方面的兴趣，甚至成为学术研究对象。社会学家金益见曾写过一本名为《性爱空间的文化史——从"小旅店"到"情趣旅馆"》的专著。在技术发展的驱动之下，情趣旅馆"不露脸"的交流方式，已经成为色情行业和犯罪的温床。我虽然把情趣旅馆称作"都市基础设施"，其实不仅在首都，在地方上的任何一个城市，甚至在郊外，只要有汽车社会的基础，就有情趣旅馆。日本男男女女已经充分受益于这种性的设施，所以他们可能不必出于性方面的理由积极同居。在未婚的情况下继续生活在父母家中对经济方面更有利，因此这些男女结婚的唯一动机就是怀孕和分娩。这是我的推理，是不是说中了呢？这种现象的背后是一种保守的婚姻观，也就是说男性除非成为家庭收入的顶梁柱，否则是没有资格结婚的。

建立现代家庭

在日本，非婚生育率或者说非婚生子女的出生率几乎没有增加。所有发达国家在少子化狂飙突进的同时，非婚生子女的出生率也在急剧上升，只有日本的这个数字仍然低于1%，到1990年终于超过1%，2008年达到2.1%，不过在统计上几乎小到可以忽略不计。

与此同时，在同样是低出生率国家的意大利，非婚生子女的出生率逐渐上升，2008年达到17.7%。这绝不是一个"小到可以忽略"的数字。就连直到最近才强调处女、禁止堕胎、禁止离婚的意大利，非婚生子女的出生率也大幅增加，只有日本的这一数字并没有出现任何变化。这一现象对于研究人员实在是个难解的迷。难道日本人真的如此有道德感，如此重视家庭和婚姻？

如果我们研究一下每年非婚生子女数量变化的数据，就会发现直到明治中期还有大量的非婚生子女。这是因为有很多女性处于法定婚姻之外的重婚状态中，这种关系被称为"内缘"，这些女性被称为"内妻"或"权妻"。而她们的孩子被称为"妾腹"或"私生儿",一直是受歧视的对象。随着明治《民法》[1]颁布,非婚生子女的数量急剧下降。特别是战后,非婚生子女的数量下降到了特例的程度。这个时代也正是男女全员结婚、现代家庭建立的时代。

明治《民法》禁止重婚,并制定了以单婚制(一夫一妻制)为基础的家庭制度。而重婚通常是一夫多妻,顾名思义,一个男人拥有很多女人。在人口出生性别比几乎是1∶1的社会里,如果一些男人垄断了很多女人,就会有另一些男性只能打光棍儿,于是就形成了一个所谓身份制社会:权高位重的男性妻妾成群,而另一些男性与女性无缘,终生无法结婚。据说在前现代社会,男性终生未婚率能够达到20%左右。在普通人家,根据"家督相继"制度,只有长男才有资格结婚,而他的弟弟们被迫终生独身,只能当"部屋住"[2],在大哥手下过着奴隶一样的生活。那就是深泽七郎在小说《东北的神武们》(1957年)中描绘的世界。

结婚率会随着现代化而提高。20世纪60年代中期,日本变成了一个"全员结婚社会",40岁时的累计结婚率为男性97%、女性98%。这是一个一夫一妻制的社会,每个人都可以见到、陪伴他们的伴侣,一个以一夫一妻制为基础的现代家庭模式就形成了。

---

1 此处指1896年(明治29年),日本颁布的新编纂的《民法》。日本在明治维新之后为了适应经济社会的发展变化,建立资本主义法律体系,曾于1890年颁布"旧民法"。由于这部法律在家庭制度方面与日本传统存在很大冲突,因此遭到激烈反对,由此爆发了一场"民法典论争",最终"旧民法"未获实施就夭折了。新编纂的《民法》(明治29年法律第89号)一直沿用至今。
2 在日本传统的嫡长子继承的"家督相继制"之下,次子及以下的男性无法继承父亲的家业。如果他们没有分家或独立居住,而是在长兄继承家产后仍留在家中,那么就成了所谓的"部屋住み",意为"住在房间中"。万一长兄无后过世,他们将承担传承家族香火的任务。"部屋住"们在长兄家地位低下,不能娶妻,生活条件也很恶劣。

人类学家认为一夫一妻制是人类社会的终点。也有人说，这是"女性嫉妒心的世界历史意义的胜利"，也就是对其他妻妾的存在感到不安的女性废除了男性的重婚。但事实果真如此吗？

家庭社会学家落合惠美子把这个变化称为"女性在男性之间的平等分配"的"再生产平等主义"（《朝向21世纪的家庭：战后家庭体制的审视及超越》，有斐阁选书，1994年）。也就是说，不论什么男人都可以娶妻生子，男性之间平等分配女性的制度已经确立。支撑这一进程的是工业化。换言之，老二、老三们不必依赖家产，现在可以赚取足够的收入来组建家庭。

这一变化的结果就是前所未有的婚姻热潮，不论什么阿猫阿狗都能结婚。近代的人口增长不能简单地用生育率上升来解释。正是伴随着结婚率的上升，在婚姻登记数和婚内出生率的乘积作用下，人口高速增加。

仔细考察一下就会发现，前现代时期就有一定数量的终生未婚者，那么社会经历现代化之后，终生未婚者依然占一定比例，也就不足为奇了。虽然经济学家森永卓郎指出，是婚姻市场的自由化导致了弱肉强食现象的出现，但是我们似乎最好换一种思考角度：我们的社会虽在过去的某个时期确立了"再生产平等主义"的原则，但这种原则的统治并没有维持多久。婚姻市场的弱肉强食，虽然在过去表现为按照权力和财富这种显而易见的次序分配，那么现在就是按照魅力和沟通能力的"自由竞争"来分配，仿佛变得很公平，大家都应该欢迎才对。这是因为女性不再是简单的、等待被分配的资源，而变成了积极行使选择权进行选择的主体了。

对婚姻市场的"自由化"和"管制宽松化"表示担忧的也大有

人在。这些人经常说:"以前明明有很多看到未婚男女就问'为什么不结婚'的爱串闲话的大妈,现在似乎都不见了。"他们还经常说:"还是过去好""过去结婚多容易"……请大家记住,他们说的"过去"已经是半个世纪前了。这些60多岁的人,把他们年轻时候的"常识"在脑中"冷藏"到现在。说这些话的时候,他们仿佛还生活在20世纪60年代。

性革命的历程

在这里,我们先绕个远路,从社会史角度来回顾一下晚婚化、不婚化、少子化等人口现象为何出现。

出生率升降这种所谓人口现象的成因,目前并不是很清楚。结婚生子是育龄男女的个人选择。每个个人都是基于对自己的幸福或者生计的考虑而结婚生子,而非考虑自己对国家的贡献,或者考虑劳动力市场的未来。人口现象是个体微观行为的累积而产生的宏观结果,因此往往不清楚其中具体涉及哪些因素。反过来说,人们也不清楚,在制度和政策上引入哪些因素可以调整人口现象。历史告诉我们,除非有极为强大的强制力,人口政策——不论是试图增加人口还是减少人口——都没有成功的先例。事实上,日本在战时实施"多生多养"[1]生育激励措施最厉害的时候,出生率不升反降;而战后复员人员大规模回国,需要控制人口时,反倒出现了婴儿潮。

---

1 原文是"産めよ、殖やせよ"。该政策的目的就是"增强兵力、劳动力",满足侵略战争的需要。

20世纪70年代之前，包括日本在内的发达国家的人口现象都很相似：高结婚率、婚内生育率维持在正常水平，而婚外生育率稳定在低位。所谓普遍意义上的"标准户"就是一对夫妻养育两三个孩子的核心家庭。这也就是"现代家庭"。现在人们普遍认为，日本在经过经济高速增长期后达到了这一阶段。众所周知，从那时起，"标准户"就成了各种社会制度设计的基本单位，而这个基本单位日后也逐渐变得不合时宜起来。

这种"现代家庭"伴随着诸如"婚姻是一辈子的事""结婚前必须是处女""出轨就是犯天条"等价值观，也就是所谓的性道德。自20世纪70年代以来，这种性道德发生了翻天覆地的变化，这就是"性革命"。

其实各种数据都表明，直到20世纪70年代，日本都保持着这种性道德。比如离婚率很低、有很多蜜月宝宝，而且人们（尤其是女性）首次发生性关系的对象是结婚对象的比例很高。

那是一个"初夜"和"婚前性行为"（以结婚为前提的性行为）这两个词还存在的时代。综观不太能上台面的性行为调查，即使在20世纪80年代《妻子》（*Wife*）杂志的读者自愿投稿样本中，40多岁的已婚女性与丈夫以外的异性发生过性关系的比率能够低至15%，许多年长女性回答说，她们的丈夫是她们一生中唯一的性伴侣。

其实，在20世纪70年代之后，事情在世界范围内发生了急剧变化。

不要将"性革命"看成性放纵或交换性伴侣那种带有桃色意味的现象。性革命意味着支撑现代家庭的性道德发生根本动摇。

换言之，这是一个现代家庭中爱、性、生殖"三位一体"神话瓦解的过程，也就是原来以婚姻为纽带的爱、性、生殖三者分离的过程。（见图4-1）

现代家庭的性规范＝浪漫爱意识形态的三位一体

性革命＝浪漫爱意识形态的动摇

图4-1 "三位一体"神话瓦解

有两个人口统计指标可以衡量一个社会是否经历了性革命：一是离婚率的上升情况；二是非婚生子女出生率的上升情况。这两个指标就是现代家庭"三位一体"规范瓦解的指标。爱情、性和生育通过婚姻联系在一起，离婚率表现出婚姻与爱情的分离，而非婚生子女出生率表现出婚姻与性的分离。顺便说一句，（尤其对于男人）爱和性早就分离了。

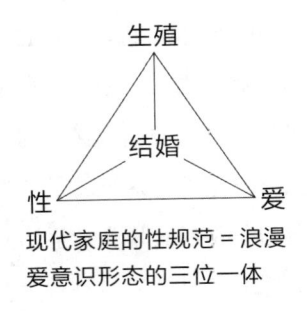

依然没有彻底撕破现代家庭性道德这块遮羞布的是女性。我记得在一次集会上，一位老妇人说："我这辈子除了丈夫以外，从没接触过任何男人。"

我问她："那是你守贞呢，还是贞守你呢？"老妇人回答："应该是贞守我吧（被迫守贞）。"

在欧美，这两项指标在20世纪70年代以来发生了重大变化。首先是离婚率直线上升，据说现在欧美国家每两对夫妻中就有一对离婚。婚姻不再是一辈子的事。其次是非婚生子女的数量也有所增加，在欧洲部分地区，有二分之一的新生儿都是非婚生子女。在同一时期，日本的离婚率逐渐上升，并没有像西方那样剧烈的变化。如上所述，非婚生子女出生率直到最近都一直保持在1%或更低的"微不足道"的水平。在这种情况下，日本保守主义的老爹们为"世界上最稳定的日本家庭制度"感到自豪是有原因的。

然而，与此同时，上述人口数据无法表现的性道德变化正在发生。

初夜对象就是初婚对象的比例下降，"婚前处女"越来越难找。性行为看似自由化，但根本没有表现在人口数据中。这就是日本社会不可思议之处。

日本到底经历过性革命吗？虽然没有像西方国家那样展现出人口指标的剧烈变动，但性行为的解放程度已经向欧美看齐……因此，有人称之为"渐进式的性解放"。

作为少子化对策的单亲妈妈支援

性革命的另一个指标是非婚生子女的出生率。这也是婚外性行为活跃程度的间接指标。怀孕是性行为的结果，未婚生子就是"意外怀孕"的"意外后果"。因此，在历史人口学中，非婚生子女出生率的上升一直被认为是社会变迁的标志。支撑婚姻的性道德摇摇欲坠，也是社会失范的一大指标。

不过这个说法可能只适用于无法节育的社会。在避孕技术进步，堕胎越来越容易的社会中，防止意外怀孕并阻止婚外生子是有可能的。

在日本，年轻人的性经验率和少女怀孕的人数都在增加。与此同时，青少年的堕胎率也在上升。从中可以看出，日本和其他国家一样，婚外性行为越来越活跃，但这并没有导致日本非婚生子女的出生率上升。因为这些生命都被埋葬在黑暗之中了。

如果她们把孩子生出来会怎么样呢？这样的话，日本的非婚生子女的出生率就会上升，这将有助于出生率整体的恢复。不过这是不可能的。因为这些女孩知道，在日本，单亲妈妈，尤其是未婚单亲妈妈，被迫过着怎样悲惨的生活。

单亲妈妈按照丧偶、离婚和未婚的顺序排列。丧偶的单亲妈妈值得同情，并且是慷慨照顾的对象。而离婚的会被指责为"不懂忍耐"，但同时，也会受到一些援助。而未婚先孕的单亲妈妈会被贴上"不负责任""放荡"的标签，她们的孩子也会受到歧视。虽然在制度上对单亲家庭的公共援助应该是一样的，但是有人发现，具体的行政举措对丧偶、离婚和未婚单亲妈妈的待遇存在差别。比如，九州的一个地方政府虽然规定单亲母子家庭有资格优先入住公租房，但是这个政策把未婚的单亲妈妈排除在外。

虽然嘴上说着应对少子化，但政府只是鼓励青年男女结婚，并没有试图支援非婚生子女。即便是对离婚的单亲母子家庭也很冷淡。如果要问原因的话，我只想出了一个答案：日本社会希望孩子们在婚姻制度下（在丈夫的控制下）出生和长大，而不想让那些游离于婚姻制度之外的女人为所欲为。日本的少子化对策充斥着这种父权偏见。除非日本社会努力支持未婚单亲妈妈，不然我绝不相信它在认真地搞什么"少子化对策"。

不结婚的都是谁？

前文提到，日本少子化的特点是少子化与结婚率下降直接相关。

说起来，结婚率为什么会下降呢？即使结婚率下降了，也不是所有社会群体的结婚率都出现了同样程度下降。结婚容易的人和结婚困难的人之间是存在差距的。

如果我们调查一下不同年龄组中什么样的人结婚了，什么样的人没有结婚，就会发现一个显而易见的事实：

对于男性来说，年收入与结婚概率成正比（见表4-1）。再明白不过了：有钱就能结婚。结婚概率也和就业状况相关。正式员工和非正规劳动者相比，前者结婚的概率更高。换句话说，有固定收入、稳定职业的男性结婚概率更高。这意味着男性当"顶梁柱"的家庭模式在今天仍然存在，而对于女性来说，婚姻具有生活保障的意义。

另一方面，女性的状况如何呢？

内阁府的外围组织中，有一个名为"家计经济研究所"的机构。政府的工作分工分了又分，分到这个研究所，和内阁府的关系也就是连着点儿肉皮。这个研究所做了一项独立研究：追踪调查泡沫经济崩溃以来的女性生活境况。这项研究使用了面板调查的方法。所谓面板调查，就是长期跟踪同一组调查对象的调查方法。在面板调查中，调查对象不可中途替换。因此，和每次调查都更换对象的省事方法相比，面板调查追踪调查是识别代际效应、时代效应和年龄效应的有效方法。民间机构很难进行这样的调查。如此看来，政府的外围机构能够干这些挑剩下的活，说明这些机构还是有

表4-1　年收入不同的男性的未婚率

未婚率（%） 年收入 （万日元） \ 年龄	全体	20～24岁	25～29岁	30～34岁	35～39岁	40～44岁	45～49岁
无	88.2	98.1	95.0	58.3	33.3	52.9	33.9
<100	83.9	97.1	88.1	61.1	43.8	44.4	21.1
100～200	68.0	90.9	78.9	51.2	30.0	34.3	28.2
200～300	61.2	90.6	76.5	54.0	36.0	36.0	13.7
300～400	45.0	84.4	68.2	33.2	24.7	17.6	11.8
400～500	30.5	80	68.2	33.0	15.2	13.2	6.6
500～600	17.3	83.3	40.0	30.7	13.1	8.3	5.3
600～700	12.4	—	42.9	26.9	12.4	9.0	6.4
700～1000	4.9	100.0	23.1	12.5	6.6	4.1	2.2
1000～1500	4.0	100.0	60.0	16.7	2.8	1.4	1.6
>1500	1.4	—	100.0	—	—	—	—

数据来源：《第二次关于人口问题的意识调查》，日本人口问题研究所，1995年

存在价值的。

　　研究所基于这些数据编辑出版了《女性的平成萧条》（樋口美雄、太田清、家计经济研究所编，日本经济新闻社，2004年）一书。根据该书描述，研究所追踪调查了两组对象：第一组是1993年25～34岁的女性，连续追踪10年；第二组是1997年23～28岁的女性，连续追踪6年。该调查2002年结束，调查结束时，第一组女性35～44岁，第二组女性29～34岁。

　　调查结果出人意料地清晰。在年龄效应方面，有结婚生子经验

的受访者比例随着年龄的增长而增加。但是，如果我们关注这一时期就业形态的差异，就会得到如下结论：在25岁时未婚的女性，如果是企业的正式员工，那么她们将来结婚、生育的概率都高于无业女性和非正规就业的女性（在该书中称为"自由职业者"）（见图4-2）。

让我们先看看时代效应。在哪个时代，迎来哪个年龄，人们是无法选择的。影响女性就业的主要因素有两个：一是1985年颁布的《均等法》；二是1991年泡沫经济的崩溃。基于这一事实，调查对象被分为三组，分别是"前《均等法》一代"（1986年《均等法》实施前毕业）"《均等法》一代"（1986—1990年毕业）以及"泡沫破灭后一代"（1991年以后毕业）。简便起见，我们以下简称这

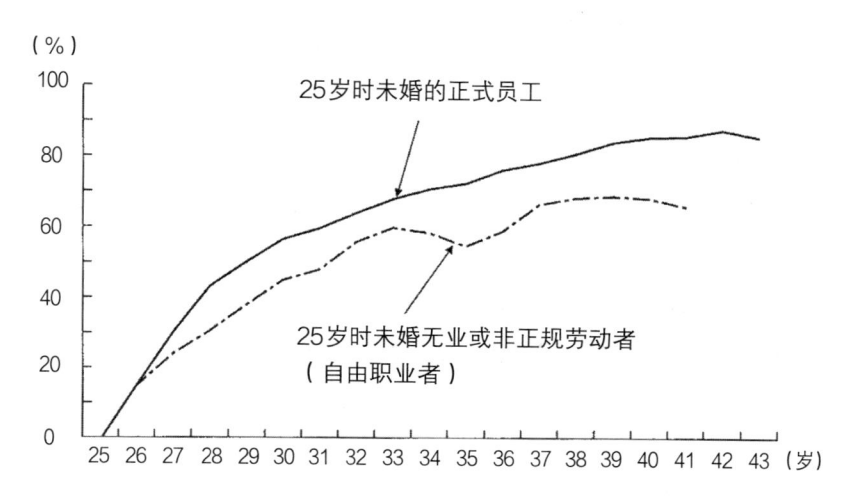

图4-2 25岁时自由职业者和正式员工在此后有配偶率的对比

资料来源：樋口美雄、酒井正，"'《均等法》一代'和'泡沫破灭后一代'的就业比较"，《女性的平成萧条》第二章，日本经济新闻社

三代人为"前均等""后均等"和"萧条"。比较"前均等"和"后均等"两代人，书中说："后者未婚时的正规就业率较高，并且正式员工婚后或生育后继续工作的比例更高。"另外，"萧条"一代"未婚女性的正规就业率并不是很高，但非正规就业率却很高"（该书第16页）。并且该书还指出："虽然支持女性婚后、产后再就业的制度不断扩充，但就正式员工的数据来看，女性婚后、产后继续工作的比例并没有上升。"

该书作者分析了宏观背景之后指出："在当时的情况下，比起《均等法》和之后颁布的《育儿照护休假法》对女性就业的利好，泡沫经济崩溃造成的通缩经济对女性就业起到的抑制作用要强得多。"我曾在第三章得出《均等法》无效的结论。该书也在这里侧面印证了我的分析。

再来看看代际效应：根据该书第31页提供的数据，第一代（1959—1963年出生）、第二代（1964—1969年出生）、第三代（1970—1972年出生）30岁时的结婚率分别为84.6%、76.1%和67.6%，呈现逐渐降低的趋势（虽然学历各有差别，但是仅考虑本科毕业生的话，就正好是"前均等""后均等"和"萧条"三代人）。可以看出，不同的世代到了同样的年龄，结婚率不断降低，晚婚和不婚的趋势愈加显著。第三代的终生未婚率目前还无法预测，要等到她们50岁的那一年，也就是2020年才能见分晓[1]。但是不

---

[1] 根据日本社会保障和人口问题研究所最新的"日本户数预测"（日本の世帯数の将来推计，2018）数据显示，该研究所根据2013年数据估计，在2020年，文中提到的"第三代女性"50岁时的未婚率为25.5%。由于该研究所在2017年解散，因此没有2017年以后的统计数据。

婚率一代高过一代的趋势大概不会变。该书还指出，"越是年轻的世代，就业率就越高，但正式员工比例就越低"，因此我们可以结合之前的结婚率数据，得出"正式员工比非正规劳动者结婚率高"的结论。

等待结婚的女性

20世纪90年代，"自由职业者"（Freeter）和"啃老族"（NEET）这两个词逐渐流行起来。"Freeter"是"Freearbiter"（从事兼职工作的人）的缩写，而"NEET"是"Not in Employment, Education or Training"（未处在就业、求学或职业培训状态的人）的缩写。在青年失业率不断上升的英国，二者成了社会问题。顺便说一句，自由职业者和啃老族都是指"既没在上学，也没有固定工作的15～34岁年轻人"。

这个定义巧妙地包含着年龄歧视和性别歧视。如果一个人到了35岁，如本书前文提过的，那他就不是什么自由职业者，而只是一个失业者或非正规劳动者。此外，还有帮忙做家务的未婚女性——"家务助手"（カジテツ）也不属于自由职业者。因为有人认为，无业未婚女性毕业后到嫁人之前在家帮忙做家务的这段时间，属于"新娘培训"的一部分，所以她们也不被计入失业人数。在职业女性社会地位极低的年代，家务助手是"良家女子"的标志，不用上班，地位还是很高的。随着晚婚化的推进，本来不长的"待字闺中"越来越久，如何度过这段时期也成为未婚女性的一大难题。20世纪80年代某大企业总裁的千金被绑架,但报道中说她的身份是"公司员工",举世震惊。不过,这个案子表明,即使贵为总裁千金,婚前有过被称为"社会学习"的办公室经历而不是单纯"待字闺中",也不是什么不可思议的事情。

从常识来看,待字闺中的无业或非正规就业的女性结婚的意愿似乎更强,而作为正式员工的女性则拥有能够推迟结婚的财力。可为什么数据中的结果与常识正好相反?

上一节提到的《女性的平成萧条》根据调查结果指出:"与已婚者相比,更多尚未结婚者将'经济上可靠的人'作为他们寻找结婚对象的条件。"(第17页)那么反过来说,那些不准备从对象那里寻求经济支持的人会倾向于早早结婚,而那些认为婚姻是生活保障的人,往往会推迟结婚时间。事实上,很多未婚女性在"理想伴侣条件"调查中的回答是"经济可靠的人"和"生活、育儿理念一致的人";而已婚受访者的回答以"能够称为心灵支柱的人""把家庭放在第一位的人"居多(同上书,第100页)。

针对这一事实,该书的作者给出了如下的评论:

"(关于理想的结婚对象——引用者注)现实主义的回答者离结婚越来越远,而理想主义的回答者却纷纷结婚了。是不是应该这样解释:越是不懂现实生活、不懂油盐酱醋,才越能早早结婚?真是有趣的现象。"(同上书,第100页)

而我的解释恰恰相反。现在,想要在经济上依靠丈夫,建立家庭的保守主义的女性的婚姻愿望,才是不切实际的幻想;而把性格和相处融洽与否放在第一位,不重视经济实力的结婚愿望,才是低门槛的现实主义选择。我的解释也得到了山田昌弘[1]等人调查结果的印证。通过对推迟结婚的"单身寄生虫"女性,也就是毕业未婚、住在父母家中的女性的调查,山田先生得出结论:结婚的欲望越强,结婚对象要求的条件越高,晚婚的倾向就越强。

事实上,根据近几年的平均初婚年龄数据,我们会发现初婚夫妇的年龄差距越来越小,同龄夫妇的数量在增加。与年龄相差较大的婚姻不同,女性不能指望同龄的男人有什么经济实力。或者,应该这样解释:比起"不能指望"对方经济实力——那些"本来就没指望"对方,而着力提高自身经济实力的女性正式员工结婚的概率反倒更高。不过,话说回来,这种女性结婚的前提当然是对方同样是正式员工且有稳定的收入。而男性自由职业者很少能够被她们选中的原因,已经一目了然地体现在表4-1的男性结婚概率数据中了。

该调查还显示了一些不言而喻、一目了然的结论,也就是正式员工、无业和非正规劳动者三类女性的丈夫年收入差别。结论是:"泡沫经济刚刚崩溃的20世纪90年代初期,以及经济变得更加严峻的90年代后半期,自由职业女性丈夫的平均年收入和正式员工丈夫平均年收入发生了逆转。"(同上书,第80页)更简单易懂地说,在泡沫经济余温尚存的时候,结婚前(25岁时)干自由职业的女性能够比正式员工找到更有钱的丈夫,但当经济衰退严重时,女性正式员工找到的丈夫比自由职业的更有钱。换句话说,正式员工(或曾经是正式员工)的女性更有可能与同为正式员工的男性结

---

[1] 山田昌弘(山田 昌弘,1957—),日本社会学家、中央大学文学部教授。研究领域是家庭社会学、情感社会学以及性别理论。他1999年的著作《寄生虫·单身时代》(『パラサイト・シングル時代』)在日本引发了激烈讨论。

婚，而其余女性与男性正式员工接触的机会几乎消失了。或者说，是不是在经济萧条的情况下，男性正式员工也产生了依赖妻子收入的动机呢？再者说，女性自由职业者选择同样身份的丈夫的可能性不大，这样一来，男性自由职业者结婚的概率就更低了。

从优雅寄生到被迫寄生

"单身寄生虫"这个词在山田昌弘等人的书出版之后流行起来[3]，但他们的研究是基于20世纪90年代中期的数据进行的。其中描绘的是一些自己收入不多，依靠父母提供的"基础设施"生活，还有不少可支配收入的"单身贵族"的情况。不过该书的作者随后指出，"优雅的单身寄生虫形象已经起变化了"。数据显示，过着寄生生活的未婚女性中，正式员工的比例有所下降，收入也有所减少，但她们贡献给家庭的钱却增加了，做家务活的时间也延长了。这些女性现在是"被迫寄生"，想走也走不了。对这些女性来说，如果与父母妥协，那么父母就会要求她们为家庭做更多经济和家务方面的贡献。由于晚婚化和不婚化，"寄生期"会延长，而在此期间，父母日渐衰老，开始领取养老金。一项家庭调查显示，当父母年龄超过70岁时，与父母同居的未婚女性的消费行为发生了变化：买衣服花的钱越来越少。

此外，当父母需要长期护理时，"寄生"的女儿就成了长期护工。如果女儿无业或者是非正规劳动者，在自己的养老金和保险都不够的情况下，突然需要照料自己的父母，她就很有可能成为父母的"养老金寄生虫"。如果父母去世,就只剩下一位养老金不足的初老单身女性度过余生……

据称,在首都圈,"单身寄生虫"的年收入只有达到400万日元,才能从父母家搬出去单过。在居住成本高昂的首都圈确实如此。根据家计经济研究所的调查,在未婚女性中,与父母同住者的人均年收入为280万日元,而在外单过者人均年收入为330万日元,其中80%为正式员工。换句话说,如果没有固定的工作和固定的收入,那就不可能成为"独立的个人"。

当然,当"寄生虫"的条件是父母负担得起。然而,这本书的作者提出了一个可怕的疑问:

"战前、战时出生的父母与20世纪60年代出生的孩子之间的那种关系,在战后出生的父母与他们的子女之间能够成立吗?如果这种关系不再能够成立的话,为什么呢?"

随着养老金的减少和人口的超老龄化,父母这一代人的余粮也越来越少。如果他们的孩子又面临普遍的失业,那么"优雅的寄生虫"就永远是过去式了。父母离不开孩子,因为父母们没人照顾;孩子也离不开父母,因为他们没地方住。未来会不会形成这种互相依赖的关系?父母对孩子、孩子对父母的双重依赖关系会不会轰然崩塌?谁也预测不了。

真正的少子化对策是什么?

在家计经济研究所的面板调查中,我们可以一目了然地看到以下教训：如果日本社会在真诚地寻觅少子化的对策的话，让育龄女性有稳定的正规就业才是救命良方。并且，这份工作劳动强度也不能太高，使得女性劳动者可以做到工作和生活的平衡。

但事与愿违。我认为，在目前的社会条件下，看不到少子化改善的迹象。《女性的平成萧条》的作者用以下三行结束了最终章，也结束了其整本书300页的写作：

"确信孩子们的未来将一片黑暗的女性、生活在慢性焦虑中的女性、不得不忍受这种焦虑的女性……她们的形象，就是我们调查和研究的结果。在对未来的无限悲观中，我们为什么养育孩子呢？我们到底应该怎样生活呢？"（第300页）

一篇读罢，如当头棒喝。面对这个过于坦率的结论，大概不止我一个人感觉黯然无光吧。

◆ 作者注 ◆

[1] 婚内生育率又称有配偶出生率。非婚生育率也叫非婚生子女出生率。
[2] 绝经后的女性也有取得其他女性的卵子，受精后植入自身子宫，并成功怀孕、生产的案例。
[3] 山田昌弘《寄生虫·单身时代》（『パラサイト・シングル時代』，ちくま新書，1999年）。

第五章

新自由主义与性别

新自由主义的两种影响

　　新自由主义确实称得上一种改革。改革派把"负隅顽抗"的守旧派打倒在地，再踏上一只脚，攻城拔寨，真可谓雷霆万钧之势。
　　研究指出，新自由主义改革是一把双刃剑。一方面，改革像嵌入既得利益集团的楔子，很可能将其一分为二，破碎瓦解。另一方面，改革也会在没有既得利益的社会弱势群体中嵌入楔子，在同样的程度上破坏其团结。
　　女性当然属于后者。仅仅因为"是女性"，她们至今长期受到歧视。但是在她们之中，也有一些女性被给予了机会——《均等法》所说的"机会均等"。"既然有和男性均等的机会，就要和男性一样努力！"面对着这样的"逆耳忠言"，一些女性脱颖而出，确实取得了不错的成绩。女性管理者数量的不断增加，"雌辩"地证明了"女性根本没有领导力"的偏见的本质是由于女性过去根本没有机会展示领导力。岗位可以培育能力。在过去，女性根本没有机会获得这种培育能力的岗位，而她们的老板、上司也都压根儿没有想过要去培育这些女性的能力。
　　然而，这种"机会均等"是"和男性的机会均等"，而不管

"男性的工作方式"到底怎样。这种机会均等造成了女性的分化。一方面，是那些像男人一样工作并像男人一样成功的精英女性。另一方面，大多数女性无法像男性一样工作，因而只能满足于"女性化"的职位，别无选择。新自由主义改革的楔子将女性劳动者分化为精英和大众两极，而从20世纪90年代以来的状况就可以看出，后者的工作条件远比以前更差。

女性的高学历化

面对这个新自由主义时代，我们每个女性该怎么适应它呢？

在这一章里，我们来谈谈这个时期女性面貌的转变。

自20世纪90年代以来，女性的显著变化之一是她们的受教育程度大大提高了。

虽然90年代的高校入学率在整体上都有所提高，但女性的入学率与男性相比大幅上升。2011年18岁人口的高校入学率为57.6%，考虑到未来18岁人口会减少，如果高校的录取名额不变，"全员大学"的时代不久就会到来。顺便说一句，韩国的高校入学率是92.8%（2010年），几乎达到全员入学，而美国为54.5%（2008年），英国为66.1%（2008年），法国约为41%（2009年），德国为26.5%（2009年）[1]。在高等教育已经大众化的美国和英国，高校入学率超过一半，而在社会等级较为固化的法国和德国，约有三分之一或四分之一的人口可以接受高等教育。当然，入学率和毕业率还是不太一样的。在美国和英国，有很多学生进入了高校，但最终没能毕业。而入学率与在籍率也有所不同。在不需要支付学费的德国高校，有很多延期多年没有毕业的成年学生，不过也有人认为这是为了掩饰德国高企的青年失业率。

另外，随着少子化时代的到来，上大学的门槛越来越低，如果不考虑个人偏好，想上就能上的"全员大学"时代真的会到来吗？欧美的大学入学率长期稳定不变，而大学入学名额并没有减少。所有发达工业社会都在经历少子化和18岁人口的减少，而在同一时期，学生人数为什么没有减少？这是因为国内学生人数的下降造成的缺口被留学生填补上了。在英语国家尤其如此。大学作为"高等教育产业"，营销瞄准全球市场。而留学生的国际流动非常活跃，大学只要能吸引来自世界各地的优秀学生，国内入学率即使不怎么提高也不用担心。在这方面，可以说英语国家，尤其是美国的名牌大学，在国际竞争中已经胜出。不过，美国的问题在于，中小学教育质量的崩溃导致了基础教育和高水平的高等教育之间的差距越拉越大。

日本的高校入学率的统计有一个小把戏：把短期大学和本科的入学率加起来计算。在日本，提起短期大学，就想起"女子短大"。在这个大多数短大生都是女生的社会中，把短大和本科的入学率加总的主要目的就是掩盖高等教育中的性别差异。

那么，如果我们在考虑入学率中的性别差异以及普通大学和短期大学的差异的基础上，考察20世纪90年代以来女性入学率的变化，我们就可以得出以下结论（见图5-1）：

第一，20世纪90年代以来，女生的大学和短大入学率迅速上升。

第二，从20世纪90年代中期开始，女生的短大入学率下降。

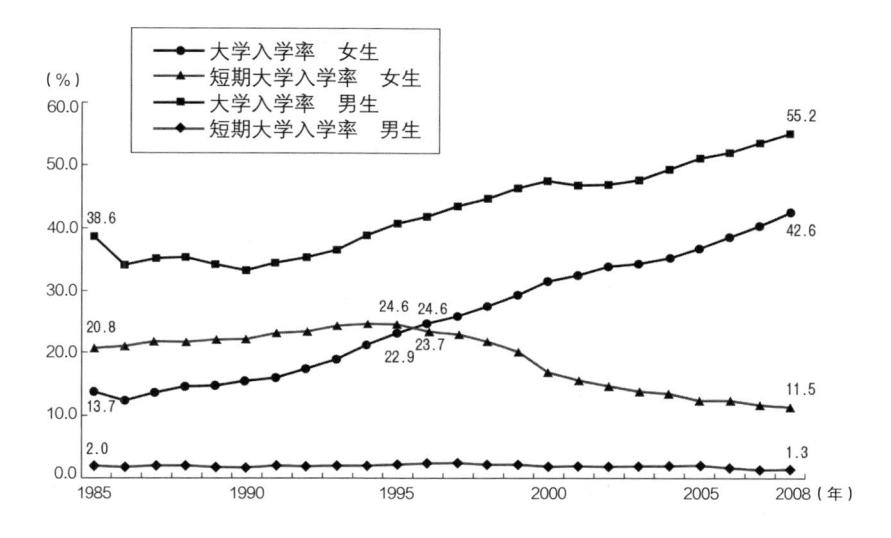

图5-1 大学、短期大学入学率推移

资料来源：日本文部科学省《学校基本调查》

1996年女生的大学入学率超过了短期大学。

第三，尽管大学有大众化的趋势，但目前男生的大学入学率为55.2%，女生为42.6%（2008年），仍然存在十几个百分点的性别差异。在21世纪初，女生的大学、短大入学率之和超过了男生。即便如此，在大学中，女生仍然是少数。并且，考虑到经合组织国家基本不存在高校入学率的男女差别，还有很多国家的女性入学率高于男性，所以我们可以断言，在高等教育投资方面，日本父母的确偏爱儿子，歧视女儿。在日本社会，高等教育费用由国家承担的比例明显低于其他国家，大部分教育费用都由父母的私人收入负担。换句话说，日本父母更舍得给儿子投资教育经费，而不是女儿。

教育的成本和收益

入学率由什么因素决定？

它由18岁人口的规模和大学的招生名额决定。

虽说逐年稳定扩招是件好事，但事实并非如此。这是因为人们继续接受高等教育的意愿并不总是随着招生名额一同增加。有人预测，随着少子化，越来越多的高校削减招生名额，也不断有高校合并、停办，因此高校招生名额将随着18岁人口的减少而下降。因此，日本的高校入学率将保持在50%左右。

有一个研究领域叫作教育经济学。这是一门对大学教育的成本和毕业后在职业生涯中获得的收益进行比较和计量的学问。对于成本，不仅包括四年的学费和生活费，还包括取得高中文凭就立即工作而取得的工资，也就是机会成本。所谓"投资"，就是具有预期回报的成本。如果将教育视为一种投资，就会推导出这样一种假设：如果高等教育的回报大于成本，具有投资效应，入学率就会上升；反之，入学率的增长就会趋于停滞。日本大学入学率的变化趋势几乎支持了教育经济学的这一假设。日本长期以来都是一个"学历社会"。不同的教育背景会带来差别极大的工资水平、差别极大的就业企业的规模、差别极大的晋升空间以及生涯工资总额。不过纵观整个日本经济高速增长期，随着中等教育的大众化，日本进入"全员高中"的时代。在这一时期，大学毕业生和高中毕业生的工资差距缩到最小：大学毕业生的起薪金额和高中毕业生就业四年后的工资金额相同。换句话说，工资不是由学历决定，而是由工龄决定。在那时，虽说入职后的晋升空间略有学历差距，但考虑到大学四年的成本，大学毕业和高中毕业的生涯工资总额几乎没有差距。就生涯工资总额而言，企业规模，也就是企业雇员总人数，带来的差距更大。高中毕业生如果入职大企业，那么他的工资和小企业的大学学历员工相比也毫不逊色，这就是所谓的"一亿总中流"[1]。在这个时代，大学入学率基本上是停滞的。这是因为不论父母还是学生本人都没有意识到高等教育的投资效应吧。

学历社会又叫优绩主义（Meritocracy）社会。确切地说，日本并不是一个真正的优绩主义社会。这就是说，工资收入不会反映学位的差别。虽说自20世纪90年代以来，研究生培养越来越受重视，"培养高度专业化的人才"成了硕士、博士培养的目标之一，但也很少有日本企业因为某人拥有硕士或博士学位，就对其高看一眼，也不会认为研究生学历有什么经济附加值。

如果问问那些成功就业的硕士应届生，就会发现他们的工资与大学毕业两年后的同龄员工的工资水平相同，和大学毕业两年后换工作一样。而博士生毕业后就业难度更大。在这种情况下，算上研究生几年的学费和生活费，再算上这一期间的机会成本（利益损失）的话，读硕、读博完全是亏本买卖。学位无法转化为生产资料，是那时日本社会的现实。

无论是工商管理硕士还是法学硕士，情况都是一样的。在美国，如果你拥有名牌大学的MBA（工商管理硕士）学位，你的起

---

[1] 指20世纪70年代日本经济的黄金时期，大多数日本国民自认进入了中产阶级的说法。当时，日本人口数量刚刚突破1亿，和欧美发达国家一样，日本也在这一时期进入了大量消费、大量生产、就业稳定、国民收入持续增加的"发达资本主义社会"。

薪将比其他新员工高四倍，而日本企业并不把工资和学历绑定在一起。也许是因为日本企业对大学教育的内容一点儿也不认可。

而这个"一亿总中流"社会只是昙花一现。20世纪80年代以后，贫富差距的征兆逐渐显露，高校入学率再次上升。当高校入学率逼近50%，意味着高等教育大众化开始了。此后，不仅是学历差距，学校之间的差距也逐渐产生了。学历竞争本应是公平的能力竞争，但从各种数据中可以清楚地看出，出身校偏差值[1]的差别与出身家庭的阶层差别有着强烈的相关关系。我们已经清楚地知道，教育背景对以后的工作经历有重要影响，因此在这种情况下，我们发现子女继承父母经济阶层的趋势越来越强，也就是阶层的代际再生产趋势越来越强。

这样的话，人们会不会选择不上大学？其实并不会。在同龄人口50%都能进入大学的时代，大学毕业生找到适合岗位的机会大大减少。劳动力市场不能只提供白领工作。因此，即使是大学毕业生，也会有越来越多的人当蓝领或者从事"现业职"[2]。常见的例子就是大学毕业生去开出租车。当然，出租车司机受过良好的教育是值得欢迎的好事情，但无论是父母还是他们自己，已经付出的教育投资的目的，绝不是培养一个出租车司机。

英国社会学家罗纳德·多尔将这种现象命名为"学历通货膨胀"。他指出，高等教育大众化开始得越晚，学历通货膨胀的可能

---

1 偏差值（偏差値）是日本考试制度中用来衡量学生成绩的指标。偏差值越高，排名越高。
2 在日本，"现业职"指国家或地方政府中的非权力职务类工作。类似于我国的事业编制工作。比如公务用车、公交车和轨道交通司机，环卫工人，学校职员，等等。有时也指在企业内的技术职务。

性就越大。一个典型的例子是韩国。韩国的高校入学率超过90%。其中不乏学术能力跟不上大学教育的学生。即便如此，韩国人对高等教育的热情也丝毫没有消退，这是因为一旦到了这个地步，就绝对无法回头了：大学毕业已经是"成为人"的初始条件了。在这一点上，日本与韩国十分相似。这简直就是浪费教育资源。并且，日韩两国那些被迫参加教育竞争的孩子才是最大的牺牲品。

对女儿进行的教育投资

是否能够升读高等教育并不仅仅取决于个人的意愿和能力。没有父母的支持，继续深造是不可能的。更明确地说，这取决于父母的经济实力。如果家长认为高等教育的成本是一种投资，那么就有"优良投资标的"，也有"不良投资标的"。在日本，很长一段时间以来，大家都认为儿子是投资标的，但女儿不是。这是因为"嫁出去的女儿，泼出去的水"，女儿最终会成为一个为别人家干活的外人。为这样的女儿进行教育投资是没有意义的。

事实上，一个家庭如果有很多孩子，而教育资源又是有限的，那么在将有限的教育资源分配给兄弟姐妹的"家庭战略"之下，无论长幼次序如何，女儿都处于最低的地位。姐姐妹妹初高中毕业就去打工、供兄弟上学的"美谈"到处都有。即使女儿不为家计做贡献，出去打工也能少一张吃饭的嘴。经济高速增长期之前很长一段时间，在各种调查中，大多数家长的教育意向都是"儿子上大学，女儿上高中或者短大"。

在日本，有"学历上升婚"的惯例。女性倾向于选择比自己受教育程度高的丈夫，而男性倾向于选择比自己受教育程度低的妻子。在教育资源分配具有很大性别差距的情况下，当适龄男女相互选择时，男方选择的女方的学历较低的可能性很大；与此相对，女方则更倾向于选择比自己学历更高的男性。可以说"学历上升婚"不是一种主观倾向，而是一种在统计学上概率极高的客观现实。本科毕业的男性经常对着高中学历的老婆装腔作势："你这家伙，脑子不怎么好使……"这样说话是没有意义的。换句话说，女儿的教育背景是由父母的意图决定的，而不是由"脑子好坏"，即成绩和偏差值决定的。

那么父母一方的什么变量决定了女儿的教育背景呢？是父母的经济实力。女儿的教育背景，取决于父母有多少乐意"打水漂"的闲钱——短大两年，大学四年——也就是让女儿"玩几年"的闲钱。我在一所女子短大当了十年老师，见识了各式各样的父母。如果即将毕业的女生不想工作，而是希望继续深造的话，这样的台词等待着她们：

"爸妈没钱再让你瞎玩了……"

原来如此，父母认为短大也好，大学也罢，都只是孩子们的"游乐场"而已。

一直以来，希望在不依赖父母经济供给的同时接受高等教育的女生可以选择就读女子师范学校。国立女子师范学校的"接班人"是御茶水女子大学和奈良女子大学。这些学校不仅学费便宜，而且还有免费生制度，即使是贫困家庭出身的女儿也能接受高等教育。有些女生希望从事的职业有学历和资格证书的要求，对于她们来说，还有其他的选择，比如护理职业学校。但在一个"职业女性"被鄙视的时代，很多人嘲笑那些进入师范学校深造的女生，说她们长着一张嫁不出去的"师范脸"。

专业的性别隔离

要了解女生高等教育的实际情况，仅凭入学率数据是不够的，必须得看看女生们选择了什么样的专业。

谈到女性的高等教育问题，就不得不面对"专业性别隔离"（occupational gender segregation）谜团。也就是说，不论女生怎样全力以赴，力图进入高校，接受高等教育，但她们最终总会集中进入那些没办法收回成本的专业。

在女子短大、大学入学率上升之初，女生们选择的专业主要是"虚学"而非"实学"：比如文学、艺术、教养学[1]之类与就业没什么直接关联的专业。也就是说，进入一个不能期待收回成本的专业学习，既是女生本人的选择，也得到了她父母的同意。

从数据上看，其实直到20世纪80年代，女生的主要领域都集中在人文学科，即文学、语言、艺术和教养学等专业（见图5-2）。相反，男生专注于理工类专业，即使进入文科，也会选择法律和经济专业。其结果就是，虽然大学实行男女同校，女生占据

---

[1] 日本大学中的"教养学部"是一种基于博雅教育（liberal arts）思想设置的本科专业（学部）。教养学部不设特定的学习专业，而是培养学生学习人文、社科、自然科学的综合学术能力。

了文学部，而理工科的男生毕业之前根本没机会和女生邂逅，性别比例严重失衡。另外，虽然男生的专业与毕业后的职业道路直接挂钩，但女学生似乎只是根据自己的喜好选择专业，并不考虑自己的职业道路。这样一来，女生们临到毕业才慌慌张张地找工作，自然是来不及。而且，女生入学之初就没有找工作的觉悟，那么她们就业上受到歧视似乎是理所当然的。但事实上，就在团块世代的就业季被石油危机直接冲击的时候，不论男女，基本上没有什么文学部学生收到企业的招聘广告，但理工科那边，招聘广告却堆积如山。这说明就业市场的歧视不只是性别歧视，还有专业歧视。专业歧视的原因之一就是在毕业季，理工科学生天天睡在实验室，过着艰苦的学术生活；而文学部的学生要么搞社团，要么出去打工，好不快

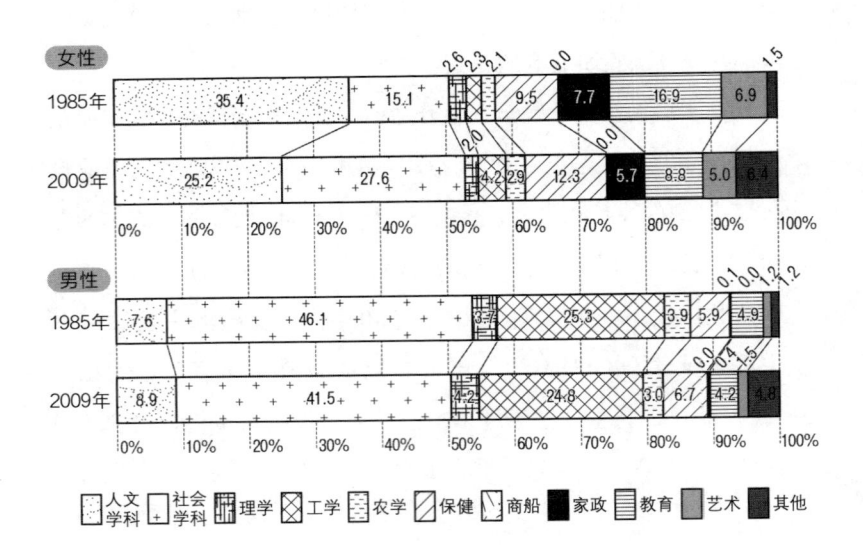

图5-2　大学各学科在校生性别构成比（1985年与2009年）

资料来源：根据文部科学省《学校基本调查》（1985年、2009年）制作

活。似乎在这种气氛之下，对文学部毕业生的就业歧视就变成理所应当的事情了。

1961年，时任早稻田大学文学部教授的晖峻康隆提出了"女生亡国论"。他认为，虽说大学里女生越来越多，但是她们早晚会嫁人，这些女生享受教育投资，但对社会没有任何回报，完全是浪费资源。

女儿的学校

为什么女性会做出如此"非理性的选择"？

因为女生脑子笨，不考虑未来，是不理智的生物……这样的原因能找出一箩筐。

有一位学者用"理性选择理论"回答了这个问题。她就是法国社会学家玛丽·杜鲁-贝拉[1]，她的老师就是以"文化资本"理论而闻名的皮埃尔·布迪厄。

20世纪80年代的法国与日本一样，大学教育中也存在专业性别隔离。在《女儿的学校》（*L'École des filles*，藤原书店，1993年）一书中，杜鲁-贝拉指出"大学专业性别隔离是理性选择的结果"，并且用数据证明了这一论点。

用在男性身上的教育投资，是对未来劳动力市场之中人力资本

---

[1] 玛丽·杜鲁-贝拉（Marie Duru-Bellat, 1950— ），法国社会学家、教育和高等教育专家、巴黎政治学院教授。她对教育中的社会不平等和性别不平等问题有深入研究。

的投资。然而，对女性教育的投资却并非如此。与男性不同，女性处在两个市场之中：劳动力市场和婚姻市场。虽说男性也在这两个市场之中，但是对于他们来说，劳动力市场的评价标准和婚姻市场的评价标准往往是一致的；而对于女性来说，这两个市场的评价标准并不相同。因此，对女性进行教育投资之时，必须审时度势，同时考虑两个市场的动向。

婚姻是女性重新选择出身阶层的最大机会。结婚之时，不论是父母还是女儿都会选择利益最大化的家庭战略。杜鲁-贝拉发现，对于女性来说，在婚姻市场进行投资，比在劳动力市场进行人力资本投资更有效。换言之，女儿未来通过择偶在婚姻市场上实现阶层上升的可能性，比在劳动力市场上实现阶层上升的可能性更高。我们不妨把话说得更明白一些：比起自己苦哈哈地奋斗，以求赚来地位和收入，傍上一个大款就能轻松获得这些东西。这就是赤裸裸的现实。因此，杜鲁-贝拉的结论是，在婚姻市场上投资女性的"性资源"是比在劳动力市场上投资人力资源更"理性"的选择。

这就是理性——现金的理性、功利主义的理性。即使在法国，人们也不会仅凭"丘比特之箭"来选择婚姻对象。

当然，这一现象是以劳动力市场的性别差距为前提的。即使女性具有相同的教育背景，也无法达到与男性相同的职业地位。在这种性别歧视下，身处高经济阶层的男性选择配偶时，更偏好拥有文化资本而不是经济实力的女性。比如，掌握几门外语，或者会弹钢琴，虽然没什么用处，但是在婚姻市场中，拥有这种文化资本的女性，与拥有药剂师资格证的女性相比要有利得多。

文化资本是布迪厄提出的一个概念，指兴趣、爱好、举止、教养之类不能换算为货币价值的，但代表某种社会阶层的指标。简言之，文化资本就是一种非经济的地位象征。比方说，婚宴上媒人喜气洋洋地宣布："新娘是名门女子大学英语文学系毕业的才女！"这种话起的就是文化资本的作用。

虽然文化资本很难转化为经济资本（爱好和教养很难转化为金钱），但如果愿意的话，经济资本可以转化为文化资本（花钱培养爱好和教养）。因此，既然文化资本也是经济资本的一个指标，那么可以说，男人选择拥有文化资本的女儿，其实就是选择了有钱的老丈人。毋庸置疑，比起那些催着女儿考资格证的父亲，在看似无用的教养方面培养女儿的父亲显然更有经济实力。对于男性而言，婚姻同样是追求利益最大化的家庭战略之一。

女生的"实学"志向

现在我们知道，至少在20世纪80年代以前，大学教育中专业性别隔离现象是理性选择的结果。如果阅读杜鲁-贝拉的著作，我们就会发现法国的情况与日本的情况相同。

但是到了20世纪90年代以后，情况发生了急剧变化。前文已经提到，日本的女性升学率在20世纪90年代迅速增加，并且大学入学率超过了短大。与此同时，专业性别隔离也发生了变化，"实学"领域的女生数量大大增加。

其中，女生人数增加趋势最为明显的是人文学科中的法学部和理工科的医学部。在保健、医学领域，此前女性往往进入药学和护理学专业，而现在医学部的女生入学率越来越高。在上述趋势的影响下，通过司法考试和医师国家考试的女性比例显著上升，目前这两种职业的女性比例都在30%左右。女法官、女检察官、女律师不再是稀有动物，以女性为主角的律政剧层出不穷。此外，女医生也越来越多，"女医"这种带有歧视色彩的称呼随之逐渐消失。如果大学的医学部有教授发表"我们医学部不要女的"之类的"暴论"的话，来报考的学生就会急剧减少。

律师和医生的共同点在于，两者都是高度专业化的职业，能够自己创业，可以说是"手艺人"的终极形态。

上文提到过，女儿的高等教育方向并不仅仅取决于她本人的意愿和能力。女儿升学需要父母的支持。20世纪90年代女性的父母们比团块世代还要年长。那一代的父母，尤其是父亲，好多都固执地认为"女人不需要教育"。而大多数母亲是高中毕业生或短大毕业生，她们是女儿的应援团："虽然爸爸那么说，但我还是支持你读书！"

女儿的高等教育离不开父母的支持，尤其是母亲的支持。自20世纪90年代中期以来，我注意到在我任教的东京大学，女生中的复读生人数有所增加。复读肯定也需要父母的同意。"明明是个女孩子，复读也太可笑了，考上哪儿去哪儿吧！"这样的父母越来越少，取而代之的是"尽你最大的努力，复读争取上更好的大学"这种鼓励鞭策女儿上进的家长。女生的复读经历似乎会成为履历上的瑕疵，进而影响就业和婚姻。那些鼓励女儿的家长，希望自己的女儿能够不输男孩，能够越过这一道坎。

支持女儿升学的母亲们是处于"M型就业率"[1]第二个高峰期的中老年女性。45～50岁女性的就业率接近70%。完全没有收入的女性是少数派。

如果女生说"妈妈会支持我的",那么这句话其实暗含着母亲"即使你爸爸不出钱供你上大学,我也能给你挣出学费"的支持和鼓励。多亏母亲的经济支持,女儿才能够获得以前只会分配给儿子的教育资源。这样一来,在子女上大学的同时,母亲就不得不继续兼职。数据已经证实,对于这一年龄组的女性,兼职收入的主要用途要么是住房贷款,要么是子女高等教育的费用。母亲们只有在孩子完成学业后,才能自由地支配自己的收入。

女儿的高等教育是母女两代人共同完成的。每当我看到一个高学历的女儿,我仿佛看到了像守护神一样默默支持女儿读书的母亲。在支持女儿读书这件事背后,似乎有母亲这一代女性的怨念:嫁给一个学历更高的丈夫,一辈子忍受着"脑子不好使"的嘲笑。这些母亲希望女儿拿到学历之后结婚,万一将来丧偶或离婚,女儿还能有一门手艺。她们希望女儿即使无依无靠,也不会陷入经济困境。支持女儿进入法学部或者医学部接受高等教育,就是母亲们这种意愿的现实化。

另一方面,女生数量一直没什么变化的是人文学科的经济学部

---

[1] 日本不同年龄女性的就业率呈现明显的"M型分布":育龄前(15～24岁)女性就业率随年龄增长依次上升。进入婚育年龄(24～34岁)后,由于女性承担育儿照料等家务劳动的性别分工,就业率急剧下降。随着子女入学,女性就业率在34岁以后重新升高,到45～49岁进入第二个高峰期,随后随年龄增长依次下降。M型就业曲线反映了日本的性别不平等状况。具体数据可参考日本男女共同参画局每年发布的《男女共同参画白皮书》。

和理科的工学部。这两个领域的共同点是，除非隶属于一个组织，否则这些专业的学生无法发挥自己的能力。母亲这一代女性在结婚之前大都有工作经验。她们是自由恋爱结婚比例超过相亲结婚的一代。她们大多是高中或短大毕业生，一般都是经历了职场恋爱、结婚离职（寿退职）的女性。职场经历让她们这一代人刻骨铭心地记住了日本企业对待女性的方式。只需看看她们女儿的选择，就能管窥她们对日本企业这种"组织社会"的彻底绝望了。

那么上面提到的女律师和女医生后来过得如何呢？日本律师协会经过调查出版的《律师白皮书（2008年版）》包含"男女共同参画"专题。这部《律师白皮书》用丰富的例证说明，即使女性成为律师，也无法摆脱性别歧视的鸿沟。同样是从业20年，男性律师的年收入几乎是女性律师的三倍。原因之一是很多男性律师都经营着律师事务所，客户一般是企业法人而非个人。与此相反，女性律师的委托人绝大多数是与离婚、继承、亲子关系等家庭案件相关的个人。没有富裕的客户，就没有发财的律师。

下面我们谈谈女医生。女性即便成为医生，婚育导致的离职率也非常高。医疗现场也属于"3K职场"[1]，虽说工资很高，但由于夜班等因素，劳动条件非常严酷。

因此，女性医生倾向于进入皮肤科、眼科这种没有夜班和急诊的科室。尽管如此，医护工作依然是必须为使命而牺牲私生活的领域。本来，即便对于男性医护人员来说，在现有的劳动条件之下

---

[1] 在日语中，"3K职场"指三个首字辅音为K的职场条件，即"劳动强度大"（きつい，Kitsui）、"肮脏"（汚い，Kitanai）、"危险"（危険，Kiken）的工作。

也基本不可能达到家庭和工作的平衡。而这种劳动条件并没有因为女性人数增加而改善。相反，随着医院经营状况的恶化，在职医生的劳动条件越来越严酷。其结果就是女性医生选择在临近生育时离职。这件事不需要责怪谁。不是选择离职的女性医生们不好，而是医生这种无法兼顾家庭责任的工作方式本身就有问题。如果经济上负担得起，有些女性即使拥有医师资格也不会重返工作岗位。即使再就业，也会选择不用上夜班的保健所、专科门诊等兼职工作。不过这是时薪很高的"专业兼职"。

母亲们拼命也要供女儿学医，而这就是她们教育投资的成果吗？这就是女儿本人梦想中的工作方式吗？

目前，女性医生人数大约占医生总数的三分之一，她们是宝贵的医疗资源，这样的使用方式就是对人力的浪费。

女儿偏好之谜

女性高学历化的另一个原因是少子化。并且我认为，教育背景的性别差距缩小的最大原因实际上就是少子化。

目前，在有孩子的家庭中，二孩家庭比例为42%，独生子女家庭为45%，三个及以上子女的家庭占13%。在这种情况下，只有独生女或只有几个女儿、没有男孩的家庭占比约为40%。用老话讲，这就叫"绝户"。就算皇太子一家也是如此。雅子只生了一个女儿，一直没能生出一个"继承家业"的儿子，因此她一直被非难。秋篠宫家也是一直生孩子：女儿、女儿……直到生出一个儿子，也就是所谓"末子长男"才停止生育。小悠仁就是末子长男。[1]在过去的日本，有很多这样的末子长男。那些不这样做的家庭，是因为实在没有继续生老三、老四的体力、精力和财力了。

日本有一组很有趣的数据。如果一辈子只能生一个孩子，那么生男孩好，还是女孩好？这组数据回答了这个问题。这是一组常年追踪同一个问题，展现数年变化的珍贵数据。我们从中可以看出，20世纪80年代中期以后，希望生女孩的比例超越了希望生男孩的比例（见图5-3）。

不可思议的是，在东亚儒家文化圈各国中，只有日本人偏好女孩，其他国家都更喜欢男孩。由此可见，女孩子们在出生之前就开始承受苦难了。

这种失调的出生性别比，将在不久的将来造成严重的男性结婚难问题。如果出生性别比保持在自然的105：100，假定每个女性都结婚的话，大约二十分之一的男性会打光棍儿。这绝不是小问题。可想而知，如果出生性别比达到了115：100，大约八分之一的男性无法结婚，"新娘荒"的时代将会到来。据说中国目前的"新娘荒"已经极为严重。为了弥补缺口，跨国婚姻常有耳闻。

---

[1] "绝户"的原文是"「跡取り」のいない家"，"跡取り"即在日本家督相继制度下的继承人。日本《皇室典范》对皇位继承的规定严格遵循长子继承制，女性皇族没有继承皇位的权利。文中所说的"皇太子"就是平成上皇（明仁）的儿子、现在的令和天皇（德仁）。令和天皇与现在的皇后、当时的太子妃雅子只有爱子公主一个女儿，因此不能继承皇位。目前的皇位继承人是令和天皇之弟、平成天皇次子秋篠宫亲王（文仁）。秋篠宫和皇嗣妃纪子共有子女三人：长女真子公主已经与小室圭结婚，脱离皇室，成为平民。次女为佳子公主。"末子长男"就是悠仁亲王（2006年生）。按照皇室典范，悠仁亲王是仅次于其父的第二顺位皇位继承人。

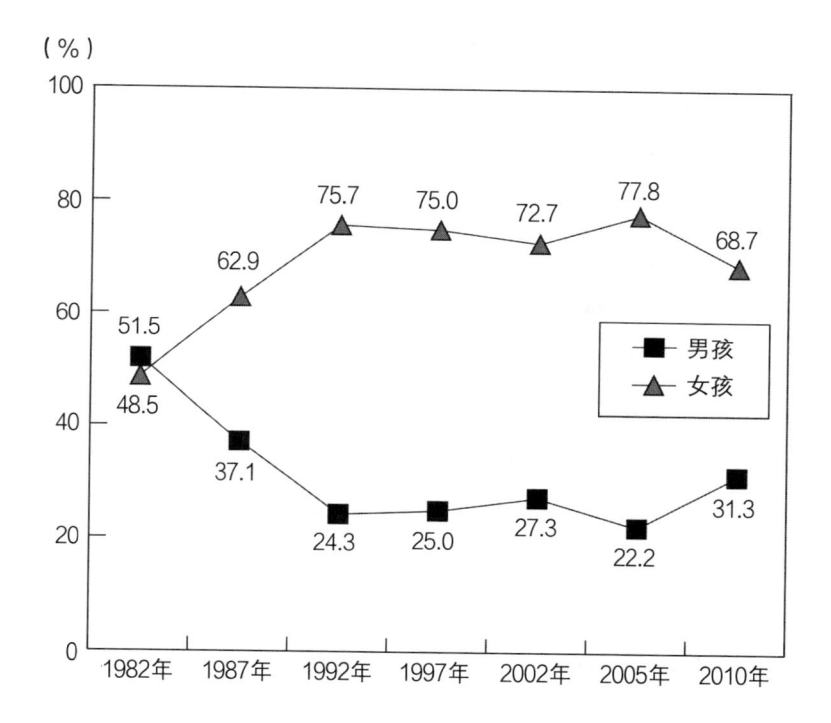

**图5-3 理想子女数为1人时，
按理想子女性别分类的夫妇对数的比例**

注：调查对象为理想子女数大于1人，且希望儿女双全的初婚夫妇。
资料来源：国立社会保障·人口问题研究所"第14次出生动向基本调查"

生男孩的偏好是东亚地区的普遍倾向。不仅在韩国和中国，而且在新加坡也是如此。为什么只有日本偏好生女孩？

解开这个谜团的关键在于老龄化。

随着养老金制度的建立，父母在经济上对子女的依赖越来越少。这样一来，儿子作为养老保险的价值下降，女儿的身价反而上升。

对照护劳动长期化的焦虑也有所增加。关于卧床不起的阿尔茨海默病患者的报道煽动了人们的焦虑。现在紧缺的是长期照护者，特别是女性照护者，而不是金钱。在女性照护者中，父母更倾向于女儿而非儿媳。婆媳关系自古以来就是火药桶，并且老人也不想让嫁进来的儿媳妇端屎端尿。不仅如此，现在的女性与丈夫的平等意识越来越强烈，早已不是过去那种"侍奉"婆婆的媳妇。就算儿媳妇如此孝顺，婆婆也很难轻易接受，因为毕竟婆婆也不是按照如此要求教育自己要出嫁的女儿的。在养老方面，比起儿媳妇，女儿才是贴心小棉袄，因此妈妈们尽心竭力抚养女儿，也是希望将来老有所养，而生个儿子的话，就有"娶了媳妇忘了娘"的风险。这样看来，还是有个女儿好。我脑海中立马浮现了会说"只能生一个孩子的话，那么还是生个女儿吧！"的父母一代人的脸庞。

母女之间能够延续到女儿出嫁之后的牢固纽带从此开始。事实上，在20世纪80年代，一些数据显示，与男方亲属相比，女方亲属和新家庭之间的代际互助关系更为紧密。新婚夫妇选择新居的重要条件是离娘家近（不怎么在乎与男方父母家的距离），回娘家而非婆家过年的家庭也越来越多。过年的时候媳妇去婆家吃年夜饭，总有一种做客般的紧张感，想赶紧逃走。这样，妻子们抱怨"过年去婆家根本没法放松"，丈夫们也就妥协了。如此一来，就轮到公公婆婆念叨"花喜鹊，尾巴长，娶了媳妇忘了娘"。与此相对，本来已经"嫁出去"的女儿总是往娘家跑。即使女儿已经搬出去住，连姓也改了，但女儿毕竟还是女儿，母女之情永远打断骨头连着筋。于是，这一代偏爱女儿的父母建立了一个"娘家优先"的亲情网络。

这种母女之间的相互依存关系与父母的意愿、子女的利害关系交织在一起。

父母的意愿包括：（1）老龄化带来的养老焦虑和对女儿长期照顾的期望；（2）因为育儿成本，特别是包括高等教育费用在内的育儿成本水涨船高，父母希望不仅从儿子那里，也从女儿那里收回一些成本。尤其是受过大学教育的女儿，父母强烈希望她们婚后继续工作。作为交换，父母也会帮忙照顾外孙（女）。因此女儿的身价确实上升了。

不允许失败的育儿

女孩的生育偏好在20世纪80年代超过男孩，是不是女性地位上升的标志？

我并不这么认为。毕竟父母在女儿身上寄托的是"长期护工"的期望，而这种期望基于"家务、育儿、照护都是女人的事"。这是女儿们无法逃离的性别规范。理想的养老照护者由儿媳转变为女儿这个现象，反映的是女儿就连结婚出嫁也无法摆脱照护父母的劳动重担的现实。未出嫁的小女儿和姐姐们相比，连"已经出嫁"这种借口都找不出，因此一直留在家中照料父母的，往往就是这些小女儿。

另一方面，女儿们也有自己的心思和打算：好不容易拼出来的学历和工作，难道结婚生子时就要前功尽弃？幸亏还有个娘家妈能照顾小外孙。同样都是奶奶辈，麻烦亲生母亲比麻烦婆婆容易得多。总有一天我要给我妈养老送终,现在让她老人家帮我带孩子,不过分吧。因此,新家庭接近娘家或者和娘家合住的现象越来越多。虽说不是真正的入赘婚姻,男方也没有改随妻姓,但"上门女婿"却有所增加。既然男方本来就没打算在养孩子方面出多少力,那么娘家的势力扩大一些也没什么。虽说多少委屈了丈夫,但是为了孩子,男方也没什么意见。

不仅如此。少子化还在相反的方向上影响了性别平等。少子化确实提高了女儿的相对地位——过去说"儿子上大学,女儿上高中或者短大"的那些父母如果只有女儿的话,他们就不会在升学规划方面搞性别歧视了。再者说,如果女儿也很争气,那么家长就会像过去鼓励儿子一样鼓励女儿了:加把劲,考上更好的学校。

但是诸位知道吗?养一两个孩子比养一群孩子难多了。孩子越少越难养。俗话说,"三个孩子好养活",不仅是因为父母积累了育儿经验,还因为大孩子可以帮忙照看弟弟妹妹。7岁的孩子已经可以算一个劳力了。在明治时代,7岁的孩子就可以帮忙带更小的弟弟妹妹。一个7岁的孩子,既可以在家帮助母亲照顾孩子,也可以到别人家照顾小孩,做"子守奉公"[1]。7岁就到了学龄期,不过即使在明治5年学制颁布之后,义务教育的入学率也没有多大的提高。特别是女孩的入学率并没有增加。原因不仅在于"女子无才"的性别歧视,还在于家长们认为如果女儿去上学,那么更小的孩子就没人照顾了。因此,作为提高女童入学率的措施,国家甚至还下

---

[1] 子守奉公(子守り奉公)是明治时代兴起的一种民间习俗。在某家人手不足时,会雇用附近其他家庭的女儿帮忙照顾孩子。一般是农民、渔民家庭的女儿到富裕家庭进行子守奉公。

达了可以背着小婴儿上学的指示,真可谓"明治陈美龄"[1]。不过,如果婴儿哭闹就会影响其他学生,所以那时还专门为带孩子的学生设置了"子守学级"。

看到现在带两个孩子就叫苦叫累的年轻妈妈,人们就会由衷赞叹:过去的日本女人真是从鬼门关里闯出来的啊,一个母亲要养育五六个孩子!实际上,生的孩子一旦多起来,孩子们自己就会创造自己的小社会,母亲也就自然轻松起来。现代母亲因为孩子少而感受到的前所未有的压力,对于那些赞美老一代母亲的人来说,是很难理解的。

中国曾实行独生子女政策。在某次访问中国期间,我就日本的少子化做过一个演讲。当我说到"少子化下的日本年轻父母,正承受着以前父母从未经历过的育儿压力:绝不允许失败的育儿压力",我至今还记得台下观众无不伸颈侧目的严肃神情。

没错,如果有五六个孩子的话,可能有的聪明,有的笨;有的听话,有的淘;有的好,有的坏;有的孝顺,有的浑蛋。即使能够送一两个孩子出国留学,也会有其他孩子让父母想放弃。但是,如果只有一个孩子……那只能好好把他/她养大。失败是绝对不能接受的:留退路,是绝路[2]。

怎样才算育儿成功?培养一个优秀的孩子就是把孩子送进好学

---

1 陈美龄(1955—),中国香港出身的流行歌手,在日本很有影响力。1987年,陈美龄在日本一边照料孩子,一边工作。她曾为了给孩子哺乳,背着孩子到电视台录制节目,受到一些持保守性别观念的日本人的舆论攻击。陈美龄一气之下带着长子、身怀次子到斯坦福大学留学。1994年,陈美龄获得了斯坦福大学教育学博士学位。她的博士学位论文对比了东京大学和斯坦福大学毕业生在毕业十年后的处境,分析了美日两国的性别不平等状况。

校、好企业吗？如果是一个儿子，那么失败是不可接受的。但如果是女儿的话……似乎不那么优秀，也可以找借口："好吧，女孩子嘛，不那么优秀也没关系，只要可爱就好……"家长们似乎认为，女孩有女孩的人生路，不必和男孩比高低。

不仅如此。如果只有一两个孩子的话，孩子们给父母养老的担子太重了。对于不再依赖孩子的经济能力养老的父母来说，孩子正在从能够收回投资的"资本品"转变为用来享受天伦之乐的消费品。特别是对于母亲来说，女儿和她们拥有同样性别的共通感。母亲可以听女儿说悄悄话，把她们打扮得漂漂亮亮的。并且女儿也不用费劲谋生，只要嫁个好人家就行（这些母亲是这么想的）。女儿真是不用操心费劲的理想消费品。

人称"日本的理性"的男性知识分子宫台真司和东浩纪两个人出版过对谈《像父亲一样思考》（NHK出版，2010年）。读了之后我都变成豆豆眼了[1]。他们作为女儿的父亲，聚在一起大谈特谈如何抚养女儿，竟然说什么"女孩可以走后门"。"后门"指竞争性劳动力市场的"后门"。换言之，"女人只要结婚就可以逃脱竞争了"。现在说这样的话无疑属于性骚扰，要吃黄牌警告。并且，他们认为"女儿有女儿的养法"，这种看待女性的观点之保守令人咋舌。此外，他们还说"这扇后门随着年龄增长就会关闭了，这个道理必须早点儿教给女儿"，也就是说，"婚活"[2]是有年龄限制的。

---

[1] 原文是"目が点になった"，也就是"眼睛变成了点"。在日本漫画中，人的眼变成两个黑圆点，也就是所谓"豆豆眼"，是吃惊无语的表情。
[2] "婚活"是日语"结婚活动"（結婚活動）的简称，指与寻找结婚对象相关的活动，如联谊、相亲等。后文出现的"就活"是"就职活动"（就職活動）的简称，也就是与求职相关的活动。

这种"父亲的良苦用心"里写着：如果不早点儿教给女儿，一不留神她们就过了适婚年龄，注意到之后已经变成"单身贵族"，这样可不行。事实上，我在《一个人的老后》（法研，2007年）一书中早就批判过这种观点了。两位父亲为女儿安排长大后十几年不变的人生轨迹，这种悲观主义和保守主义让我感到十分沮丧。

因此，我对日本人的"女儿偏好"解读如下：这是日本歧视女性的后果。在少子老龄化社会中，正因为女性作为"负责照护的性"这一性别分工地位并没有改变，日本人对生女儿的偏好才增加了，仅此而已。

女儿受苦的时代

同时，上述现象也是日本高不成低不就的养老福利制度的产物——一方面是其完善性，另一方面是其局限性。社会保障制度显著改变着父母与子女之间的代际关系。年金制度的完善，削弱了父母对子女的经济依赖，降低了儿子的身价。如果仔细想想，年金是一个公共的代际汇款系统。本钱出在辛苦工作的青壮年男女的腰包里。年金由政府征收，汇集在年金财政的资金池中，匿名化后重新分配给老年人。这其实也就相当于孩子每个月给自己的父母汇款一次。不过年金制度和子女给自家父母汇款毕竟不同。在后者的情况下，不仅父母会在子女面前抬不起头，连从养老钱里给孙辈拿一点儿零花钱的底气都没有。

此外，在战后经济高速增长期，企业员工比例超过了个体户比例，许多老年人能够在国民年金之外领取企业支付的厚生年金。年金制度这种公共再分配制度使得父母一代在经济上独立于子女一代，从而改变了代际关系。如果有人坚持认为社会保障体系破坏了家庭，那么肯定得从废除年金制度下手。如果说一个老人除了依赖亲生骨肉养老送终之外别无选择的话，那么晚年丧子（这里特指儿子）就是最痛苦不过的事情了。

如果说年金制度降低了老人对儿子给自己养老的期待的话，那么对女儿期望的上升则反映了老年人虽然有钱，但没有养老照护人手的焦虑心境。20世纪80年代就是家庭长期养老照护的严峻现实问题浮出水面并为世人所知的时代。"措置时代"[1]的公共养老服务对象仅限于贫困阶层，中产阶级是无法享受这一服务的。这个时代父母对女儿的偏爱，或许体现了日本福利制度有年金保障、无照护保障的不彻底性。

千呼万唤始出来，日本之后终于有了养老照护保险。但是女儿偏好尚未消失，说明很多老年人依然担心只有照护保险还是不够。如果养老照护保险进一步完善，使得父母一代不仅在经济上，而且在照料上都能够独立于子女，那么孩子的性别偏好可能就会消失了吧。尽管如此，只要还有人认为，比起儿子，养老送终是女儿的事情，那么只要老龄化社会进一步发展，父母们就依然会觉得生女儿更好。

---

[1] 指日本实行"措置制度"的时代。措置制度是行政机关对身体、智力残疾人（或幼儿）提供公共服务的制度。由于种种问题，措置制度在2003年改革为"支援费制度"。后来，支援费制度也因为福利服务的社会差距、财源等问题难以为继，于2006年被《残疾人自立支援法》（『障害者自立支援法』）的相关规定取代。该法律在2013年之后改称《残疾人综合支援法》（『障害者総合支援法』）。

这样一来，女儿一方面是父母教育投资的对象，另一方面也背负着父母对女儿作为"负责照护的性"的期待。我称之为女儿的"双重负担"。想来，生活在不能接受教育的时代的女儿们，只需负担后者即可。现在，女儿还必须像儿子一样回应父母收回教育投资回报的期望。

"辛苦了！"

这就是我想对当下的女儿们说的话。这是"女儿受苦的时代"的开始。

◆ 作者注 ◆

[1] 参见文部科学省生涯学习政策局调查企画课编《教育指标的国际比较》，2012年3月。

[2] 20世纪80年代，苏联入侵阿富汗。日本国内的反战运动空前激烈，据说原因就是少子化。许多年轻的苏联士兵在阿富汗阵亡，他们的母亲们来到前线，要求苏联军队"还我儿子"。阿富汗战场以游击战为主，对于现代军队来说，重装备无用武之地，牺牲颇大。后来，当美国发动阿富汗战争时，地面战的艰难和牺牲，从苏联的经验中是可以预见的。

第六章

新自由主义对女性的影响
——在"胜间派"和"香山派"之间

母亲和女儿

在上一章，我讲述了"女儿受苦的时代"的开始。而在那些女儿的背后，还有她们的母亲。

不知大家有没有注意到，最近以"母女"为主题的书一本接着一本。信田小夜子的《母爱会伤人》（春秋社，2008年）成为畅销书。《母亲研究》（理论社，2010年）同样是信田女士的作品。还有男性心理医生斋藤环的《母亲支配女儿的人生——"弑母"困难吗》（NHK书籍，2008年），甚至在此之前，描写母亲嫉妒女儿的通俗心理读物已经流传甚广。散文和小说有佐野洋子的《静子》（新潮社，2008年）、中山千夏的《幸子与我——一对母女的病例》（创出社，2009年）、村山由佳的《放荡记》（集英社，2011年），仿佛让人感觉突然迎来了"母女纠葛"的热潮。最近，水村美苗的长篇作品《母亲的遗产：报纸小说》（中央公论新社，2012年）非常热门，但腰封上写着可怕的话："妈妈，你到底什么时候死啊？"少女漫画有萩尾望都被改编为电视剧的杰作《蜥蜴女孩》（小学馆，1994年）。不仅如此，《朝日新闻》周六版有个烦恼咨询栏目"烦恼的坩埚"，我负责撰写回答。读者们的经典烦恼之一就是女儿们发来的"实在没办法爱自己的母亲"。

在心理学中，"父子问题"早已被当作课题讨论。很多学者都讨论过儿子的"弑父"倾向。相反，因为恋母情结是男性的宿命，因此儿子的"弑母"倾向似乎是一个得不出什么结论的课题。把研究对象从儿子换成女儿，并不意味着能够仅仅得出相反的结论。此前大家普遍认为，女儿没有俄狄浦斯情结[1]，所以不需要把母女分开，也没必要把女儿的"弑母"倾向发展成儿子的"弑父"倾向那样的重要课题。女儿的恋父情结无非就是找一个像父亲一样的丈夫，换个庇护者而已。所以女儿"弑母"是一个具有历史性意义的崭新课题。

在女性学刚刚登上历史舞台的20世纪70年代，也出现过一次母女关系的研究热潮。在此之前，心理学毫不掩饰其男性中心主义色彩，"男孩如何成长为男人"是心理学研究的绝对主题，而女性心理研究仅仅是附属品而已。根据对当时巾帼不让须眉的成功女性的研究，她们成功的条件之一是"良好的父女关系"。也就是说，父亲能否成为女儿的榜样和父亲会不会像支持儿子一样支持女儿，左右着女性的人生轨迹。比如父亲平常用"老子可是把你当儿子养啊！"这种话来鼓励女儿，或者虽然是女儿，但因为是独生女或者长女而得到父亲的同等重视之类的。当然，父亲能否成为女儿的榜样，既取决于这种像男孩一样成长的社会选项是否对女儿开放，还取决于父亲对女儿的认同是否会慢慢淡化（cool down）。如果父亲又关闭了这一社会选项——"毕竟你只是个女孩啊"，那么是不可能培养出在社会上成功的女儿的。相反，弗洛伊德的理论甚至认为，选择"向男而生"的生活方式的女性是得了一种叫作"阴茎羡妒"的精神病。"痛女"们希望取回"忘在妈妈肚子里"的阴茎，拼命模仿男人生活。人们认为这样的女人心病之重，到了必须治疗的程度。因此，这些假小子只能把自己的人格熔化、重铸在标准女性的模具之中。

对于这样的女儿，自己的妈妈就是"反面教材"，是自己绝不想成为的样子。不过，妈妈作为妻子被自己尊敬的、作为模范的爸爸爱着，那么自己作为女性，大概只有像妈妈一样才能得到女人的幸福吧。但如果"像妈妈一样"得到女人的幸福，那就必然不能"像爸爸一样"获得成功。这样一来，一个永远也成不了儿子的女儿，一旦她以父亲为榜样，就会被这种无法解决的矛盾撕裂。有一位美国女性就发出了这一矛盾的哀号：

"父亲教过我如何上得厅堂，但他从来没教过我怎么上床！"

对于女性学来说，母女关系确实是个难题。儿子和父亲的冲突是自然而然的：为了成长为男人，男孩必须"弑父"——战胜父亲。但即使对于把母亲视为"反面教材"的女儿来说，讨厌自己的母亲也是绝对的禁忌。相反，女儿的职责是奉献自己作为同性的同情和理解，一生支持甘愿过着不如意生活的母亲。母亲同样期待自己的女儿能够扮演这个角色，早早就能听自己说贴心话。等到老了，母亲们嘴里面念叨着"真好啊，生了这个女儿！"体味着这种幸福。

守墓女的负担

当我第一次在信田老师的书中看到"守墓女"一词时，我顿时觉得：哎呀，这个词用在今天似乎是"犯时代错误"[1]。不过我立刻提醒自己：非也非也，"守墓女"这个词在今天依然有现实意义。也就是说，在少子化的背景之下，妈妈指望女儿成为自己的守墓人已经是一种新的社会现象了。

"守墓女"不仅指一直没出嫁的女儿。由于晚婚化、不婚化程度日益加深，不出嫁的女儿（单身寄生虫）的数量肯定是增加了。然而，今天的父母并没有指望她们传宗接代、给她们招上门女婿。现在是个"长男长女时代"[2]，能派出去倒插门、给别人家当上门女婿的次男、三男已经很少见了。女儿结婚可以，改姓也可以，但必须要能给父母养老送终，给父母守墓……在少子化时代，似乎真的需要像樋口惠子所说的"坟墓整合"[3]，但女儿即使出嫁也要承担的期待并没有就此解除。超老龄化的时代，就是嫁出去的女儿也无法逃避赡养父母责任的时代。

这一时代的背景如前一章所述，女儿和儿子一样，成为人力资本形成的投资对象。换句话说，在今天即使将教育投资用于女儿身上，也可以期待收回成本。《男女雇佣机会均等法》创造了这个条件。这是因为过去男性专属的"上好学校，进好企业"的人生轨迹作为一种选项，已经向女性开放。

---

1 时代错误（時代錯誤），又称时代错置（Anachronism），指把不可能同时出现的、不同时代的要素安排在一起的错误。译者使用"犯时代错误"这个说法，来自马克思《〈黑格尔法哲学批判〉导言》，见《马克思恩格斯全集》第一卷，人民出版社1956年版，第454页。
2 指每对夫妇平均生育两个及以下孩子，家中只有长男长女（姐弟或兄妹），没有次男、三男的时代。
3 坟墓整合（お墓の統廃合）指将多个坟墓整合为一个，以便祭拜和管理。

"努力总会有回报"——以与男性相同的条件，进入与男性相同的激烈竞争的社会，就会得到与男性相同的回报——不论是女儿还是父母都这么想的时代到来了。然而，我已经论证过，这种均等仅仅是和男性"机会均等"。"好，我们会不论性别平等对待的，所以丢掉你的女性包袱，努力拼搏吧！"——为了得到平等对待，那就必须丢掉"对女性的偏袒"。《均等法》中"机会均等"的本质，就是放开《劳动基准法》中"女性保护规定"的限制，就是让女性忍受超长时间的劳动和夜班，就是让女性必须接受出差和调职要求，就是让女性成为和男性一样的"社畜"。当然，不言而喻，符合这些条件的女性屈指可数。不仅如此，很多接受这个条件、进入企业（综合职）的女性，立刻就注意到："就算做出了男人的业绩，也不一定会得到和男人一样的回报。"这就是冷酷的企业组织中性别歧视的现实。这一点我们稍后会谈到。

《均等法》颁布实施后的1990年，某城市银行的一名综合职女性员工过劳而死。这件事被媒体报道为"首例女性过劳死事件"。听到这个消息，我十分感慨：过劳死以前是男性的专属，现在女性过劳死的时代终于到来了。不过这根本不是什么可喜可贺的"平等"。第二年，一位女学生给我来信，她就在那个出事的城市银行工作。收到她的来信，我很吃惊：她最后竟然在这种地方就业了。她对我说："自从出了那事，老板对女员工非常小心，所以在这儿工作感觉还挺舒服的。"

机会均等和优胜劣汰的原则

正如我多次说过的,《男女雇佣机会均等法》追求的是机会均等,而非结果平等。

也就是说,此前不许女性参加的竞争游戏,从今往后对女性开放了入口而已。不过游戏规则最初就是为男性设计的,仅有女性参与并不能改变这一点。

这个竞争游戏乍看之下还算公平,但是,随着"预备——跑!"的发令声,在终点一定有赢家,也有输家。换句话说,所谓竞争,就是拣选赢家、淘汰输家的游戏。

在这个竞争游戏中,男性占有压倒性的优势,女性不输也得输,男性不赢也能赢:没有家庭责任这个包袱,回到家就可以被家庭主妇伺候,能够将全部精力投入工作的男性是这场比赛内定的赢家。但是在形式上,竞争游戏的规则是性别中立的。因此赢家会因为自己的努力和能力而受到赞扬,得到应得的奖赏;而败者只能怪自己不努力、没能力,只能愿赌服输。这就是所谓的"优胜劣汰"原则。

赢家是一小撮,败者是大多数。失败者的共识是新自由主义竞争原则的真正支柱。如果失败者不服输,那么对竞争的信任将无法维持;如果败者觉得赢家是靠狡猾、抢跑、贿赂取胜,那么赢家的地位也会不保。阿历克西·德·托克维尔[1]一针见血地指出,如何平息这些失败者不服输的怨恨——所谓的"无名怨愤"——是形

---

[1] 阿历克西·德·托克维尔(Alexis-Charles-Henri Clérel de Tocqueville,1805—1859),法国历史学家、政治家、社会学(政治社会学)的奠基人。

式平等社会的永恒挑战。

　　学校是形式平等社会的典范。在形式上,学校绝对没有性别歧视。没有学校分性别进行考试,也没有学校分性别公布考试成绩。众所周知,即使体育课男女分开,但文化课的偏差值肯定不存在男女差异。"努力总会有回报"——学校和老师试图让学生彻底接受这个原则。

　　女性学中"教育与性别"这一领域的研究指出:

　　在教育场所这一形式平等社会的背后,存在着不言不语、暗中生效的"努力的冷却装置",即"女孩用不着那么努力""反正努力也不会有什么回报的"。这就是所谓的看不见的"隐藏教学大纲"。

　　这个隐藏大纲会潜移默化地引导女生进入"女性专属"的人生轨迹,也就是所谓的"性别轨迹诱导"[2]。性别轨迹诱导不仅表现为家长的教育投资的多寡,还通过其他的方式起作用,例如升学指导老师的一句话,或者同学间的同侪压力。

　　因此,仅仅研究表面上的教学大纲,例如教科书、课程表,根本无法充分洞察学校的性别歧视。

心理健康问题增加

　　20世纪90年代后半期,女生的大学入学率迅速上升。当时,我注意到了学生的变化,有心理健康问题的学生越来越多。而且,其中有不少人都有自残倾向。男学生常见"家里蹲"、对人恐惧症;

女学生常见割腕和进食障碍[1]。很明显，很多学生都有心理问题。

众所周知，东京大学和京都大学这种国立大学本来就有很高的学生自杀率，很多学生都有心理问题。并不是说90年代之前我没有遇到过这样的学生。然而，越来越多的学生表现出自残倾向。这一现象不能归为一时的特例，而必须被理解为一种新趋势。

东京大学的学生都是残酷竞争的赢家。他们都是优等生，坚信"努力总会有回报"的信条，绝不辜负老师和家长的期望。他们能够考上，至少说明在此之前的努力确实得到了回报。高考大战的胜利者一定相信，考上名校是因为自己有能力、肯努力；落榜是因为能力有限、努力不足。败了就是败了，落榜生就应该相信竞争的公平，责备自己不够努力，拼命复读，来年再战。

然而，世界上有很多事情，单靠能力和努力是无法解决的，比如尽力也是徒劳的恋爱或者朋友关系、不遂人愿的学业成绩、迷雾重重的前途选择。他们面临的最大麻烦就是求职期。即使是那些轻松通过笔试进入面试的人，也有可能铩羽而归，而且他们还搞不清楚自己为什么被淘汰。在那种情况下，学生们似乎会觉得自己整个人格都被否定。反复经历失败的人，就会低着头走进我的办公室，面如死灰。有的学生仅仅因为求职失败，就陷入了"我没有存在的价值"或"想死"的大脑短路状态。也有一些男生因此一直旷课。当我问起来时，他说："我离开家去上课，但感觉电车上的所有乘

---

1 "家里蹲"（引きこもり）根据日本厚生劳动省的定义，是指连续6个月以上，不上学、不工作、不与家庭成员之外的人交流的人，也叫作蛰居族。对人恐惧症（対人恐怖症）是神经症的一种，指在面对他人的场合会产生极大的紧张、不安等不快感，严重者会发展为社交恐惧症和恐慌症。进食障碍（食べ吐き）指因对食物及体重和体形的过分关注，进行暴食或催吐等行为的进食异常疾病。

客都盯着我看，我吓坏了，就回家了。"当时我在东京大学的办公室被同学们叫作"保健室"。

即使是男生也面临着求职的挑战，更别说许多女生有生以来第一次直面性别歧视。一个女孩曾经开朗积极地跟我说："我这辈子从来没有经历过性别歧视，相反，我因为是个女孩得到的都是好处。"但这个女生在求职时，被企业上了有关性别歧视的生动一课，此后就变得意志消沉，黯然而归。企业对于怎么看条件都和自己完全相同的男生却采取完全不同的态度；面试官不顾性别歧视的黄牌警告，竟然堂堂正正询问女生是不是自宅通勤，还试探其结婚生育意向；男生哪怕成绩可能更差，却能接二连三地拿到录用通知……还有自己在不知多少个企业间兜兜转转，却一无所获的焦躁心情。

那是在就业冰河期。1991年，泡沫经济崩溃，衰退开始，应届生就业市场首当其冲：录用率显著下降，其中性别差距拉得更大。尽管《男女雇佣机会均等法》已经颁布，但正是从这一时期经验来看，这部法律并没有在经济衰退期保护女性的就业权益。虽然法律已经明文规定，招聘、录用过程中严禁性别歧视（1997年修订前仅仅是企业的"努力义务"），但从录用比例的统计数据中可以看出，招聘企业对女性的歧视是半公开的。在前文提到的早大女生编写的《我们的应聘手册》中，登载了招聘过程中的歧视女性案例，其中出现了企业真实名称。在没有处罚规定的《均等法》之下，劳动省（当时）本应公布违规企业的真实名称，但这一许诺从未兑现。

即使如此，我认为，这些男生女生依然会坚持对"努力总会有回报"的"公平竞争"的信仰，依然会把"优胜劣汰"的结果内化。这就是《均等法》最大的效果——负面效果。在现实中的歧视并没有消失的社会，单纯地相信形式的平等，胜也好，败也罢，都把原因完全归于自己：胜则鄙视败者，败则妄自菲薄……这就是《均等法》带来的效果吗？我实在觉得一片黯淡。

新自由主义的效果？

我们来看看数据。2010年版的东京大学《第60次学生生活状况调查结果报告》[1]是东京大学以本科生和研究生为对象，每年进行一次的调查，持续记录了60年的长期变化，积累了极为宝贵的数据。今年校方首次在调查项目中增加了心理健康相关问题。根据上述报告，心理问题中占比较高的有如下几个选项："感到强烈不安"占49.2%；"感到沮丧或对一切事情失去兴趣"占37.4%；"没有干劲、昏昏欲睡"占37.2%。在几乎所有心理问题项目中，女生的比例都高于男生。值得注意的是，有些项目性别差异较大：女生的暴食倾向达到42.7%（男生为22.6%）；女生的厌食倾向达到15.2%（男生为10.3%）；男生的"对人恐惧症"倾向达到15.0%（女生为11.3%）。这次难得增加调查项目，但仍有一些项目没有被纳入调查，包括"失眠""割腕"和"自杀念头"。我希望加入性相关项目的调查，校方却没有对相关项目进行询问。就女生而

---

1 东京大学学生委员会学生生活调查办公室，2011年12月12日发布。

言，心理健康问题与性相关问题关系密切，所以我希望校方调查性经历、避孕、堕胎、性病经历以及LGBT（女同性恋者、男同性恋者、双性恋者和跨性别者的简称）等性别认同情况。但在校方已经进行的调查中，我还没听说涉及这一领域，我觉得这些问题不应该成为调查的禁区，比如性别认同在60年前同样是不可想象的调查项目。

至于我亲身体验的变化，就是精神科的就诊者增加了，接受精神药物处方、持续服用精神药物的药物依赖者增加了。有一次，一个学生在我办公室的桌子上把小山一样的一堆处方药摊开给我看，我们还就停药、减量问题争论了半天。也有学生说："因为我想让大夫给我开药，所以故意把症状说重了。"还有人说："停药之后我该怎么办呢？没有药太可怕了，我不敢停。"我觉得我正隔着一座药山，和学生身后的精神科医生对抗。学生们往往面对想停药但停不下来的矛盾，否则也不会在深夜来办公室找我诉苦。

这些学生将生活和人际关系的不成功完全归咎于自己，进行着自我谴责。在这种情况下，无法转嫁责任的人，常常把攻击矛头对准自己。自残就是自我惩罚的一种。不仅是割腕，进食障碍同样是自虐的一种形式。

我怀疑，把自我决定、自我负责、优胜劣汰等原则完全内化，也许就是新自由主义最可怕的效果。

胜间派vs香山派

《胜间女士，努力能够换来幸福吗？》（朝日新闻出版社，2010年）一书收录了胜间和代与香山丽香[1]在*AERA*杂志上的激烈对谈。

标题的问句包含着讽刺意味。如果你回答"YES"，那么你就是"胜间派"（支持胜间和代的女性的总称）；如果你回答"NO"，那么你就属于"香山派"（支持香山丽香的女性的总称）。这个问题就像江户时代的"踏绘"[2]，起着让人群自动分边站队的作用。

胜间女士作为新自由主义女性的标志性人物，经常在媒体上抛头露面。"努力总会有回报"，如果你没有得到相应的回报，要么说明你不努力，要么说明你努力的方式有问题——现在鼓吹这种价值观的"胜间系列"是极为火爆的畅销书。

胜间女士把女性分为"Indies"（独立女性）和"Wendies"（依赖男性的女性）[3]，并且指出，想要成为Indies，必须满足以下三个条件：

（1）年收入超过600万日元；

（2）有一个可以向别人炫耀的男友；

---

1 香山丽香（香山 リカ，1960— ），日本精神科医师、立教大学现代心理学部教授、临床心理咨询师、评论家、随笔作家、政治活动家。
2 踏绘（踏み绘）是江户幕府禁止基督教时期，用来分辨基督徒的器具。一般是木制或金属制成的雕版，上面雕刻有耶稣基督、圣母玛利亚等宗教形象。江户幕府下令让日本人以及来日的外国人踩踏这种踏绘。违抗者即被认作教徒或传教士，将被逮捕、遭受处罚。

（3）获得与年龄相配的成功。

不得不说，成为Indies的门槛相当高。首先，在日本的职业女性中，年收入能够超过400万日元的女性只有10%。如果要达到600万日元，不知道要在高度专业的岗位上连续工作多少年。其次，什么样的男友才算"可以向别人炫耀的男友"？我问过胜间和代本人，她回答说："（男朋友的）年收入在1000万日元以上。"这个门槛同样很高。为什么这么高呢？因为如果没有这么高的收入，日本男人脆弱的自尊心就难保了。为了配得上一个年收入600万日元的女人，男性如果没有全面凌驾于其上的自信，体面的伴侣关系是建立不起来的。最后，"与年龄相配的成功"意味着Indies们不只要比拼青春和美貌，还要在事业上步步高升。这种绝不允许退步的人生，想想都觉得令人疲惫。

与此相对，香山派不认可"努力换来幸福"的信条。这些人绝不是单纯的输家。"机会均等"的神话，说明输家才是游戏规则的真正支柱。只有输家认赌服输，赢家的身份才具有合法性。因此，在相信"努力换来幸福"的胜间派中，既有真的获得了幸福的人，也有希望落空的人。不如说，正是因为大部分胜间派现在都不怎么幸福，少数像胜间和代那样的人才能"靠努力换来幸福"。

而香山派是"过于努力"而身心俱疲的人，是拼命努力而没有回报的人，是再也没有力气继续努力的人。这些人的心中郁积着不安和不满，积蓄着自责和愤怒。这些人带着各种各样的烦恼，走进香山丽香女士的诊室。

可以说，胜间派是赢家，是赢家的候选人；而香山派是输家，是输家的后备军。有趣的是，并非高学历的职业精英都是胜间派，其余人都是香山派。与此相反，在受过高等教育的女性中，不少人选择了香山派；而在社会阶层较低的人群中，也有很多胜间派女性。更恰当地说，大部分女性在两派之间摇摆不定。因为香山派也曾一度相信努力和竞争的价值，但是她们遭到了背叛。如果她们一开始就没有投身竞争，那么现在会不会少些自责呢？

女儿的双重负担

这些男女自残自罚的背后，有着父母的期许。如果没有背负如此沉重的期望，他们就不必如此自责了。在达到这个年龄之前，他们都曾是从不辜负父母期许的生龙活虎的孩子。这种前所未有的期望和负担从何而来？由带给女孩前所未有的机会，扩充了女性人生选项的《均等法》而来。

然而，父母对女儿的期许多少有点儿扭曲。正如玛丽·杜鲁－贝拉所指出的，女儿既属于劳动力市场，也属于婚姻市场。这一点我们在上一章已经论述过。儿子只需在劳动力市场取得成就即可，但女儿则不然。就算事业有成，但如果不能结婚生子，得到"女人的幸福"，那么就永远不会被当成一个完整女人。另一方面，如果女性优先考虑"女人的幸福"而离开劳动力市场，那么父母又会念叨"好不容易供你上学……"换句话说，成为一个"成功"的女儿——从父母的角度看，"成功"地养育一个女儿——就是既要不让须眉，事业有成，又要相夫教子，获得"女人的幸福"，二者缺一不可。

我称之为女儿的"双重负担"。我之所以想对现在的女儿们道一声"辛苦了"，就是因为在我们那个年代，两个目标之中不论达成哪一个都很厉害了——家庭、事业不可兼得，这是那个时代的社会共识——不过这个说法现在已经失效了。

由于今天这种时代背景，母女之间的关系变得越来越复杂。母亲对女儿前所未有的期待，女儿对母亲前所未有的背叛……这不能不成为女儿的"重荷"。

自从母亲开始对女儿"投资"，女儿就成了母亲的"作品"。在此之前，只有儿子称得上母亲引以为豪的作品，但现在女儿同样包括在内。母亲的"业绩"以孩子的"成就"来衡量，这种习惯至今没有消失。诺贝尔奖得主刚出炉，媒体马上跑去采访他的老母亲："您是怎样培养出这么出色的儿子的？"这种问题的女儿版已经诞生了。我把这样的女儿称为"长着一张女人脸的儿子"。

母亲觉得自己与女儿参加了两人三足比赛，因此为女儿的成就感到自豪。众所周知，这一现象背后是"欲望代偿"的心理机制。而且，由女儿作为母亲的"代理人"，比儿子更容易同一化，更容易控制，这也是事实。母亲的另一个优势是，肩负着照料劳动的性别分工，她可以在家务和育儿方面支持女儿的社会成就。

在母亲的双重期待和"双重负担"的压力之下挣扎的女儿们，走进香山女士的诊室、信田女士的咨询室——也有一些人来到我的"上野保健室"——并不是什么不可思议的事情。她们清楚地知道母亲的牺牲和奉献，因此封印了对母亲的仇恨和愤怒；但在更深层的情绪中，她们无时无刻不呼吸着母亲的支配和占有所散发出的压抑空气，试图拼命逃出母亲的枷锁。这场母女冲突不是别的，正是这个"女儿成为母亲投资的对象"的时代造成的历史性产物。

如果真是这样，我想，如果女儿成了母亲的"作品"的话，就必然有"成功作"和"失败作"之分。如果是"成功作"，母亲是永远也不会放手的。但如果成了"失败作"，是不是可以摆脱她的控制呢？我带着这个疑问，咨询了信田女士。信田女士的回答比我预想的更可怕。

"妈妈其实一直在贬低女儿是'失败作'，这样做是为了让女儿永远像自己的奴隶一样，做妈妈的可以永远不放手，永远支配女儿。"[4]

也就是说，无论是"成功作"还是"失败作"，母亲一生都不会放弃对女儿的控制。

于是，母亲和女儿两方心中各自怀揣着烦恼前往信田女士的咨询室。我日常接触的那些"普通女孩"，很可能是两者都不是的"半吊子作品"。正因为她们既非成功，也不能算失败，才会在胜间派和香山派之间摇摆不定。

代际锁链

在母亲们的支配和控制背后，让她们一辈子喘不过气的怨念时隐时现。她们这一代人经历了战后男女同校改革，一边学习性别平等的场面话，一边直面男性社会赤裸裸的性别歧视。场面话和真心话之间的差距缩小了，或者换句话说，更巧妙了。"努力总会有回报"，对于一些女性来说的确不是谎言。而"即便努力也没有回报",对于另外一些女性来说同样是真相。"即便努力也没有回报",对这一事实心知肚明的女性们保持了一种"正气"[1]:绝不为企业拼命,绝不把一生托付给企业,只是"半身心"投入企业。不知这种"正气"还能保持多久。

顺便说一句,胜间女士也建议大家"不要把一生托付给企业"。我曾经邀请胜间女士来我的研讨会。当时,她开场就毫不避讳地说:"女人只是二流劳动者。"对于她这个超写实主义的现状认识,我颇感惊叹。她并不是在阐述"女人本身是二流劳动者"的实然命题,而是在给出忠告:"因为你一定会被社会当成二流劳动者,所以请怀着这种觉悟,生存下来!""努力也不会得到对等的回报。"正是对此有着刻骨铭心的认识,胜间女士才会离开企业,自主创业。作为新自由主义标志性人物的胜间女士,也暗怀这种苦涩的现实认知。

身处历史之中,当事者迷。女性的生活选项越来越多,母女纠葛也就越来越深……在这个过程中受苦的女儿们,之后会成为什么样的母亲呢?她们以后会和自己的女儿结下怎样的关系呢?还有,面对耄耋之年的母亲,面对一个曾经试图控制、支配自己,现在却已经变得衰老脆弱的母亲,这些女儿将怀着怎样的心情接受照顾母亲的责任呢?

在佐野洋子的《静子》中,直到母亲罹患阿尔茨海默病时,女儿才与她"和解"。在中山千夏的《幸子与我——一对母女的病

---

[1] "正気"(しょうき)的原意是"正常的精神状态"。作者用这个概念表达弱者面对结构性压迫和不公时,正视自身的受害者身份,不将压迫和不公内化,不进行自我谴责和自我压迫的态度。

例》中,直到母亲去世之后,女儿才第一次反思与母亲的关系。母女纠葛不会在一代人中画上句号。在延续两代、三代人的锁链中,下一代母亲会创造怎样的母女关系呢?

◆ 作者注 ◆

[1] 根据弗洛伊德的理论,俄狄浦斯情结是指儿子对母亲的性欲。取自希腊神话中俄狄浦斯王杀父娶母的故事。父亲以阉割焦虑干预儿子的欲望,但对于没有阴茎的女儿,阉割焦虑无效,女儿对母亲的依恋不被父亲认为是性欲,因此父亲不会介入母女关系,也不会像对待儿子那样强迫"母子分离"。最终,女儿保持着对母亲的依恋,迟迟无法最终成熟。

[2] 关于"隐藏教学大纲"(隠れたカリキュラム)和"性别轨迹诱导"(ジェンダー トラッキング, Gender tracking),请参阅木村凉子《女性内部分化/差距产生的原因和方式:性别与学校文化》(『何がいかに女性内分化/格差を生むか ジェンダーと学校文化』),收录于井上辉子等编《新编日本的女权主义》第八卷《性别与教育》(岩波书店,2009年)。

[3] 这一说法来自《彼得·潘》的配角温蒂(Wendy)。她追随热爱冒险的彼得·潘,是落入困境并被男主救出的少女角色。

[4] 参见上野千鹤子、信田小夜子对谈《黏液质妈妈和守墓的女儿》(『スライム母と墓守娘』),收录在信田小夜子《即使如此,家族也要延续》(『それでも、家族は続く』,NTT出版,2012年),第210页。

第七章

"男败犬"都去哪儿了?

"女败犬"和"男败犬"[1]

说起"败犬",指的肯定是女性,所以不会有人专门说什么"女败犬"。不过根据人口学的研究成果,在同一代人中"男败犬"(光棍儿)应该至少和"女败犬"一样多,甚至更多,但好像很少有人谈论这些"男败犬"。这是为什么呢?

我曾提到,发达国家自然状况下的人口出生性别比(男性:女性)是105:100。即使所有男女都牵手成功,20个人里也会剩下一个光棍儿。不仅如此,自21世纪以来,中国的人口出生性别比曾经创纪录地达到121:100,印度也曾达到122:100。针对这一情形,美国作家玛拉·维斯登达尔在《没有女性的世界:性别比例失衡下的恐怖景象》(大田直子译,讲谈社,2012年)一书中发出了"人口正在男性化"的警告。由于经济发展和胎儿性别选择技术的普

---

[1] 本章原标题为"オス負け犬はどこへ行ったのか?",直译为"男败犬都去哪儿了?",本节原标题为"「メス負け犬」「オス負け犬」",直译为"'雌败犬''雄败犬'"。日文"败犬"(負け犬)一词本来比喻一般意义上的失败者。女作家酒井顺子在出版于2003年的畅销散文集《败犬的远吠》(『負け犬の遠吠え』,講談社)一书中说:"不论多么漂亮、能干,只要符合'30岁以上、未婚、没有孩子'三个条件的女性都是败犬。"

及，在不久的将来，世界范围内人数激增的光棍儿们将带来极为严重的问题。可是至今仍没有多少人清醒地认识到这一点。

并且，我们发现各地的女性累积结婚率都略高于男性。这是因为在传统上，与男性不同，未婚女性可以选择与丧偶或离婚的男性结婚。虽说男女再婚率都在逐渐上升，但再婚男性与初婚女性相结合的情况比与之相反的情况更常见。换句话说，结过一次婚的男性很可能再次结婚，而从未结过婚的男性在此后的人生中结婚的可能性将越来越低。

男性的未婚率一直在上升。根据2010年的数据，男性平均初婚年龄为30.5岁，其中，30～34岁的男性未婚率为47.3%，35～39岁为35.28%，40～44岁的未婚率也有27.9%，并没有怎么降低。这与30～49岁女性未婚率急剧下降形成了鲜明的对比。虽然政府统计仍然使用"未婚率"一词，但因为50岁以后的单身者结婚的概率极低，所以在这种情况下，这个数据就改称"终生非婚率"。"未婚"是指以结婚为前提的过渡时期。现在早已不是全员结婚的时代，这个术语已经不合时宜。从现在开始，本章将使用"非婚"一词。

根据2010年的数据，男性有配偶率的顶峰年龄段为70～74岁。如果这一人群都在20多岁的时候结婚，那么就可推知，他们的结婚时间是日本累积结婚率最高的20世纪60年代。在20世纪60年代中期，日本累积结婚率达到顶峰。如果再加上丧偶率的话，有婚姻经历的人数比例最高的就是目前70～79岁的这代人。"结婚"是这代人的人生默认选项。那是一个不论什么阿猫阿狗都能结婚的时代，真是不可思议。可是，那个时代并没有持续多久。前无古人，后无来者，这种结婚率接近100%的"全员结婚社会"此前没有，此后再也没有出现过。

男性拥有配偶的比例在70～74岁达到顶峰，想必以后这一数据不会再上升了。在50～59岁年龄组中，离婚率逐渐上升。在30～39岁年龄组中，非婚率逐渐上升。在此基础上进行人口学预测的话，估计四分之一的40～49岁男性和三分之一的30～39岁男性将终生非婚。可以肯定的是，目前的非婚男性在此后的人生中结婚的可能性极低。

同一代女性的非婚率略低于这些男性，这是因为同龄女性人口本来就比男性少，并且还有机会进入再婚市场。酒井顺子女士认为，"没有丈夫、没有孩子、30岁以上"的女性，就可以自称败犬。如果采纳这种定义，那么我们可以肯定，在"女败犬"的背后，"男败犬"的数量要多得多。

读过《败犬的远吠》的人都知道，这本书并非在传达一种轻浮的"失败感"。在这个世界里，只有被男人选中的女人才算女人，而与婚姻保持距离的女性就成了"老处女"（Old miss）、"老姑娘"、"败犬"。这些称呼既是蔑称，也是自嘲。但与此相反，酒井所说的"败犬"绝没有这种"失败感"。可以说，她采取了先发制人和大方露出软肋的策略。这是一种高级的话语策略，意味着说话人早已释怀。但是有些人不了解这种讽刺，只会见缝插针地在媒体上掀起"赢家与败犬"的争论，向父母灌输"如何不让孩子成为败犬"的说教——这些人不是别人，正是那些愚蠢的爹味媒体。

现在，远离婚姻的生活也成为可能，婚姻只是女性的"备选项"，而不再是"必选项"。在过去，女性能够自己养活自己的职业机会极其有限,更不用说,如果有孩子,那么她们就会不可避免地被排除在劳动力市场之外。即使在今天,人们也会讨论单亲妈妈们不依靠男人的经济力,独自养育孩子的困难。换句话说,对于女性来说,婚姻是不可或缺的生活保障,是赖以生存的"铁饭碗"。行笔至此,我不由得想起了那个安稳祥和的田园时代——"结婚是一辈子的事"。正因如此,那时的女性拼死也要保卫自己一生的安定生活。

其实相比以前,对于女性来说,现在这个非婚率和离婚率不断上升的时代才是好时代。因为,现在结婚仅仅是一种选择。人们可以选择自己想要的婚姻,也可以避免乃至解除不想要的婚姻。与此相对的是,过去的社会中,不论婚姻怎样不幸,女人也没有下贼船的机会。一个禁止离婚的社会,一个逼死离婚者的社会,一个非婚者抬不起头的社会,一个饿死非婚者的社会,归根结底,就是一个女性不自由的社会。

反过来说,那也就是一个男人翻云覆雨,把女人玩弄于股掌之间的社会,男人把女人逼入婚姻的社会。谁从婚姻中受益?与女性相比,男性更能从婚姻制度中受益——想必男性对这一点早已心知肚明。

如此看来,就算婚姻是"一辈子的事",女性也未必会感恩戴德。因为在这种婚姻中,女性即使终日遭受丈夫的家庭暴力,也会一生上天无路,入地无门。我曾经听说,有一位老妇人生活不能自理,而她的丈夫状况稍好。这位老妇人独自搬进养老院之后,长舒一口气地感叹道:"终于能睡个好觉了。"这位老妇人只要在家,不知道什么时候就会遭到丈夫的责骂或暴力,而这种永无宁日的婚姻生活不知持续了多少年。她第一次有机会摆脱丈夫的暴力，竟然是在失去生活自理能力，搬进养老院的时候。

父母"基础设施"庇护下的"单身贵族"

"女败犬"拥有独身的资本。具体来说，她们具备不需要结婚也可以生存下去的经济实力、资格、住房以及生活能力。像酒井老师这种靠自身能力赚出上述资本的女性可能属于少数，但女性还有一个强大的盟友。那就是可以作为"基础设施"的父母。在男女经济差距依旧显著，女性就业形势日益恶化的今天，能够真正"独居"的女性并没有增加很多。但是，如果女性寄生在父母家里，无论收入多低，那么她的可支配收入就会增加。有住房这个核心基础设施，还有"吃饭、泡澡、洗衣"的配套服务，女儿们实际上过的是拥有家庭主妇的"老爹生活"——让女儿过上父权制家长生活的社会背景，正是少子化。

而这种生活不可或缺的物质条件，是父母一代的富裕。

以酒井老师为先驱的"败犬"一代，她们的父母现在都已七八十岁。战后的经济高速增长正是由她们父母一代人支撑起来的。这一代人就是一生背负房贷，最终赚得一套房子的"社畜"丈夫以及他们的全职太太。同样，他们也是日本第一代二孩家庭的父母，体验了漫长的"后育儿期"。在这个时代，每个孩子都能分到一间"儿童房"，所以如果孩子永远不走出自己的房间，父母也就永远不会成为空巢老人。

对于光棍儿们来说也是如此。有父母提供的基础设施兜底，他们的可支配收入可以花在手办模型或者游戏之类的个人兴趣上。并且，那些人生价值在于服务儿子的父母绝不会忍心剥夺他们的爱好。他们到家就有饭吃、有热水澡洗，衣服也已经洗好叠好、放回了原位。性欲可以在外面随时处理：自由自在地找一个单间放映厅，看着AV撸一发就可以了。他们过的是随心所欲的生活。这些在儿童房里长大，长大了也不会离开儿童房的孩子，就此登上了历史舞台。更重要的是，他们的父母只是口头上催促孩子自立，内心并不想让孩子离开儿童房——这些光棍儿就利用了父母的这一弱点。

在这些单身寄生虫中，有一种"家里蹲"男性。根据家里蹲思想家胜山实的《家里蹲日历》，他家里蹲是为了"不让当专业主妇的妈妈失业"，真是恬不知耻。不过，盗亦有"道"，胜山的话不无道理。母亲承担了照料家庭的性别分工，如果没了照料对象，确实会"失业"。孩子自立之日，就是母亲退休之日，这个孩子给母亲办了一个延迟退休。更深入地讲，家里蹲有三个前提条件：一是"儿童房"这个住宅基础设施；二是父亲的经济支持；三是母亲的照料劳动。总而言之，离开了现代家庭这个机制，家里蹲根本就不可能出现。而在上述叙述中没有登场的，其实还有一位关键角色——对儿子的状态视而不见的父亲、对妻子的苦境充耳不闻的丈夫。

《社会意义上的家里蹲：无尽的青春期》的作者、心理医生、家里蹲专家的斋藤环预言，将来的日本是个"百万家里蹲时代"。他的预言引发了社会热议。家里蹲的年龄和原因都各不相同。据了解，有人因遭受霸凌、学习成绩差而辍学，从学龄期就开始家里蹲；也有人因求职失败、失业、企业改制等原因，在就业年龄陷入家里蹲，并且这些人往往陷入了长期的困境。而且众所周知，如果没有第三方的强力干预，从家里蹲状态中恢复出来基本上是不可能的。就"家里蹲赖以存在的基础设施"这个问题，我曾向斋藤老师询问过。他同样指出，带有儿童房的住宅和家庭主妇支撑了家里蹲的存在。即使儿子没有收入，即使儿子从不外出，甚至即使从来不和儿子打照面，母亲还是会每天做好饭，送到儿子房间门外。有其母必有其子，只要自己的主妇职责尚未终结，自己尚未从母职中失业，这些母亲就十几年如一日。等她们回过神来，儿子已经过了不惑之年……

在日本，根据厚生劳动省的定义，34岁以下的人才能被称为"啃老族"或"自由职业者"。"啃老"和"自由职业"实际上被视为青年就业问题。这是因为人们认为啃老、打零工仅仅是正式就业之前的过渡期而已，但事实并非如此。目前，年轻人处于啃老或自由职业状态的时间不断延长，有逐渐固定为失业者或非正规劳动者的倾向。随着年龄的增长，他们将成为处在劳动力市场最底层、既无年金也无保险的人群。

这里同样存在性别不对称。处于毕业年龄以上、34岁以下的"自由劳动者"并不包括无业在家的未婚女性，也就是所谓的家务助手。人们始终认为这些年轻的家务助手是在待字闺中。因此不论是父母还是家务助手本人都从没认真考虑过，她们是不是非正规劳动者或者无业人员。她们始终在盼望，盼望某天和某人邂逅，盼望开启新的生活。维持家务助手身份的条件当然是父母提供的基础设施。不知不觉间，女孩子们的这种状态不断延长，等到过了"保质期"，结婚这个人生选项已经消失，她们和父母才大吃一惊。正如已经讨论过的，正规就业女性的实际结婚率高于非正规就业女性，正是这个原因。

男性也是如此。大家往往认为"自由职业"是成为正式员工之前的过渡期，他们这种"追梦人"的状态是被家长默许的。儿子们宣称："我玩音乐玩到30岁为止。如果那时还没玩出个名堂，我就打个领带进公司上班。"慈爱的父母不想破坏儿子人生的各种可能性，便会宽容地默许他们追梦。话说回来，能够提供条件，让追梦少年当寄生虫的也只有他们的父母了。不过，让"单身寄生虫"这个词流行起来的山田昌弘指出，这些寄生虫往往自称在"追梦"，而实际上他们完全没有采取什么实际行动来实现梦想。"追梦"只是一个逃避的借口，而他们的父母也把"儿子在追梦"当成避免直面现实的安慰剂。追梦少年一晃眼的工夫，就已经成了40岁的追梦中年。

家里蹲也存在性别不对称性。一般认为，家里蹲是一种偏向男性的病态特征。但其实家里蹲中也有女性，只不过她们被当作家务助手，因而这一问题没有显露出来。并且，不仅有未婚的家里蹲，还有已婚的家里蹲。即使有家庭主妇成了"家里蹲"，也不会有人认为这是社会问题。不仅如此，如果家庭主妇总往外跑，一定会被指责为不守妇道。相反，大门不出、二门不迈的"内人"才是好妻子。

关于日本到底有多少家里蹲和这些人的性别比例如何，我们都没有现成的数据。并且，这些人也不被统计为失业者。这是因为，在日本的失业率统计中,仅将有求职意愿的无业者视为失业者。

但是,认为家里蹲主要是"男性问题"的观点是有根据的。日语中的家里蹲(ひきこもり)是对英文withdrawal的翻译,乃是退缩之意。退缩?从什么之中退缩?从一个自身价值被别人评估的竞争社会中退缩。与女性相比,男性更是处于这种你死我活的竞争之中。事实证明,选择家里蹲的青年并非缺乏上进心。正相反,他们已经把优绩主义的原则彻底内化,因此产生了极为严苛的自我谴责。总体来看,他们一开始往往是有上进心的中产阶级子弟,与其被父母或他人责备,不如自己责备自己,这就是家里蹲青年的痛苦现实。他们不是在安逸中退缩,而是在苦闷中退缩。可以说,他们是在"拼尽全力地"退缩。这样一来,曾经是"家里蹲青年"的人,很快就会变成"家里蹲中年"和"家里蹲老年"。

如果这些家里蹲男性都是安逸平和的人就好了。行笔至此,我脑海中浮现出一个人。这个男青年在新潟县柏崎市诱拐了一名小学四年级的少女,并将她监禁了九年。这个"不成熟"的男性在九年间把一个人当成宠物——当成宠物一样虐待。这个男性拥有一套大房子,大到没人能察觉被监禁女孩的存在;他还拥有亡父留下的巨额财富,以及一位无法干预施暴儿子的无力的母亲;他还拥有一件东西,那就是来自社会的孤立——这种孤立使得没有任何人会去干预他的所作所为。这些就是他实施罪行的条件。如果把他这种行为轻描淡写地称作"不成熟",不免也是残酷的犯罪。想起那个女孩以后的人生,我不禁颤抖起来。

《败犬的远吠》为什么没有男性版？

为什么不写一本男性版的《败犬的远吠》呢？有一种观点认为，"被男人选择"是女性主体性的核心，反过来却不成立。果真如此吗？

"败犬的远吠"包含着自嘲的幽默。那些没有读出这份幽默的人只是缺乏阅读理解能力。但是，我认为，类似的自嘲幽默绝不适用于"男败犬"。换言之，严酷的现实是，这些男性"败犬"的的确确、完完全全是失败者——是竞争的失败者，而非幽默自嘲的对象。

并且，这些不想承认失败的男人绝对不会去阅读这种自虐式的书籍。可以想见，这种书写出来也卖不出去。书籍同样是投向市场的商品，如果一本书没有销售前景，那根本就不会有人去写。

顺便说一句，如前所述，男性收入与结婚率之间存在明显的相关性。正如堀卫门[1]所说，"女人跟着钱走"确实包含着片面的真理。由于收入差别与就业类型的差别高度相关，因此正规就业男性和非正规就业男性的结婚率也存在明显差异。即使急于"婚活"的女性，也不会把非正规就业的男性列入结婚对象范围之内。所谓"婚活"，就是把"就活"成功（获得一流企业的正规就业）的男性当作目标，夺取其配偶地位的女性战略。这样看来，"婚活"和"就活"确实是天造地设的一对。

---

[1] 堀卫门（ホリエモン，1972— ），本名堀江贵文（堀江貴文），日本企业家、作家、投资家、艺人。"堀卫门"是支持者对他的爱称。

虽说"社畜"配"昭和妻"[1]的组合未免看起来老气，但不同的是，相比父母那一代，这种夫妻组合的"指定座位"已经锐减。正如汤浅诚所指出的，椅子越少，"抢椅子游戏"越激烈。不过人人都能当"社畜"的父母一代，对于这些变化似乎并不很清楚。如今，当"社畜"也要付出百倍的努力，而对于欲"畜"而不达的人来说，"社畜"无疑是其艳羡的对象。

雇佣崩溃的风险

我在前文提到过，正规就业与非正规就业之间的差距扩大是由劳动管制的放松带来的，也就是20世纪90年代的"劳动大爆炸"。这一变化的标志就是日经联发表于1995年的著名报告《新时代的"日式经营"》。与资方预想不同，雇佣崩溃不仅极大地影响了女性，同样对男性造成了冲击。在泡沫经济崩溃后，大萧条降临。团块世代的子女一代，在毕业求职季正好赶上就业冰河期，遭遇了严重的挫折。但是，对于一直生活在经济上升期的团块世代来说，他们无论如何也不会相信，子女的生活水平竟然会不如自己。

应届生统一招聘制、终身雇佣制、年功序列工资制是"日式人事管理"的三件套。这意味着，一旦无法顺利进入应届生市场，那么"再挑战"就变得异常艰难，起点的悬殊差距往往会造成一生的悬殊差距。尽管政府要求企业将"应届生"范围扩大至毕业后三

1　指昭和时代的专职家庭主妇。

年以内的人，但实际上，企业对于"长期积蓄能力活用型"人才的招聘依然坚持"应届生统一招聘"，并没有颠覆传统的日式人事管理。与此相对，大量求职者以"第二年应届""第三年应届"等名义背负着第一年求职失败的烙印。治本的解决办法是禁止"应届生统一招聘"，但这意味着，对于尚未开发出新型人事管理机制的企业来说，政府的要求无疑是纸上谈兵。

如上所述，雇佣崩溃不仅打击了女性，男性同样受到冲击。而且，首当其冲的就是刚刚进入劳动力市场的年轻人。2011年非正规劳动者的比例（1—3月的平均值，不包括岩手县、宫城县和福岛县[1]）占全体劳动者的35.4%。在女性劳动者中，非正规劳动者占总数的54.6%，而这一比例在男性中为20.1%。这似乎意味着雇佣崩溃是一个性别问题。但如果着眼于15～24岁的年轻一代，我们会发现，在年轻女性中，非正规劳动者的比例为51.3%，而在年轻男性中则为49.1%。

自21世纪初，媒体开始热炒"差距"问题。在此之前，差距并非不存在，而是表现为性别差距。但男女之间的差距似乎是"天经地义"，已经被"自然化"了。年轻女性就业的非正规化也被父母和她们本人正当化为"待字闺中"的过渡期。只要不平等表现为性别不平等，那么不管是政客还是媒体，都不会把这种问题当成问题。而当不平等问题在男性之间产生的时候，这个问题似乎才变成了"政治问题"。这就是日本政客和媒体男性中心主义的明证。不仅如此，似乎在这些人眼里，只有当学历无法保证地位的时候，换

---

[1] 当时这三个县遭受东日本大地震的严重破坏，故不纳入统计。

句话说，当东京大学毕业生也可能上街要饭的时候，差距问题才真正能够成为政治问题。

秋叶原无差别杀人事件的罪犯加藤智大[1]就是泡沫经济崩溃后走进社会的那一代人。加藤出身于一个中产阶级家庭，绝对称不上贫困。因为没有考上大学，因此进入了短大。毕业后，他进入了一个保安公司工作，之后被转为"注册型派遣员工"。后来他作为劳务派遣员工进入一家汽车公司工作，成了制造业劳务派遣"派遣合同终止"[2]的受害者。当然，"派遣合同终止"的遭遇并不能为他脱罪，但这条滑向深渊的人生道路仿佛是被什么人精心设计的剧本。这不得不令全社会为之震惊。

注册型派遣业务最初是为女性设计的。其目标群体是拥有丈夫或父母提供的基础设施，因此只需要赚点儿小钱"补贴家用"的女性。限制她们的工资，让她们成为经济波动的安全阀，就是资方的如意算盘。出乎资方设计者意料的是，这种本意是"补贴家用"的雇佣形式变成了"养家糊口"的劳动形式。加藤搬出了父母家单过，许多单身女性和单亲妈妈也拿着微薄的工资"养家糊口"。由于最低工资一直没有上调，因此也有人即使劳动时长达到了标准劳

---

[1] 加藤智大（加藤　智大，1982—2022）是秋叶原无差别杀人事件的犯罪者。2008年6月8日当地时间12:30，在东京都千代田区外神田（秋叶原），加藤首先驾驶一辆卡车无视红灯，闯入十字路口，撞倒绿灯时正常穿过马路的5名行人。下车后，加藤又用随身携带的求生刀和匕首攻击伤者、其他行人以及警察，共造成7死10伤。2011年3月，加藤被东京地方裁判所判处死刑，2022年执行。
[2] 指用工企业取消与劳务派遣公司的用工合同，停止使用该合同涉及的劳务派遣员工。也指用工合同被用工企业取消后，劳务派遣公司解雇劳务派遣员工或者拒绝更新雇佣合同的行为。2008年5月，劳务派遣公司通知加藤智大，6月末雇佣合同即将解除，并介绍他到其他劳务派遣公司上班。加藤对此非常不满。

动时间（每日8小时、每周40小时），收入还赶不上低保户。他们被称作"穷忙族"（Working Poor）。有的单亲妈妈同时打两三份工，有的只好沦为性工作者。这种状况同样发生在男性身上。日本的企业家们一致认为，在日元走强的情况下，要想在日益激烈的国际竞争中生存下来，唯一的办法就是把非正规劳动者当成用完就扔的一次性耗材。并且，这个阴谋还得到手握正规就业既得利益的工会的赞成。

男性的"婚活"压力

在20世纪80年代的日本，"结不了婚的男人"成为一个社会问题。婚姻市场上出现了"女性分配不均"的现象。据说当时的"结不了婚的男人"有"长子、家业继承者、人口稀疏地区"[1]的"三重苦"。顺便说一句，20世纪80年代"非婚男性"的标志性人物就是当时皇太子的长子浩宫[2]。他就在"婚活"上一败涂地。有人看到他的遭遇而笑话他：除了是"长子、家业继承者"之外，还是千代田区千代田一番地这个"超级人口稀疏区"的居民，确实饱受"三重苦"的折磨。浩宫出生于1960年，1993年结婚，当时他33岁，雅子马上就满30岁。与当时初婚的平均年龄相比，新郎新娘

---

1 指由于人口显著减少而社会活力显著下降的地区。
2 指平成天皇太子、现在的令和天皇德仁。浩宫是他的"御称号"。日本皇族在年幼时会由学者从汉文经典中选取寓意美好的汉字作为称号。下文提到的"千代田区千代田一番地"是皇居所在地。

都算晚婚了。

也正是在这个时候,"进口新娘"突然成了热门话题。有些长期单身的农村中老年男性,为了结婚继承家业,远赴菲律宾、泰国进行"婚活"。他们一周之内就能讨到老婆,回国"闪婚"。地方政府也在积极组织相亲活动,婚姻中介做出了带有韩国、中国女性照片的新娘目录。在东日本大地震的受灾地区,有一些菲律宾妻子存在文化、生活、语言障碍,给救援工作增加了难度,此事还成了日后街谈巷议的谈资。

日本的国际婚姻也发生了各种变化。长期以来,婚姻市场呈现"顺差":日本女性和外国男性结合的例子相对较多。而日本男性和外国女性结合的夫妻数量反超,也就是婚姻市场呈现"逆差"是在1975年。在日本人结婚对象的国籍方面,自1997年以来,亚洲人的比例稳步提高,大体呈现为中国居首位、菲律宾居第二位、朝韩两国居第三位的格局。比方说,长途卡车的男司机与他在菲律宾酒吧遇到的女子恋爱结婚,就是日本国际婚姻的典型组合方式。不过,就连受过高等教育的男性也被揶揄,没有"交际能力"就娶不到老婆。因此各种"花婿学校"[1]如雨后春笋一般出现。

20世纪90年代雇佣崩溃后,婚姻差距与经济差距的联动性昭然若揭。女性的雇佣崩溃更为严重。经此打击,女性失去了生活的回旋余地。

然而,就像大家默认"败犬"是女性一样,为什么"婚活"似乎只能指女性的行为?男性的"婚活"真的不存在吗?媒体为什么

---

1 指向男性传授婚恋知识的培训机构。

对男性的婚活视若无睹呢？

在这一现象的背后，有一种机制正在发挥作用。也正是这种机制抑制了"男败犬"，使其很难成为热门话题。换句话说，作为一个新闻事件，男人的"婚活"绝不是什么轻松愉快的话题——这个问题太沉重了。

我的一位男性研究生表示，他想选择"男性婚活"作为他的研究主题。他选择这个研究题目的理由基于他的假说：他认为，事实上，男性的"婚活"压力比女性更大。我仔细听了他的说明，发现他的假说十分有趣。

男性生活在激烈的优绩主义权力博弈之中。对于他们来说，如果结婚与否是衡量年收入的指标，那么"已婚"就是一个十分有力的身份象征。很久以前，有家有室是男人成熟、能够独当一面的标志，但那是在每个人都能结婚的时代。与那时相比，现在能够结婚的男性数量相对减少。难怪他们围绕着为数不多的席位展开了激烈的争夺。正如山田昌弘所说的那样，对男性来说，婚姻和家庭已成为维护成本高昂的资产[1]。在美国，娶到一个"花瓶妻子"[2]（很花钱的美女）往往被视为成功的标志。而在日本，拥有一个专职家庭主妇妻子，同样是男性成功和地位的象征。既然婚姻已经变成了优绩主义之下"努力追求"的对象，那么留给非婚者的往往是"为什么不努力"的谴责。

---

[1] 山田昌弘著《婚姻的社会学：不婚化、晚婚化会继续下去吗？》（『結婚の社会学 未婚化・晚婚化はつづくのか』，丸善ライブラリー，1996年）。
[2] 原文是Trophy wife，一般指拥有巨额财富、较高社会地位的年长男性娶到的貌美的年轻妻子，用以彰显自身魅力、财富和权力。这个称谓也包含着对女性的轻视。

这样一来,对单身人士的歧视更加严重。在中老年人的婚姻市场中,离异男性往往比未婚男性更受青睐。虽然处在离异状态,但是这段婚姻经历既证明了他们的经济能力,可能也证明了他们的性能力。并且,女性往往认为未婚者"恶心"而回避他们。因为到了四五十岁还没有结婚,说不定有什么不得了的隐情。因此,有过婚姻经历的男人再次结婚的可能性更大,而从未结过婚的男人离婚姻越来越远,这一趋势日渐明显。

小仓千加子[1]将婚姻称为"金钱换美貌"。从数据来看,我们无法否认,金钱确实是男性结婚的条件之一。那么,"美貌"是女性结婚的条件吗?女性杂志的"婚活"专刊确实充满了受男性青睐的"人气发型"和"轻松可爱系时装"之类的内容。在结婚率接近100%的"全员结婚社会"中,没有结婚的女性可能确实比较特殊(没人看得上),但大量"败犬"的出现证明,未婚女性在美貌、金钱和性吸引力等方面绝不亚于已婚女性。因为长相丑而不受欢迎的命题也被木岛佳苗[2]彻底否定了。她证明,"婚活"市场上最有效的资源是关怀和照料,而不是美貌或性。

换言之,社会对女性的评价标准已经趋向多元化,不仅是长相,还包括职业、收入、成就等方面;相比之下,对于男性的评价

---

[1] 小仓千加子(小倉 千加子,1952—),日本心理学家、女权主义者。主要研究领域是女性学、性别学、心理学。
[2] 木岛佳苗(木嶋 佳苗,1974—),连续骗婚杀人诈财案(又称首都圈连续可疑死亡事件)犯罪者。该案件发生在2007—2009年,木岛利用"婚活"等理由与多名男性交往。随后这些男性纷纷死亡。据警方调查,木岛对他们实施了欺诈、盗窃等行为。在这里,作者之所以说木岛佳苗否定了"美貌或性"是婚姻市场的有效资源,是因为从一般的观点来看,木岛既不美貌,也缺乏性魅力。

标准则更加一元化：只有金钱。因此，那位男性研究生的论点是，与"全员结婚社会"相比，目前的社会对于男性来说更加严酷。听完他的阐述，之前令我不解的事情一下豁然开朗了。

秋叶原无差别杀人事件的犯人加藤曾在网上写道："我要是有个女朋友就好了……"如果按照上述逻辑，他的这句话就不难理解了：身边有女人才是"男人的证明"。

针对这种情况，有些人（主要是男性）认为应该复兴媒人、婚姻中介以及爱拉家常的大妈。虽说过去是"全员结婚社会"，但那时也有很多张家长、李家短的保媒拉纤爱好者。不，不如说正好相反：正是因为有了这样的媒人，"全员结婚社会"才能实现。这种理论认为，在当今社会，如果把人放着不管——没有第三方的干预——男女自动结婚是绝对不可能的事情。这种观点没有考虑到婚姻条件已经完全改变，可以说是犯了时代错误吧。

"全员结婚社会"对于男性来说，是每人都能分得一个女人的社会；而对女性来说，是不结婚就不能生活的社会。换句话说，那是一个非常不自由的社会。婚姻在当时是一种生活保障品，而现在已经转变为一种为生活增色的奢侈品。如果真要回到过去，不要说女性一定不愿意，男性也不会同意的。

"男败犬"的老后

木岛佳苗的"婚活"诈骗震惊世人。我在上文提到过，木岛证明了"婚活"市场上，最有效的资源是照料与关怀，而不是美貌或性。这一事实的背后是超老龄化社会中男性的老后焦虑。

目前的男性一直在享受着照料。如果没人照料,他们大概没有能力一个人平安度过一生。"至少我还有妻子在啊……"不过,这种情况不适用于"男败犬"。

与"败犬"一样,在日本,人们其实默认"单身贵族"指女性。"独身男"这词很难说出口,因为比起"独身女","独身男"的处境更加无可救药。在写作《一个人的老后》(法研,2007年)时,我阅读了吉田太一[1]所著的《遗物整理人看见的》(扶桑社,2006年)。本来以为会读到什么可怕的东西,但后来发现这并不是一部吓唬人的书。不过我注意到,大部分"孤独死"的人,都是五六十岁的男性。

在孤独地死去之前,他们孤独地活着。社会学家河合克义长期研究单身老年人。他的研究表明,高龄男性是被社会高度孤立的。

那么他是如何将社会孤立指标化的呢?吉田在横滨市鹤见区采访了大约4000名老年人。他的问题是:"请问您在大年初一[2]到初三和其他人见过面吗?"对于这个问题,有61.7%的前期高龄男性(65～74岁)回答"没见过",而同年龄段的女性只有26.5%一个人度过大年初三。而对于后期高龄者(75岁及以上),回答"没见过"的男性下降到46.8%。新年是享受天伦之乐的时光。但对于独身人士来说,这是一段地狱般的时光,这些独身高龄男性中,过年时孤身一人者十之有六。反观女性,这个数字急剧下降,这样看

---

1 吉田太一(吉田 太一,1964—),日本企业家。创立了日本首家遗物整理公司。
2 日本的大年初一即公历的1月1日。

来，社会对高龄独身男性的孤立化是显而易见的。后期高龄男性的孤立度较低，很可能是因为这一代人即使独居，也有分开居住的亲戚。他们的结婚率、生育率都很高，也有很多兄弟姐妹，因此即使独居，亲戚之间的来往也很频繁。而前期高龄男性孤立程度较高，据推测是因为这一代人中离异者、非婚者人数都大大增加。大概这个数字在未来还会进一步上升。这是因为从未有过家庭的以及家庭破裂的独身老人都在增加。作为"享受照料劳动的性"，单身男性的晚年前景一片暗淡。

事实上，"男败犬"晚年的确困难重重。

一是经济问题。我们知道，"男败犬"主要集中在低收入群体，而且有很多人是非正规就业者或者失业者。所以这些人年老之后，很可能无法领取养老金，或者养老金极低。这些人被称作威胁着老龄化社会的安全和保障的"不良债权"。但是，他们正是政界、商界和官僚界合谋造成的雇佣崩溃的产物。经济界难道没有预料到雇佣崩溃的风险会成为长期负担吗？

二是他们的家务能力不足。不过"鳏夫生蛆"[1]的时代已成为过去。文明的进化不是朝着家务能力普遍提高的方向发展，而是朝着不论男女，即使不会做家务也能生活下来的方向发展。便利店现在已成为"男败犬"的强大基础设施。如果有便利店的话，虽说"男败犬"的营养均衡情况可能不太乐观，但是生活质量不至于降低。可以说，只要有便利店，就不需要家庭主妇。不仅如此，如果一个"男败犬"长期寄生在父母身边的话，母亲还会继续扮演"家庭

---

1 这是一句日本谚语，原文是"男やもめにウジが湧く"。意思是由于鳏夫没有妻子操持家务，不注意个人卫生和生活环境，导致身边的卫生状况很差。

主妇"的角色，即使他完全没有家务能力，也不会体验到生活的艰辛。

三是照料他人的能力不足。从来没有承担过照料劳动的男性，也终将直面照料劳动。对于与父母同住的"男败犬"来说，随着父母年龄的增长，与父母的权力关系终将扭转。当与之同住的父母需要长期照护时，就会出现问题。缺乏照料能力的男性的某些无意之举很有可能就属于"虐待老人"，例如放弃照料或者忽视。比方说，在父母病倒的时候，"男败犬"自顾自地去便利店买个盒饭独自享用。这种例子并不罕见。这种桥段让人联想起另一种剧情：当妻子病倒时，丈夫"温柔地"说："我今天在外面吃饭，不用管我。"男性作为"被照料的性别"，似乎从未把自己放在照料别人的位置上。

不仅如此，"百日床前无孝子"，被逼得走投无路的男性甚至可能会对父母施加拳打脚踢之类的身体暴力，做出字面意义上的"虐待"行为。根据一项关于虐待老人的调查显示，头号施暴者就是同住的儿子。照护支援专员是在照料现场处理照护保险制度"困难案例"的工作人员。根据社会学家春日来栖代[1]的报告，照护支援专员亲身感受到，在这些"困难案例"中，由高龄母亲和中年儿子组成的家庭数量正在增加。照护支援专员还认为："如果亲子两代人可以分开生活的话，我们对老人照料的介入工作会更容易一些。"这是因为寄生的儿子往往指望父母的养老金生活。这就叫经

---

[1] 春日来栖代（春日　キスヨ，1943— ），日本的社会福利经济学家、社会学家，主要研究领域为家庭问题。文中引用的报告为出版于2010年的《变化了的家庭与护理》（『変わる家族と介護』，講談社現代新書，2010年）。

济虐待。

虽然这么说，春日对这些寄生虫儿子还是怀有同情心的。由于企业改制和经济萧条，"男败犬"被迫与父母一起生活，只能当养老金寄生虫。他们在社会上走投无路，过着自己无法承受的窘迫生活。这些儿子自己的生计都不能维持，更别说照顾父母了。然而，这并不是虐待比自己更弱的老人的借口。

最后是沟通能力的缺乏。导致他们孤独地死去的，正是他们此前孤独地活着。必须被消灭的不是"孤独死"，而是"孤立生"。但更令人担忧的，与其说他们是缺乏沟通的能力，不如说是缺乏沟通的动力。NHK的《现代特写》节目采访团队出了一本书，叫作《说不出的"帮帮我"》。这本书的副标题是"被孤立的三十几岁"。这些当时三十几岁、喊不出"请帮帮我"的人，现在马上就要40岁乃至50岁了。

九州有一位男性，他在生活保障停止之后毫无抵抗地饿死了。他去世时就是50多岁。这位男性生前在笔记本上留下了一句话："我想吃饭团。"但即使如此，他也没有试图通过联系他人来求生。不仅如此，中老年男性的自杀率也非常高。并且据知情者透露，负责照料别人的男性在面对困难时，与同样处境的女性相比，更加难以开口向他人求救。他们被逼入绝境之后，往往选择虐待被照料者。

从这样一个又一个的例子中，我们不难窥见"男败犬"的生活是多么残酷。

然而，我们再次回到了开头提出的问题：为什么与"女败犬"相比，关于"男败犬"的书籍和研究那么少见呢？

男性的绝招？

当男性处于危急关头会怎样做呢？——根据一项男性学研究，直面危机的男性有几种反应模式。说起男人的危机，既有企业改制、失业之类，也有自己的疾病、离婚危机和孩子的烦恼之类。要田洋江女士和我同为社会学者，我从她的研究中了解到了以下发现。要田女士是残障儿童研究者。通过这项研究她意识到，如果生出一个有先天残疾的孩子，在接受孩子的过程中，父母的行为存在很大的差异。

第一种反应，是否认。不可能，我的人生不可能出现这种情况，我的家族不可能生出这样的孩子——面对被孩子的先天性残疾吓坏了的妻子，丈夫和婆婆咄咄逼人："这绝不是我家的孩子。"妻子已经被逼到悬崖绝壁的边缘，他们还要做出这种把妻子彻底推下深渊的言行。

第二种反应，是逃避。不想面对不愉快的现实，所以不看、不听、不想。即使心理医生要求就残疾儿童后续成长过程中的问题与家长进行面谈，也只有母亲会出席。父亲总是以"忙"为借口，把抚养孩子的一切责任推给妻子。当学校心理辅导员发现孩子有学习障碍或者经常旷课，要求与其父母面谈时，来的也总是母亲。有专家感叹道，这简直就是没有父亲的"丧偶式育儿"。

抚养一个有残疾的孩子当然比抚养一个健全孩子需要直面更多挑战和困难。在育儿方面，父母双方必须成为"战友"，这也难怪妻子对临阵脱逃的丈夫无比失望。事实上，有残疾子女的夫妻往往会离婚。面对危机时能够休戚与共的家庭之所以成为美谈，就是因为极其罕见。夫妻本是同林鸟,大难临头各自飞。

第三种反应,就是沦为瘾君子。男性逃避现实的世外桃源里,有一张写满了成瘾品的菜单。此外,更要紧的是,社会并不对这些成瘾品抱以否定态度。酒、女人、赌博、毒品——对它们上瘾甚至本就是"男性气质"的证明。众所周知,陷在成瘾品之中只能暂时逃避痛苦的现实。并且成瘾品的毒性就在于,实现这种逃避的阈值必将一次比一次高。

大家可以想象这么一个例子。上班族丈夫和妻子挤在狭小的公寓里,丈夫还从乡下接来了需要伺候的老母亲。丈夫一下班,回到家听到的就是妻子的抱怨。丈夫逐渐厌烦这种生活,回家越来越晚。起初,丈夫还只是拿工作当借口,后来一下班就去居酒屋找老板娘鬼混,渐渐地连家也不回了。被扔在家中的婆媳渐生嫌隙,昔日和睦的家庭变成了修罗场,这一切都是丈夫造成的,而他却不断地否认现实、逃避责任,遁入令人上瘾的温柔乡里去。这就是男性典型的危机反应三部曲。不客气地说,与婆婆一起被扔在家中的妻子也有一张厚脸皮。

也就是说,否认、逃避、成瘾,就是男人的三大绝招,多么有"男子气概(男性气质)"啊!

有一次,当我给大家讲述这个故事时,听众中的一位女士这样说:"男人们还有一招。还有一点需要补充进去。"她的观察触动了我,需要补充的那一点就是"破坏"。

确实。被逼得走投无路的男性经常迁怒他人。秋叶原案的罪犯加藤就是其中之一。女性走投无路时,往往对自己表现出攻击性,而男性往往表现出对他人的攻击性——这也是男女两性的不

181

对称性之一。

行笔至此,"男性的问题"似乎难以解决,不免令人觉得死气沉沉。既然问题如此严重,此前为何没有引起人们的重视呢?不禁让人怀疑这是爹味媒体一直在使用"否认"一招的效果。

不管怎样,我们都已对问题的存在心知肚明。这一问题已经越来越明显,不可能再被隐瞒下去了。男性必须直面问题。他们会一直保持那种"不看、不听、不想"的所谓"男子气概(男性气质)"吗?

第八章

新自由主义、保守逆流和国家主义

导　言

21世纪最初10年，新自由主义改革不断推进。与此同时，反对这一改革所推进的"男女共同参画"政策[1]的保守逆流以及国家主义也随之发展起来。

新自由主义改革拉大了社会差距。在这个过程中蒙受损失的既得利益集团转向保守的国家主义，各种敌视、攻击女性[1]的现象也不断出现。国家主义者往往看重"兄弟情谊"，并且厌女[2]。大概是因为在他们看来，女性是新自由主义改革的受益者。实际上，新自由主义和女权主义可谓同床异梦：虽然以国策为背景，新自由主义与女权主义缔结了联盟，但新自由主义又与国家主义产生了奇怪的合谋关系。之所以说它"奇怪"，是因为在理论上风马牛不相及的两者竟然互相勾结。新自由主义是有关竞争和拣选的理论。虽说工具是不挑主人的，但新自由主义至少拥有"机会平等""公平竞争"的原则。从这一点来看，它是一个不问性别、无关国籍的"普遍主义"（Universalism）原理。但在另一方面，国家主义

1　原文是"女叩き"，指网络用户针对女性的攻击性、歧视性发言。这里直译为"攻击女性"。

是喜欢强调"男性气质""女性气质"。重视国界和国籍的排外主义,并且是那种即使毫无根据,还能张嘴就喊"日本天下第一"的特殊主义。如果问这一对原本水火不容的死对头为何勾结在了一起,原因就在于新自由主义借此挣了个盆满钵满。

我们来回顾一下20世纪90年代的历届日本政权(见表1-1)。

从1996年上台的桥本内阁开始,历届内阁都积极推进"行政改革路线"和"男女共同参画行政"。1999年,在小渊政权下,被宣传为"二十一世纪我国社会最重要课题之一"的《男女共同参画社会基本法》经国会各党派一致通过。但就在同一场国会会议,《国旗国歌法》也获通过。虽然同一批议员有本事做出这样的选择,但此法一出,各地随即围绕着《君之代》、日之丸展开了"攻防战"。当时东京公立学校每当举办入学或毕业典礼时,总有很多人因为《君之代》、日之丸的问题而被处分,我想大家对此是有所耳闻的。

再举一个例子。小泉纯一郎作为新自由主义改革旗手闻名天下,他指定安倍晋三继任内阁总理大臣。而安倍是非常喜欢宣扬国家和家庭价值的新保守主义(Neo-conservatism)政治家。两人政治信条也不一样。拿美国来打比方,这相当于克林顿指定布什做继承人(因为两者是对立政党的政敌,所以这种事不太可能发生),这种不可思议的政权交接不可能存在。以"砸烂自民党"为口号的改革者小泉纯一郎的确是发挥了砸烂自民党的作用。但无论是安倍还是小泉都心知肚明的是,国家主义是一面"锦之御旗"[1],对弥合

---

[1] 锦之御旗(锦の御旗)为菊纹红底旗,是代表天皇讨逆的"官军"旗帜,具有国家和皇权至高无上的权威,在国家主义叙事中具有极强的道德威慑力。

已经产生了的裂痕有奇效。正因如此，新自由主义和新保守主义才变成了好兄弟。

新自由主义和"男女共同参画"

如前文所述，新自由主义改革是一把双刃剑。一方面，改革像嵌入既得利益集团的楔子，很可能将其一分为二、破碎瓦解。另一方面，新自由主义对于非既得利益群体也有相同效果。新自由主义改革对于前者来说是威胁，对于后者来说是机会。前者是"老爹"和"老爹预备军"，而女性归属于后者。对于目前仅仅因为"是个女的"就被歧视的女性来说，新自由主义给她们增加了更多选项，提供了更多机会。

我之前阐述过，新自由主义对"男女共同参画"政策来说具有亲和性。新自由主义政权试图让有能力的女性像男人一样工作，让没那么能干的女性也能成为"好用的"一次性劳动力。它推行鼓励女性就业的政策，而一部分女性劳动者的确欢迎这样的变化。

一方是站在时代风口上的新势力，另一方是生活在立足点崩塌的恐惧之下，既得利益岌岌可危的旧势力……不难想象，后者会对前者抱以怎样的嫉妒和怨恨。没落的男人们因改革失去了既得利益者的地位，而成为新贵的女人们因改革获得了新的利益。二者之间的对立逐渐成为社会瞩目的焦点。

随着新自由主义男女共同参画政策的推进，失势者开始"攻击女性"。以坚持自我的女强人为象征的女权主义自然就成了攻击目标。这些女性是新自由主义改革中的胜利者。她们不婚不育，无须背负养家糊口的责任，在综合职岗位上与男性拿着同样的薪水。她们是不折不扣的精英女性。即使她们准备结婚，那些低收入男性也不会进入她们的法眼。她们轻易离婚，不生孩子，加剧少子化，破坏日本家庭制度的传统……总之，她们是众矢之的。

特别是步入21世纪之后，在新自由主义改革的影响下，男性之间的差距越拉越大，这样的"攻击女性"现象也变得越发激烈。此时，逐渐成为攻击目标的就是"以年轻男性的牺牲为代价，从新自由主义改革中受益的女性"。女性刚刚在社会上站稳脚跟，攻击就如潮水般涌来，这无疑是一种反动，一种保守逆流（Backlash）。

在海外，伴随着女权主义的传播，保守逆流也如影随形地出现。苏珊·法露迪[1]于1991年出版了《保守逆流：对美国女性不宣而战》（伊藤由纪子、加藤真树子译，新潮社，1994年）。这意味着同样的事情也曾在美国发生。可以说，日本的新自由主义改革迟到了20年，那么保守逆流也将迟到20年。这也意味着日本的女权主义同样迟到了20年，直到21世纪初，女权主义的影响力才被社会察觉。从保守逆流（攻击女性）的出现这一事实中可以得出一个结论：日本的女权主义已经被社会公认为一种势力，其力量已经大到无法被无视的程度。逆风是实力之证。虽说如此，女权主义也绝不可小觑对手的实力。

"攻击女性"不是保守（conservative），而是反动（reactionary）。二战后日本最优秀的保守派思想家江藤淳曾有言

---

[1] 苏珊·法露迪（Susan Faludi, 1959— ），美国记者和女权主义者，1991年普利策奖得主。

道:"保守是无言的思想。"这是因为保守主义是维持现状的思想,是抗拒改变的态度。维持现状的最好做法,就是无为。四处散播肤浅言论的保守主义者到处都是,而江藤先生这种真正的保守主义者面对他们只能苦笑。那些新兴的保守主义吹鼓手认为保守主义的危机已经降临。他们自觉已被逼到万劫不复之地,因而大声疾呼,试图守护旧有的价值观。

这种危机感的存在与否,是区分保守与反动的标志。顾名思义:反动反动,又反又动。他们在既有变化的刺激之下活动起来。这些人怀着身处劣势、背水一战的危机感。他们不是守旧派,而是"新保守派",是比保守主义者更极端的"反动"势力。

此时此刻,女性就是最顺手的攻击目标。女性们不仅是乘风而上的新贵,还有国策"男女共同参画"傍身,仿佛保守派的法宝——日之丸大旗都被她们夺取,披在了身上。

面对全球化的巨大力量,以及在其中维护现有体制的政、商、官的权力复合体,新保守派绝无胜算。而"女强人"在时代浪潮中狐假虎威,是在改革中受益的弱者。因此,新保守派瞄准女性这个目标,重拳出击。不向真正的强敌发起挑战,而是找来软柿子捏个够,这就是他们的剧本。

从前文可以清楚地看出,这是个完全基于妄想的剧本。第一,女性真的是新自由主义改革的受益者吗?这非常值得怀疑。第二,女权主义绝不可能支持新自由主义改革。第三,"女强人"中既有女权主义者,也有持其他立场的人;既有李逵,也有李鬼。这个妄想的剧本包含着一种对"多管闲事、不守妇道的碍眼女人"的朴素爹味反感,这种反感无非是一种很容易引起朴素共鸣的不讲道理的负面情绪。

新保守主义者搞错了真正的敌人。是新自由主义改革给了女性机会，而不是女性自己将他们的利益夺走。这一事实的背后是席卷各国的全球化大潮。新自由主义改革是各国适应全球化大变革的战略之一。既得利益不保的"输家"会怨恨获得新机会的"赢家"，这是可以理解的，但他们真正应该攻击的是推进改革的政界、商界和官僚界的社会精英。这种该出手时不出手的现象，正是丸山真男[1]提出的"压抑转移原理"在起作用。

弱者面对无法战胜的强大对手，就会产生"怨恨"这种负面情绪（顺带一提，面对势均力敌或者实力更弱的对手，相应的负面情绪是"愤怒"）。当负面情绪被绝对的权力差距压抑，无法表达时，人们就会寻求出口，向更弱者撒气，这就是所谓"压抑转移"。因此，在旧日本军队中，将官欺负士官，士官欺负士兵，士兵欺负文职人员，乃至把慰安妇当成出气筒，如此递进，弱者挥刀向更弱者。

谈到丸山真男，就令人联想到一位网评人赤木智弘[2]。赤木凭靠《想把丸山真男暴打一顿——31岁，自由职业者，愿望是战争》一文一举成名。他就是在"社会差距拉大"的煽动下成长起来的"失落的一代"评论家。他叫嚣战争、全民皆兵以弥合差距。这些"妄想"在爹味充斥的群体中颇受关注。他的文章里面有这么一段话：

---

[1] 丸山真男（丸山　眞男，1914—1996），日本政治学家、思想史学家、东京大学名誉教授。著有《日本政治思想史研究》等。
[2] 赤木智弘（赤木　智弘，1975— ），日本自由撰稿人，持鼓吹战争以消灭精英与大众区别的民粹主义思想。

"作为一个31岁的日本男人,比起那些在日外国人、女性和因为经济复苏随随便便就能找到工作的年轻人,我应该更受尊重。如果社会右倾化,无论你是自由职业者还是无助的贫困劳动者阶层,都能重获做人的尊严。"[1]

他的观点是国家主义、排外主义、种族歧视和性别歧视的大杂烩。以种族、性别、年龄决定地位的属性主义原本和新自由主义的优绩主义水火不容,但新自由主义不仅孕育出这种不满情绪,还能反过来加以利用。

谁是保守逆流的真正实施者?

"攻击女性"的人有以下三种类型。

其一是所谓"网右"[2],也就是网络右翼。"攻击女性"往往与国家主义、反韩、反华论调如影随形。我们无法判断网上发言者的真正性别和年龄。再者说,反串女用户的男性也不在少数,因此单凭网络昵称完全无法判断发言者的真实身份。然而对论坛和聊天软件的研究表明,这些平台的重度用户主要是年轻男性。从对发帖时间分布的分析可以推断,这些用户有很多失业者和自由职业者[3]。在这些人的帖子中"丑女闭嘴"之类不堪入目的厌女言论比比皆是。

---

1 赤木智弘著《到最后还是"自作自受"吗?》(「けっきょく、『自己責任』ですか」,『論座』2007年6月号119—120)。
2 网右(ネトウヨ)就是Net(ネット)和右翼(うよく)的合成词。指在网络上发表右翼言行的人。

"暴发户女人和落魄的男人"好似一幅漫画式构图,"女人"就是众矢之的。在这些男性失败者看来,他们自己结不了婚,就怨女人不好;找不到工作,就怨女人抢了他们的位置。

其二,新老保守主义的公众人物也掺和进来。不,如果遵循上文的定义,就应称他们"反动"而非"保守"。这些人在《正论》《诸君!》之类杂志上登场[1],其中有老一辈如西尾干二、林道义之类,也有新一代如藤冈信胜、高桥史朗、八木秀次、西冈力、小林善范、长谷川三千子之流。后者所谓"新一代",就是包括团块世代在内的战后一代。他们认为女权主义会破坏日本的家庭和传统,联合起来四处活动。其中,长谷川三千子既反对批准《消歧公约》,也反对《均等法》,是一位铁杆反女权主义的女性[4]。

其三是新老保守派政客。他们以各地的草根保守势力为社会基础。这些人实在是老当益壮,比如村上正邦,长期以来都是自民党参议院党团的柱石,人称"参议院天皇"。在允许夫妇别姓的民法修正案的国会审议中,此人拼上老命也要阻止该修正案通过。还有文化厅前长官三浦朱门(曾野绫子[2]的丈夫),竟然说什么"虽说强奸女性是绅士之耻,但如果连强奸的体力都没有,更是男人之耻"。对于这些旧时代的男人来说,男人统治女人、女人屈服于男人是天经地义,反过来就是大逆不道。经历过男女同校的战后一代新保守派继承了这些老保守派的立场。比如主张"日本也应该拥有

---

1 《正论》是日本产业经济新闻社主办的杂志,创刊于1973年11月。《诸君!》是由文艺春秋社主办的杂志,创刊于1970年。二者都是持保守立场的杂志。
2 曾野绫子(曽野 綾子,1931—),日本作家,日本艺术院成员,曾任日本财团会长。

核武器"的西村真吾、渴望修改美国强加的宪法的安倍晋三就属于此类。还有高市早苗、山谷绘里子之类的一些女政客，甘当男政客的跟屁虫。在村上正邦的授意下，高市早苗一直充当反对夫妇别姓改革的急先锋。不过，虽然高市女士嫁给了"同行"——国会议员山本拓，并且早已改姓山本，却仍在国会中使用"高市早苗"这个所谓"通称"，是个言行不一致的政客[5]。这些人热爱传统和家庭的价值，声称"夫妇别姓破坏家庭"。因此提倡夫妇别姓的女权主义者被污蔑为"家庭破坏者"。但是，女权主义者清楚明白地指出：

（1）家庭不是那种夫妇姓氏不同就会破裂的东西；

（2）倘若因为夫妇别姓，家庭就会破裂，那么这种家庭还是破裂为好；

（3）家庭早就破裂了，而家庭破裂绝不是女权主义者的功劳。

并且和新老保守派所说的正相反：努力推进夫妇别姓制度的人们，正是那些一旦结婚无须改姓，就会立刻组建家庭的人。比起那些保守派，这些人才是真正热爱家庭的人。

上述三个集团世代不同、背景不同、动机各异，但为了"攻击女性"，他们结成了统一战线。他们的进攻目标就是"万恶之源"——女权主义。他们说，女权主义煽动"败犬"与"单身贵族"、制造非婚化和少子化、"恶意指控"性骚扰破坏职场环境、"恶意揭露"家暴和虐待破坏家庭……这完全就是欲加之罪。非婚化、少子化绝非女权主义的错，性骚扰和家庭暴力也是由来已久。这些都不值得驳斥，"如果女权主义的影响力真那么大，可以让人感受到事情真的正在改变，那就好了"，这才是大多数女权主义者真正的感慨。

"保守逆流"的共通点

上述"反动势力"有很多共通点。

首先是"攻击女性"中体现出来的性别歧视：本应坐在"副驾驶"的女人们，现在却一副君临天下的德行，实在令人反感。"女人别抛头露面""不要牝鸡司晨"之类根深蒂固的男尊女卑思想，在2011年东日本大地震的避难所里也不少见。樋口惠子女士把这种石头脑袋称作"草根封建老爹"。战后出生的新保守派与旧式的传统男尊女卑意识一脉相承，因此虽然封建制早已烟消云散，对于新保守派，樋口惠子女士的命名仍不可谓不准确。再者说，"封建老爹"绝不仅限于老年人。攻击"男女共同参画行政"的急先锋里既有40多岁的新生代领袖，也有地方青年会议所的会长，因此世代和年龄都说明不了什么。在这些政客中，还有一些人曾经出国留学。一般而言，在国外见过世面的人，思想往往不那么僵化，但事实正相反，这些人反倒是热爱日之丸旗的国家主义者。不过这也并非费解之事。很多出国留学的日本人因为语言不过关而在海外伤尽自尊，回国后变成了排外主义者。一想便知，"新历史教科书筹备会"的藤冈信胜就是在海湾战争期间留美并灰头土脸回国的研究者之一。

其次，大家可能已经意识到了，这类性别歧视往往与种族歧视、民族歧视相联系。网络上"丑女闭嘴"之类的言论，很容易让人联想起"不爽就滚"这种对在日韩国人、在日朝鲜人、在日中国人的攻击。此外，每次在中国或韩国发生反日游行或行动时，反华、反韩言论就在互联网上满天飞。看着网上气势汹汹的言论，似乎东亚大战在即。这种现象的背后正是夜郎自大的大国意识和国家主义。他们被自己本来看不起的人激怒，因此到处发表"牛什么牛""吃我铁拳"之类的言论。网民这一代没人经历过战争。不过不管有没有经历过战争，不，应该说正因为他们没有经历过战争，才会不分青红皂白地鼓吹战争。随随便便就能提出核武装论，也是这一代人的特点。

　　再次，这些人只在自己的圈子内自说自话，既缺乏公共性，又缺乏国际意识。"《马可·波罗》杂志事件"就是一个典型案例。该杂志刊登了西冈昌纪的一篇论文，这篇论文否认纳粹毒气室的存在。《马可·波罗》杂志因此于1995年停刊。这帮人能够大言不惭地声称"纳粹毒气室不存在"，一是暴露了他们对历史的无知和缺乏教养；二是暴露了他们闭关锁国的封闭意识，以为日本人之外就没人阅读日语论文。实际上，这篇论文引起了一个美国犹太人团体的注意，他们向《马可·波罗》杂志的出版商文艺春秋社发出了严正抗议。受此影响，文艺春秋社旗下的所有杂志都陷入了无人投放广告的危机。为了进行危机管理，文艺春秋社只得对《马可·波罗》杂志做出了停刊处分，以"精明强干"著称的主编花田纪凯因此失势。"外国人大概不会看到吧"，事件的原因可以归结为这种自我封闭的新闻意识。在德国，发表有违大屠杀历史事实的言论是违法行为。日本编辑虽说"精明强干"，但是他们缺乏国际常识，发表的东西难登国际舞台，只能在日本国内通用罢了。可以说，他们背叛了"马可·波罗"这个跨越国界的杂志名称。

　　类似的无知、缺乏教养还体现在目前甚嚣尘上的"男系天皇说"中。这些保守派公众人物强烈反对"女性天皇"，毫无根据地主张天皇的灵性只能通过父系DNA遗传，也就是说只与XY染色体中的Y染色体有关。且不说古代皇族根本不知道什么遗传基因，众所周知，日本历史上也出现过强大的女皇。现在的研究已经充分说明，女皇是"过渡天皇"的说法，是战前御用历史学家为了使"万世一系"的"男系天皇说"正当化，迫不得已编出来的遮掩之辞。这帮保守派越是出于"天皇尊崇"信念提倡"男系天皇说"，越是使得皇室继承人的选项减少，越是不利于皇室的存续。这帮人似乎完全没有注意到自己就是不忠不敬之辈。

最后，具有强烈的危机感和作为少数派的身份认同也是他们的共通点。不可思议的是，他们原本应该是道德多数派，却拥有少数派那种被逼得走投无路般的自我意识。对这些人来说，"男女共同参画"成为国策，《男女共同参画社会基本法》的颁布是国家默许女性胡作非为的证据，让人忍无可忍。这种强烈的危机感导致了极端的言论。不仅如此，行动派右翼还批评只会发表过激言论却不行动的"言论右翼"。从那时起，行动派右翼分子四处干扰女权集会：右翼宣传车集结出动，强行将他们觉得有问题的演讲者拉下台并在会场发表右翼言论。2001年，由政府主办的辛淑玉女士和松井耶依女士的演讲在开始之前突然取消了。这是因为积极参与制定《男女共同参画社会基本法》的性别研究者大泽真理在这次演讲前收到了"我们要狙击你"的匿名威胁，主办方出于安全考虑取消了演讲。我也是这些事件的受害者之一[6]。

这些活动到底能够在社会上造成多大影响？保守派媒体上出现的人物总是那些老面孔，来来回回说的也都是"女性天皇""保卫家庭""反韩反华"之类相同的话题，可以说，这些人的圈子只有这么大。此外，网络言论虽然能够在网上无限繁殖，但其背后的实体令人摸不着头脑。人们想申请多少账号，就可以申请多少账号，但是能够接触到这些网络言论的实际人数还是有限的，无论这些信息来来回回、多么激进，最终都难以越出屏幕，跑到现实世界来。我们虽然必须注意不要高估网络保守逆流言论的影响力，但也必须意识到，像"对富士电视台的抗议示威"[7]那样由网络影响到现实的街头运动同样存在，线上言论能够对线下活动发挥充分的动员效果，因此，同样不能忽视"网右"的影响力。

一些学者在网络言论研究中发现了有趣的现象。媒体研究者北田晓大[1]指出，网络言论中存在"一种犬儒主义的姿态和浪漫主义的讽刺风格"。就像小林善范讽刺坚持"政治正确"的人是"纯粹、正直的正义君"，网右们也会拐弯抹角地造梗来讽刺、嘲笑他人，这种行为正是他们犬儒主义态度的体现。他们讽刺的对象还包括高喊"女性被压迫"的女权主义者、批判殖民统治的在日外国人，以及要求日本承担战争责任的中国人。一些因新自由主义改革而饱受差距之苦，心存不满的"小愤青"（正是这一时期，人们发现重度网络用户一般是30岁以下的青年男性）本来没有右翼思想，但他们对少数群体的正义报以冷笑，和国家主义者结成了同盟。正所谓"敌人的敌人就是盟友"。不仅如此，国家主义还为这些人提供了自豪感和认同感，提供了一种意识形态理论工具。这样一来，这些从更弱者立场抨击"少数群体的正义"的人，在网络上反倒和社会赢家共进退，成了慕强者。结果造成了一个悖论：那些被社会

---

1 北田晓大（北田　晓大，1971— ），日本社会学家，东京大学大学院情报学教授。研究领域为理论社会学、媒体史。

遗弃的人站在最保守的道德多数派一边。北田先生的研究发现了更有趣的事情。"你讨厌女权主义吗？"面对这个问题，很多人既不讨厌，也不喜欢。这是因为大多数人根本没听说过"女权主义"这个词，也不知道这是什么意思，因此根本谈不上好恶。北田换了一个问题："你想与女上司一起工作吗？"而此时大多数受访者的回答是"不想"。也就是说，这些人虽然对"女权主义"一无所知，却有着"朴素"的性别歧视意识。在受访者中，高收入者对"与女上司一起工作"的态度较为宽容。换句话说，充分的自信可以使人认可和接受女性的权力，而自信的缺乏使人无法容忍"高高在上的女人"。我们通过这个研究可以发现，男人的器量大小和经济能力存在正相关关系。

保守逆流的手法

这些人"攻击女性"的手法也已经历了相当的进化发展。

首先，他们的手法极具战略性和组织性。其次，他们从公民运动的方法中吸取了不少经验。再次，他们作为网络方面的强者非常善于使用新媒体。最后，他们把女性拉到阵前来攻击女性，刻意营造"女对女"的对抗构图。我将依次说明这几个特点。

他们的第一个特点就成功地击中了对手的软肋。大家还记得吗？在21世纪最初10年，日本各地发生了抵制"性别中立"（Gender Free）的运动。"性别中立"被武断地误解为"否认性别"。出自家长朴素性别歧视意识的谣言四起，比如："性别中立"就是学校和政府试图根除"女性气质""男性气质",禁止女儿节和端午节[1],让男女生在同一个房间更衣,让女生也参加骑马战[8],甚至让不男不女的性少数教师登上讲台,好把小朋友都培养成同性恋……

"性别中立"作为一个通俗易懂的和制英文词语,在政府和教育界广泛使用,但是强调概念严密性的专家根本不使用这个词语。所以,当针对"性别中立"的抵制运动发生时,专家们并没有试图为这个词语进行辩护,也没有感到什么危机感,而我就是其中之一。因此,针对当时缺少危机感,我日后进行了深刻的反省。

在日语中,"Free"(自由)是个带有负面印象的词。这是因为"自由"往往会立即被人替换为"任性"和"自私"。"Gender Free"(从性别中解放出来)总是让人联想起"Free Sex"(性自由,某些场合指滥交),性教育仿佛是试图给孩子在这方面"打开新世界的大门",因此成了众矢之的。2003年,发生了著名的"七生养护学校事件"。为防止智障儿童遭受性侵害,有良心的老师用人偶制作教具,给同学们教授性交和生殖方面的知识。这一行为反而遭到了广泛非难,东京都教育委员会和部分东京都议会议员集体视察该所养护学校,在现场没收教具、处分教师,真是荒谬无比。

以下年表列出了这一时期东京都和地方发生的相关事件(见表

---

1 女儿节(雛祭り),来源于中国传统的上巳节。明治维新以后由农历三月初三改为公历3月3日。日本女儿节供奉各种人偶,祈愿女孩健康成长。日本的端午节来源于中国的端午节,在明治维新之后定为公历5月5日。日本端午节期间悬挂鲤鱼旗,祈愿男孩健康成长,因此也叫男孩节。

8-1、表8-2）。全国性媒体很少报道发生在地方的保守逆流事件，因此很多人都没听说过这些事件。

表8-1　针对男女共同参画政策的保守逆流事件（东京都）

时间	事件
1999年	石原慎太郎当选东京都知事
2000年	东京都男女共同参画条例颁布 东京女性财团解散命令发布（2002年解散）
2001年	松井耶依原定于千代田区男女共同参画中心举行的演讲临时取消 辛淑玉原定于台东区男女平等推进广场举行的演讲临时取消 石原慎太郎的侮辱性"大妈"发言[1]
2003年	七生养护学校事件 东京都教委批判"不适当的性教育"并处分大量教职员工 东京都教委发布仪式典礼场合升国旗、奏国歌的通知
2004年	东京都教委发布"停止推行性别中立"的通知
2005年	国分寺市事件（东京都当局介入国分寺市主办的人权讲座，禁止候补主讲者上野千鹤子出场）
2006年	若桑绿等1808人联署签名，向东京都教委提出抗议 高桥史朗就任东京都男女共同参画审议委员
2007年	石原慎太郎第三次当选东京都知事
2011年	石原慎太郎第四次当选东京都知事 七生养护学校事件的教职员工胜诉
2012年	东京都教职员工起诉东京都教委，在最高裁判所败诉

---

[1] 指2001年10月末至12月，时任东京都知事的石原慎太郎反复发表侮辱中老年女性的言论。

表8-2 针对男女共同参画政策的保守逆流事件（其他地区）

时间	事件
2004年	解雇丰中市女性服务中心馆长事件
2006年	福井县153册性别相关图书下架事件（其中有17册上野千鹤子的著作） 市川市男女平等基本条例废止，制定男女共同参画社会基本条例以取而代之
2008年	作为筑波未来市男女共同参画活动之一，平川和子计划在该市举办防止家庭暴力的人权讲座，但讲座因右翼势力干扰而在开始前临时取消 堺市图书馆根据"市民"要求，将5499册BL（Boys Love）相关图书下架处理，因抗议而作罢
2011年	丰中市解雇馆长的保守逆流事件开庭，最高裁判所判决馆长胜诉

东京都因成为"保守逆流先进地区"而恶名昭彰，是在1999年石原慎太郎当选知事之后。后来，保守逆流波及全国。全国各地的地方议会和教育委员会都发生了类似的抵制事件。顺带一提，石原知事上任第一年决定的政策之一，就是下令解散东京女性财团[1]。而桥下彻[2]就任大阪府知事后第一年制定的方针，就是变卖"大阪府立男女共同参画·青少年中心"（Dawn Center）整个设施。二者很有共

---

1 东京女性财团成立于1992年，以"缔造男女平等的社会风尚"为理念，开展研究、宣传、交流、信息收集和统计、咨询、出版等活动。主要活动场所是坐落于涩谷的女性广场（ウエイメンズプラザ）。保守政客石原慎太郎当选东京都知事之后，于2000年命令该组织解散。
2 桥下彻（橋下 徹，1969— ），日本律师、政治评论家、保守政客。曾任大阪府知事、大阪市长，创立了保守政党"日本维新会"（后改组为日本维新党）。

通点——"厌女"。桥下彻后来转任大阪市长，第一年就对大阪市男女共同参画中心（Creo）开刀，进行合并、废止，也就不意外了。

他们的一举一动都如出一辙，不得不令人怀疑，这些人背后一定存在统一的组织和纲领。实际上确实存在。《世界日报》报道各地的信息，并且进行情报共享。也有人注意到，其他宗教团体的议员联盟也参与其中。可以推测，他们背后存在一定的组织支持和资金支持。

保守逆流波及国家政策的标志是2005年自民党"极端性教育／性别中立教育情况调查"项目小组的成立（见表8-3）。小组组长是安倍晋三，秘书长是山谷绘里子。这个小组收集全国各

表8-3 针对男女共同参画政策的保守逆流事件（国家层面）

时间	事件
2002年	众议院议员山谷绘里子在国会质疑《培育未来的基础》《了解青春期的爱与身体的BOOK》等图书，最终导致两本书绝版
2005年	自民党成立"极端性教育／性别中立教育情况调查"项目小组（安倍晋三任组长，山谷绘里子任秘书长） 内阁府以制订下一个5年男女共同参画国内行动计划为契机，下发通知宣布停止使用"性别中立"一词
2006年9月	安倍晋三执政组阁 任命山谷绘里子担任教育再生担当首相辅佐官，任命高市早苗担任少子化担当大臣
2007年2月	以"废止男女共同参画基本法"为目的的"美丽日本缔造会"成立
2007年4月	"家庭纽带守护会"成立

地的更衣室问题、过度性教育的案例，控诉"性别中立"的危险性。实际上，他们收集到的上千个案例充满重复和道听途说，不仅缺少实际证据，而且大多数男女同室更衣的案例根本不是"性别中立"政策的结果，而仅仅是因为"教室不足"。谎言重复一百次就会成为真理[1]，这个所谓的"项目小组"四处煽风点火、造谣生事，小组组长安倍晋三最终被小泉指名为下一任内阁总理大臣。在这个主张修宪、改恶《教育基本法》的危险的保守政治家即将君临权力王座之时，女权主义者的危机感也达到了顶峰。

第二个特点，他们从公民运动的方法中学到了很多东西。除了采取示威、请愿、联署运动等方式外，他们还善于使用公民参与行政的制度。2006年，发生了153册性别相关图书被迫从漂流书架撤下的"福井县图书下架事件"。造成这起事件的社会压力就起于一位曾任学校校长、当时担任"男女共同参画市民推进委员"的男性。该委员会是由政府招募的市民团体。2008年，一个名为"家暴防止法牺牲家庭支援会"的市民团体干扰了本应在筑波未来市举办的防止家暴的人权讲座，讲座的主讲人是心理治疗师平川和子女士[9]。这个团体成员以女性居多。再比如种族歧视团体"绝不允许在日特权市民协会"（简称"在特会"）的成员形形色色，多是抱有各种不安和不满的普通职员、家庭主妇。能够将这些稍有路线区别就会一哄而散的群体团结起来，不得不说他们的组织工作很有水准。

第三个特点，他们是网络上的强者，这可能是因为这些人与重度网络用户群体重叠。他们非常善于运用博客、推特、个人主页。

---

1 纳粹德国宣传部长戈培尔的名言。

如果想与这些人抗衡，就必须学习他们运用网络的能力。平川和子女士在筑波未来市的讲座遭到阻挠，不得不在开办之前临时取消。平川女士预定于一周之后在长冈市举办讲座，网上又有人动员人们去长冈"参加抗议"。一月的长冈市天降大雪，即使如此，不少抗议者还专门从横滨、东京赶到会场[10]。

第四个特点，这种团体里必然有一个女人甘当男人的应声虫。比如反对夫妇别姓选择制的急先锋高市早苗、批判"男女共同参画"的长谷川三千子、煽动反华的樱井良子、指责女权主义败坏社会的山下悦子[1]……爹味媒体有了这些女性煽动家，如获至宝。实际上，我很希望这些女性意识到她们只是被爹味媒体利用的耗材而已。

上文提到的保守逆流都爆发于21世纪最初10年。除了上文已经列出的年表之外，请大家参考《保守逆流！为什么攻击性别中立？》《超越性别危机！深入讨论！保守逆流》[2]等著作。我本人也是这一时期的亲历者，请大家参考《不惑的女权主义》[3]。

---

1 山下悦子著《不让女性幸福的"男女共同参画社会"》（『女を幸せにしない「男女共同参画社会」』，洋泉社，2006年）。
2 上野千鹤子、宫台真司、斋藤环、小谷真理等著《保守逆流！为什么攻击性别中立？》（『バックラッシュ！なぜジェンダーフリーは叩かれたのか？』，双风舍，2006年）。若桑绿、皆川满寿美等著《超越性别危机！深入讨论！保守逆流》（『「ジェンダー」の危機を超える！徹底討論！バックラッシュ』，青弓社，2006年）。
3 上野千鹤子著《不惑的女权主义》（『不惑のフェミニズム』，岩波现代文库，2011年）。

"攻击女性"的历史

每次看到这种"攻击女性"的现象,我都有一种既视感(déjà vu),此情此景似乎在何时何地见过。

每当社会发生剧烈的变化时,自觉被社会变革抛弃的人们,一定会开始"攻击女性"。这是因为妇女和青年是社会变革的先驱,她们会在其他社会集团接受社会变革之前就成为时代的弄潮儿。

在同一场社会变革中,不同的社会集团有着不同的体验。被旧体制整合起来的既得利益集团变化缓慢,而被旧体制排除在外的边缘人群,更容易成为欢迎变革的革新者。宫崎县的幸岛是著名的野生猿猴栖息地。当地的猴子,人称"洗红薯猴"。拿到饲料红薯之后,猴子会先用海水清洗,使其带上盐味再食用。即使在猴群中,这种新的习惯也是先由母猴和小猴养成,再逐渐传到长老猴那里。

保守派热爱国家,热爱传统,热爱家庭。他们认为,破坏家庭的正是那些崇洋媚外的女人。这些女人,自以为赶上了时代潮流,拒绝母职,不生孩子,不服丈夫,随便离婚,稍被丈夫"管教"(家暴)就反抗逃走……全都怪这些自私自利的女人。谁煽动这些女人的自我主张?很明显,是女权主义。

诸君,是不是听着很耳熟?

同样的事情发生在明治时代。"攻击女性"也是明治时代的老套路。维新以来,日本人经历了文明开化的疾风骤雨,其中也有很多旧士族及其他旧统治阶层跟不上时代。明治维新20年后的明治

20年,国粹主义[1]抬头的反动时代开始了。当时的众矢之的是"女学生"。这些年轻女性,身着海老茶袴、扎起头发、穿长筒靴,就读于传教士开办的教会学校。尤其是"骑自行车的女学生",一方面是解放的象征,另一方面是社会抨击的对象(见图8-1)。对于国粹派来说,"骑自行车的女学生"是亡国灭种的象征。甚至有人说,"良家女子"不应该骑自行车,因为骑了自行车就不是处女了。当时竟然还有很多人相信这种流言蜚语。女性之所以去教会学校,是因为很少有其他高等教育机构接纳女生。这些充满好奇心和向学心的年轻女性,逐渐习惯了新的风尚。

图8-1 骑自行车的女学生
出处:《新版札引见本帖》(1903年)

小山静子的名著《良妻贤母守则》是女性学经典之一。根据小山老师的说法,"贤妻良母思想"现在被视为"古意盎然"的保守意识形态,但在明治时代,这却是一种进步思想。这是因为,在国粹派的攻击之下风雨飘摇的女子高等教育抓住"贤妻良母思想"这个理论武器,终于保住了立足之地。

此后,同样的"攻击女性"在每一个时代转折点上不断重复。

---

[1] 国粹主义(国粋主義)是日本特色的国家主义、民族主义,也叫"日本主义"。国粹主义主张对抗西化,保护并发扬日本特色的传统文化,在政治上宣扬国家主义和民族主义,是一种保守的意识形态。

大正时代，穿着洋装的摩登女郎成为社会抨击的对象。移风易俗、文明开化的时代，男性早就开始理发、穿西装，而女性则长期保留着日式发型和服装。国家主义者似乎有一种自说自话的愿望：即使男性跟着时代改变，女性也有义务恒久不变，传承传统文化。比如在日的朝鲜、韩国侨民子女学校，男生制服没什么民族色彩，女生制服设计却总让人想起传统的韩服赤古里，显得十分惹眼，因此很容易成为种族歧视的攻击对象。

说到比较晚近的事件，那就是20世纪70年代的妇女解放运动。保守派抨击日本妇女解放运动，说这是轻佻的"精神美国人"野丫头的集体性歇斯底里发作。显然，在国家主义者的眼中，日本的祸患来自国外。而易受其害的是无知且愚蠢的女性，她们轻易上当，跑来破坏日本的优秀传统。就是这种简单粗暴的叙述竟然大行于世。

保守逆流在历史上反反复复，其逻辑之乏味、套路之单一令人发指。但只要仍然有人借这种逻辑上蹿下跳，我们就必须学习如何与之抗争。

新自由主义与国家主义

最近，国际对抗又陷入了白热化。由于钓鱼岛问题，中国反日、日本反华情绪高涨；围绕着独岛（日称"竹岛"）问题，韩国反日力量、日本反韩力量也在尖锐对立。边界冲突是国家主义最简单的爆发点。

日本有些愚蠢的政客总是重复一些"妄言妄动"，小泉纯一郎就是其中之一。他是继三木、福田、铃木、中曾根之后，强行于八月战败的夏季参拜靖国神社的首相之一。小泉在任期间多次以官方身份参拜靖国神社、以"内阁总理大臣"（首相）身份献花，而不是以私人身份进行参拜。这一行为严重伤害了中国和韩国两个邻邦人民的感情，日中、日韩关系急剧降温。他的明知故犯，只能说是愚蠢的行为。

小泉的继任者安倍晋三在首相任上声称"没有任何证据支持旧日军确实强征慰安妇"，这一发言引起极大争议。安倍还冒天下之大不韪，与其他保守派政客联名就此事在美国报纸上刊登公告，结果遭到了猛烈的抨击，就连美国众议院都在2007年通过决议，要求日本政府谢罪。安倍的行为酿成了严重的外交事件。其实早在2001年，NHK旗下的ETV节目计划围绕"慰安妇"问题介绍妇女国际战犯法庭，据说安倍在节目放映之前进行了政治干预，不愧是一个恶名远播的保守政客。2007年夏，安倍在参议院选举遭遇逆转失败后，因神经性腹泻辞去首相职务。当时随着这位心胸狭窄而又危险的政客离开政坛，我悬着的心终于放下了。

说到这里，最近，大阪市长桥下彻说："谁都知道慰安妇是必要的"，被批为暴论。桥下一党的"船中八策"[1]是个政策大杂烩的筐，各种缺乏理论连贯性的政策都往里装，很难说体现了什么施政图景或者世界观。但在政策上，桥下主张"透明性"和"公开

---

1 是二佐藩的幕末志士坂本龙马起草于庆应3年（1867年）的新国家体制的方针。由于写于赴京都的船上，故称"船中八策"。在这里指一系列政策组成的政策篮子。

性"，喜欢"竞争"和"效率"，因此可以说桥下也是新自由主义改革者之一。与其说桥下彻的"脱离核电"政策是某种环境能源世界观的产物，不如说是打破垄断体制，促进电力供求高效化的新自由主义政策。在这方面，桥下彻的立场与日本最彻底的新自由主义政党"大家的党"[1]很接近。桥下彻在组建新政党时曾经放出豪言壮语，说自己绝不会向老牌政客趋炎附势。可是当他为自己参选国会议员造势之时，又去巴结安倍晋三，把他奉为首相的不二人选。这一行为实在令人无语。不过也不意外，这个党言行不一，实际上纠集了一帮陈旧的失势政客和新保守主义老面孔，给人留下新保守主义和新自由主义狼狈为奸的印象。被安倍"甩了"之后，桥下彻又找到了另一位危险的保守政客，"日本的勒庞[2]"——石原慎太郎，抱上了他的大腿。

2012年底，在福岛核事故后的首次大选中，安倍晋三重夺首相宝座。辞职首相一般无法再次当选，因此我将第二次安倍内阁称为"僵尸复活内阁"。而且，因为他们力推核电政策、不顾警告最终酿成事故，这届内阁也是一个"核事故战犯内阁"。这个推动核电站重启，热衷于出口核电技术的政府，无疑也是一个优先考虑经济界短期利益的新自由主义政府。

---

[1] "大家的党"（みんなの党）是日本新自由主义政党之一，由渡边喜美创立于2009年，后因党内斗争于2014年解散。政治信条是"脱官僚、地域主权、生活重视"，主张削减公务员待遇、地方分权、公营事业民营化，反对增税等。
[2] 让-玛丽·勒庞（Jean-Marie Le Pen, 1928— ），法国政治家，极右翼政党国民阵线前主席。

• 作者注 •

[1] 如前所述，"男女共同参画"政策是一项由政府主导的国家政策。表面很像女权主义，实则大有区别。在后文中，在描述相关政策时，本书将使用"男女共同参画"一词，在描述女性解放的理念和运动时将使用"女权主义"一词。

[2] 有关兄弟情谊（ホモソーシャル，homosocial）和厌女症（ミソジニー，misogyny）之间的关系，参见《厌女》（『女ぎらい』，紀伊國屋書店，2010年）一书。

[3] 顺便一提，赤木智弘也注册了博客，引起了网民的广泛关注，并且还跨界和爹味杂志搞在一起。

[4] 长谷川三千子著《〈男女雇佣平等法〉破坏文化的生态系统》（「『男女雇用平等法』は文化の生態系を破壊する」，『中央公論』，1984年5月号）。此时的《男女雇佣机会均等法》仍被称为《男女雇佣平等法》。"雇佣平等"向"雇佣机会均等"的转变，我们已在第二章中进行过讨论。

[5] 顺便一提，高市反对夫妇别姓，但认为使用"别名"没问题。这种立场遭到很多夫妇别姓支持者的反对。他们认为，户籍登记姓名和"别名"不同将导致很多不便。

[6] 如表8-1、表8-2所示，2005年，东京都国分寺市当局介入一次在该市举办的女权主义讲座，威胁主讲人，这就是"国分寺市事件"。上野千鹤子就是该事件的当事人之一。上野也作为2006年的福井县"性别相关图书下架案"涉及图书的作者之一，与福井县当局有过纠纷。

[7] 2011年夏天，很多人聚集到位于台场的富士电视台大楼前抗议"片面报道""韩剧太多"。据说大约有1500人通过互联网串联，并在线下示威中聚集。这一事件证明，网络重度用户和反韩倾向之间确有联系。

[8] 顺便说一句，一位体育学研究者说："女孩参加骑马战不太合

适。"这种人多看看2012年伦敦奥运会上女子运动员是如何在格斗项目中大放异彩的,就没这么多怪话了。("骑马战"是日本中小学运动会的传统项目。多为三人一组,两个人当"战马",一个人当"武士"。"骑马战"传统上是男生参加的项目。——译者注)

[9] 他们声称,《反家暴法》帮助他们的妻子逃跑,将她们隔离起来,禁止丈夫与她们见面。这些不幸的丈夫被夺走了妻儿,是法律的牺牲者。

[10] 如果在谷歌上搜索"女权主义",第一条搜索结果是反对女权主义的社区"女权纳粹公告板"。为了改变这种情况,我们在互联网上创建了一个名为"女性行动网络"(Women's Action Network,WAN)的门户网站:http://wan.or.jp/.

第九章

女性从新自由主义中受益了吗？

回答："是，也不是。"

在前文论述的新自由主义改革中，女性到底是受益了，还是受损了？

这是一个很难回答的问题。之所以很难回答，是因为既有从新自由主义改革中受益的女性，也有受损的女性。只是，受益的女性是极少数精英，而受损的女性是没有任何特殊资源的大多数普通人。前者得到了前所未有的机会，青云直上；后者却被迫在同样待遇下增加劳动强度，否则连以前的待遇也不能保证。换言之，新自由主义改革将女性分裂为精英和大众。但是我必须及时指出：精英，是极少的精英；而大众，是绝大多数的大众。

出现在保守逆流派眼中的总是这些处于时代风口上的精英女性形象，他们才有如此怨念："老子吃亏都怪这些女人！"这无非是只看到了事实的一个侧面而已。

在新自由主义改革中，女性到底受益了吗？

我对这个问题的回答：是，也不是（YES AND NO）。

第一个回答："YES"。

原因在于，女性的生活中出现了前所未有的多种选择。可以结婚，可以单身；可以生育，可以丁克；如果婚姻不顺，还可以离婚；结婚、生育之后可以工作，也可以不工作；工作方式可以是正规就业，也可以是非正规就业；可以从事综合职，也可以从事一般职；通过劳务派遣，也能找到工作——女性有了这种生活的多元化，任何选择都不再包含特殊意义。并且与过去相比，无论选择哪种生活，都不会遭到那么多的歧视和偏见。

一提到"选择"，很多读者会立即产生一种"违和感"：不是主动选择，而是被迫选择。的确，生育离职不是因为"不想工作"，而是想工作却根本不被允许工作；参加劳务派遣或者打零工不是因为"喜欢"，而是根本没法成为正式员工。持如此看法的女性不在少数。不过在另一方面，的确有女性"结婚前不想工作"，也有数据表明，当被问到"想不想成为正式员工"时，有些女性派遣工和临时工的回答确实是"不想"[1]。女性生活方式的多样化究竟是女性选择的结果，还是社会强制的结果？这确实是个难题，如果硬要回答的话，"两者兼有"才是最准确的答案。

过去，一些女性无法适应正式员工朝九晚五、需要加班的工作节奏，只能辞职。与那时相比，现在有了折中的"多样工作方式"——又叫灵活就业（Flex Labor），这么看来，生活的选项确实比过去更加丰富。不仅如此，在20世纪70年代，用人单位用"结婚离职制度""生育离职制度""30岁离职制度"[1]之类手段千

---

1 结婚离职制度（結婚退職制）就是要求女性员工一旦结婚，就要离职的制度。生育离职制度（出産退職制）就是女性员工一旦生育，就要离职的制度。30岁离职制度（若年退職制）就是企业用各种方法都无法逼女员工离职的状况下，强行规定一个"青年退休年龄"（比如30岁），让女员工离职的制度。

方百计地将女性在短期内赶出职场,而现在的女性是职场中不可或缺的重要战斗力。

增加生活方式的选择不仅意味着能够选择某个选项,而且意味着不会因为选择这个选项而在社会上处于不利地位。现在,离婚和不婚的女性数量比以往大大增加。这不仅是因为女性开拓了一条不结婚也能生活下去的崭新道路,更是因为伴随着这种选择的污名化情况已经大大改善。10年前,离婚的女性被视为人生失败者,而非婚女性被视为"不合格产品"。现在,即使包含"失败"或"打叉"等负面表达,人们也能大方地说"我就是败犬"或"我可是打过一个叉的人"(离过一次婚的人)。这不仅是因为选择如此生活的人渐渐多了起来,更是因为社会对这种生活方式越来越宽容。

新自由主义和"女女格差"

第二个回答是"NO"。

这是因为女性的社会分化造成了彻底的分裂,称为"女女格差"也不过分。

男女之间的性别差距自古就有。仅从工资来看,在日本男女工资差距方面,如果以男性工资为100日元作基准,那么女性长期劳动者(无固定雇佣期限的劳动者)的工资为52日元,一般劳动者(正式员工)为66.9日元(2007年)。独立行政法人"国立女性教育会馆"出版的《男女共同参画统计数据手册2009》指出:"在发达国家中,日本的性别工资差距最大,并且没有缩小的趋势。"首先，非正规劳动者的工资收入是正式员工的七成。其次，男性正式员工的工资随着年龄的增长而上升，而女性的工资在30岁以后就趋于不变。因此，随着年龄增长，性别工资差距往往越拉越大。然而，只有获得综合职岗位的大学本科毕业女性与男性的工资差距正在缩小。随着工龄增长，女性是否身居管理岗位会影响工资差距，如果"后均等法"一代达到20年工龄、晋升到与男性不相上下的位置，这种工资差距将继续缩小。但这样的职业生涯只属于在企业中幸存下来的极少数女性。在日本，正式员工和非正规劳动者之间的工资差距极大，因为正规和非正规工作之间的差距很大，而且非正规劳动者中，女性的比例远高于男性。这意味着，除了男女性别差距，女性与女性的差距，即职业精英女性与普通女性之间的差距已经极为惊人。

大约在《均等法》被众人吹捧的同时，各大企业和金融机构纷纷在集团内部设立专司人才派遣业务的子公司。该战略的目的是登记此前离职的女员工，并让她们从带孩子的任务中抽身后能够重返工作岗位。有工作经验的前女性员工不仅不需要培训，而且熟悉内部做法和"潜规则"，可以立即成为有效的战斗力。在对客户负有保密义务的金融机构，很欢迎知根知底的女性前员工重新入职。但是，回到原来的工作岗位，拿同样的待遇是不可能的，企业的如意算盘就是低成本聘用资深女性员工。

给一心扑在事业上的女性以充分的空间，也给受家庭和育儿责任拖累，没法全身心投入工作的女性以适当的工作机会——由此而产生的"女女格差"，是受到一部分女性的拥护和欢迎的。因为在此之前，女性作为一个整体受到的歧视如此之多，内部根本不可能产生什么"格差"。

在21世纪最初10年,当"格差"成为社会问题乃至政治问题时,人们把寻找犯人一样的怀疑目光投向雇佣的非正规化。正是因为雇佣的非正规化产生了逐渐拉大的差距。当时,率先倡导女性就业非正规化,并以此为商业契机发展劳务派遣业务的奥谷礼子,面对众人的指责不仅恬不知耻,还大肆宣传自己的理论。此人是个很典型的"确信犯"。小泉的结构性改革时期,在经济学家竹中平藏的推动下,非正规雇佣管制不断放宽。竹中退出政坛后,就跑到劳务派遣公司Pasona就任高管,不得不说是个前后一贯、光明磊落的人。The R和Pasona都是以女性为对象——不如说是以女性为猎物——的劳务派遣企业。可以负责任地说,这些企业推动了女性的就业崩溃,并且从中赚了个盆满钵满。

不过,劳动形式灵活化也没什么不好。对于我们人类来说,从早上9点到下午5点,太阳当空照,本来就是每天最适合活动的黄金时间。而不把这段时间全部出卖就没饭吃的劳动方式显然存在问题。因此,有些人每天只想工作半个工作日、每周只想工作三天,也是很自然的想法。而且最重要的是,事实证明,朝九晚五的工作节奏根本无法兼顾育儿。因此,生育率较高的国家往往会率先促进劳动灵活化,较早引入弹性工作制。问题在于,日本的劳动灵活化伴随着极端工资差距。换句话说,灵活就业等于不利的就业。竹中一贯反对将劳务派遣和零工纳入就业保障,反对干预不断拉大的正规和非正规雇佣之间的工资差距,还反对扩大非正规雇佣的社会保险,因此灵活就业一直是"不利的就业",这种状态从未有所改观——更不必说,"不利就业"人员中近80%都是女性。

女性的分裂与对立

我已多次强调，拣选和竞争是新自由主义的原理。它给竞争者带来了优胜劣汰、自我决定、自我负责的原则。请大家回想一下"男女雇佣平等法"是如何狸猫换太子，变成《男女雇佣机会均等法》的。

"机会均等"地争夺同一个目标，这种竞争必然产生赢家，也必然产生输家。一方面，胜者因自己的努力和能力而赢得胜利，赢得败者心悦诚服，这就是公平竞争的规则。另一方面，败者别无选择，只能将失败的原因归咎于自己不努力、没能力。这样一来，即使败者明知自己处于不利地位，也只能忍气吞声。换言之，所谓"机会均等"的原则，实则是大量败者支撑少数赢家的原则。

在优胜劣汰的原则之下，赢家因自己而赢，输家因自己而输，因而胜者对败者不抱丝毫的理解和同情。但同时，败者对胜者怀有极大的羡慕和嫉妒。这样，在"女女格差"之下，女性群体一旦分裂，她们再想结合为利害一致的同盟就变得非常艰难了。

年轻的社会学家妙木忍出过一本非常有趣的书：《女性之间的争端因何而起》（青土社，2009年）。这本著作指出，随着生活方式选择的多样化，女性之间的对立往往会加剧。是否结婚生子，区别了"胜犬""败犬"；而是否在事业上取得成功，划分了"赢家""输家"。当初，女性的人生是人人一样的固定套餐；而现在，同样是20年前的同窗，有人升职加薪做高管，有人结婚生子当主妇。落差越大，嫉妒和焦躁就越强。这就叫人比人，气死人。

实际上，大量数据表明，日本的职场既不"公平"，也完全称不上"机会均等"。不过,学校之类的教育机构表面平等,学生意识不到性别歧视的存在。比方说,偏差值竞争是平等的,考试成绩也不会按照男女分开公布。如果男女同学结为夫妻,妻子往往就有底气对丈夫说"那时候我成绩比你强多了"。

我在教育领域中观察到这样一种现实:在考试战争中过关斩将的"赢家"女生,往往早已将新自由主义的意识形态深刻地内化了。在这种已经渗入骨髓的意识形态的影响下,这些女生一味地自责、自伤。每每看到这些年轻的女性因自己的缺点而自我谴责、自我孤立,看着她们刻意远离他人,自己摧残自己的身心,心中便升起毫无希望的暗淡之感。

倘若自己的处境真的是"自我决定、自我负责"的结果,那么即使对自己的境遇不满,也完全无法归咎他人。这样一来,女性就不能发现和谴责自己外部的敌人。这是一种"拔剑四顾心茫然"的处境。女性也无法面对共同的敌人而结成统一战线。看到她们被分裂、被孤立,我不由得怀念起过去那段女性一致对外、痛骂父权社会的激情岁月。

新自由主义和女权主义

女权主义对新自由主义改革有何反应?

新自由主义是女权主义的强大对手。

如前所述,新自由主义乍看之下似乎已经洞穿了父权制看似牢不可破的基石。从现状看,《均等法》无疑是新自由主义改革的一部分，但与这部法律颁布之前相比，女性现在可以从事的工作和职位多得不可想象。在报社有常驻地方支部，披星戴月赶赴新闻现场的女记者，在交易所也有不分昼夜、连续奋战的女交易员。

当然，这些变化既非《均等法》的效果，也不是新自由主义改革的恩惠。这是一个更大的世界历史变革的结果。正如比较福利制度理论家哥斯塔·埃斯平-安德森所指出的，这一系列变化都是有如地壳变动一般的社会变革——所谓"未完成的革命"[2]的产物。新自由主义改革是各国政界、商界和官僚界对世界历史大变局做出的反应，而女权主义是这一社会变动的历史产物之一。正是变革中产生的裂缝为女性带来了新的可能性。对于社会少数群体来说，变革永远是机遇。在一个停滞不前、一潭死水的社会里，像女权主义这样的少数群体的思想根本没有诞生的空间。世界历史变革往往在先，而思想紧随其后。千万不要误以为是女权主义改变了历史——如果真是如此，那就太好了。

近代社会性别分工森严，并且能够为男女分别提供固定的社会位置——这也就是伊万·伊里奇所说的"性别隔离"。而这个社会形态的崩溃所带来的，使得男女能够共同参与社会活动的一系列变化，就是埃斯平-安德森所说的"未完成的革命"。之所以称之为"未完成"，是因为在各国社会中，这一变化是不彻底的。这种中途受挫的不彻底性又在社会内部引起了各种各样的新问题。

在其背后，首先是一场重大社会历史变革——后工业化，还有一次重大的技术革命，也就是信息革命。由此，"得信息者得市场"的知识产业诞生，取代制造业，以信息、服务为中心的软经济也蓬勃发展起来。第二产业的时代已经结束。目前，一半以上人口从事第三产业的时代已经到来了。

一想便知，重化工业的时代就是"男人的时代"：在效率至上的大旗之下，以军事化形式组织起来的产业劳动者一刻不停地进行着大规模生产。但是在知识密集型的信息产业，劳动者有没有体力都无所谓。已有数据可以证明，无论体力如何，在智力水平方面，男女并无差异。的确，男性工人可能更适合站在炼钢高炉旁，但计算机屏幕前的工作是无所谓性别差异的。计算机行业的早期程序员大多数都是女性。甚至有人预测，在信息化大潮之下，现有的劳动力性别差异在不久的将来就会逐渐消失。

有一个事件象征着这种变化。越南战争是最后一场"男人的战争"——士兵肩上扛着沉重的武器在泥泞中爬行——这场战争不论是理念上，还是实践上都称得上一场"肮脏的战争"。与此同时，尽管妇女解放运动已经风起云涌，但仍没有什么人主张"妇女也应从军"，不仅如此，这种主张还遭到保守派男女的抵制：他们认为"不能让女人做这些事"。然而，这一风向在海湾战争时发生了大转弯：国家不仅鼓励女兵参战，女性自己也积极要求参与后勤支援乃至前线战斗。战斗的高科技化为这一变化提供了条件。瞄准目标，按下按钮，摧毁目标。这种电脑游戏一样的战斗既不要求操纵机器的技术，也不要求过硬的体力。女兵的参与仿佛使得人们对战争的印象从"肮脏"升级为"干净"。

很多人期待信息技术的革新将结束工业社会以男性为中心的野蛮时代，创造男女可以并肩工作的后工业时代。然而，进行了十几二十年的信息革命并没有消除劳动力的性别差异，只是对劳动力进行了简单重组。人们发现，不论在哪个国家、哪个社会中，信息产业的高管都以男性为主,即使在新兴产业领域,女性也往往被固定在程序员、操作员等低级岗位上[3]。

由于新自由主义确实在一定程度上破坏了自古以来的以男性为中心的社会结构,女权主义对其抱有期望也不奇怪。但实际上,这一期望最终遭到了背叛。性别歧视并未消失,只是改头换面。因此女权主义绝不能刀枪入库,马放南山。

然而即使如此,女性已经越来越难以为共同利益而结成统一战线。

日之丸女权主义?

我已经在上文论述过,新自由主义政权为何以"男女共同参画"为名大力推进国策女权主义。在高龄少子化社会,"女人也要给我去工作"成了绝对命令。此外,女性还背负着第二重期待:"女人还要给我生孩子"。

我们女权主义者——至少我本人——绝不会使用"男女共同参画"这个词。这是一个在英语中没有对应概念,只能在日本国内使用的生造词。

生造了这个词的是政府。之所以创造这样一个莫名其妙的词,是因为提倡性别平等的女权官僚希望尽可能减少反对派的反弹。1999年,《男女共同参画社会基本法》的颁布意味着日本性别平等政策法制化达到了顶峰。据说此时,"社会性别主流化"在日本已经实现。生造"男女共同参画",是为了避开"平等"这个当时执政党的大老爷最讨厌的词而万不得已的断腕之策。这部法律的渊源是1985年批准的联合国《消除对妇女一切形式歧视公约》,所以这部基本法应该被简单易懂地命名为"男女平等社会基本法"或"消除对妇女歧视基本法"。不过这样的话,能不能在国会通过就两说了。因为在这一时期,强烈的保守逆流已经开始,因此法案的提出者必须慎之又慎。

男女共同参画行政和女权主义的"蜜月期"一直延续到20世纪90年代。各地陆续开设了男女共同参画中心,相关预算、报告也都搞得热火朝天。本来,搞女权主义是"不能当饭吃"的,但那时,女权主义真的成为一种工作了……对于女权主义来说,一个"市场"诞生了。但是,女权主义真的成为"当饭吃"的工作了吗?不好说。受劳动管制放松的影响,行政机关的非常勤[1]、短时工之类"女性友好型"岗位增多,使得男女共同参画中心本身沦为女性就业崩溃的最前线。不过原本是不计回报的志愿工作突然变成了有偿劳动,对于女性来说,两者还是有很大不同的。

顺便说一句,我对"男女共同参画中心"这个称呼有强烈的抵触心理。这些地方原本叫作"妇人会馆"或"女性中心"(女性センター),是有着丰富历史内涵的场所,政府随随便便就将其改成"男女共同参画中心"。如果把"女性センター"翻译成中文,那就是"女性中心",清楚明白。有些人批评说:"时至今日,'女

---

[1] "非常勤"也就是劳动时间较短的兼职劳动,与全职工作(常勤)相对。需要注意的是,本书中出现的"兼职"全部是"パート"和"アルバイト"的翻译,特指服务业、体力劳动或其他门槛较低的兼职工作。而"非常勤"全部保留原汉字表记,特指有一定门槛的兼职工作。如大学的非常勤讲师、政府的非常勤职员等。

性中心'还有存在的必要吗?"我的回答是:"当然有必要。"为什么呢?因为一旦踏出女性中心的大门,就到了"男性中心"。这样看来,在世界上的某个角落里,最好还是有那么一个叫作"女性中心"的场所比较好。不过,如果能把这个中心更加通俗易懂地命名为"消除对妇女歧视中心",就能让大家毫无误解地了解它的使命了。

根据《男女共同参画社会基本法》,推进男女共同参画是"地方政府的职责"。其中之一就是制定各地的《男女共同参画条例》。女权主义学者和活动家作为"有识之士"被动员起来,作为理事会成员在各个地区参与条例和行动计划的制定。东京都在2000年制定了《男女平等参画基本条例》,但该条例是在石原慎太郎任知事时通过的。时任东京女性问题审议会的会长是樋口惠子女士[4]。审议会把报告提交给刚刚上任还没反应过来的石原知事,在都议会迅速获得了通过,真可谓千钧一发。在石原执掌东京时期,这个审议会的成员几乎全部被替换,所以该条例能够通过实属侥幸。该条例草案的名称并非"男女共同参画"而是"男女平等参画",这是"男女平等"和"共同参画"两个词语并存时代的遗迹。石原知事一上任,就拿东京女性财团开刀,将其解散。所以如果没能抓住时机,这部条例很可能在东京流产。

此后,"男女共同参画条例"的制定成为与保守逆流派斗争的"战场"。为了修改或废除已经通过的条例,阻止尚未通过的条例,反对派们在地方议会中摩拳擦掌。不过条例也仅仅是条例而已,即使获得通过,也不会造成什么实质性改变。首先,作为条例制定依据的《男女共同参画社会基本法》本身就仅仅是一部理念法，没有任何强制力或处罚规定。然而即使如此，还是有很多赌上自己的老脸，坚决不许条例制定的老爹们在各地结成了男女共同参画的反对势力。

当时，作为男女共同参画行政主管部门的总理府敦促各地方政府搞一项不花钱的启蒙事业：自封为"男女共同参画宣言城市"。发表宣言的地方自治体将举行庆祝活动。当时，我也参加了一些庆祝活动，只不过留下的回忆让人感觉如鲠在喉。在举办庆祝活动的仪式厅，市长和嘉宾在主席台上排成一列，背后悬挂着日之丸旗帜。嗯……我从来没想到，我也会站在日之丸旗前发表讲话。应该也有皇族女性出席庆典吧。难道就连性别歧视受害者——因为一直没能生出男孩而备受白眼的雅子女士也会出席吗？本来，堪称父权制总后台的皇室和"男女共同参画"政策应该是水火不容的吧。如果真的和雅子女士同席，我该怎么办？我该和她说点儿什么好呢？典礼开始之前，我就这样想东想西，坐立不安。不过最后事实证明我完全是杞人忧天。其实早在这些庆典仪式举办之前，男女共同参画行政已被保守逆流逼得开起了历史倒车。

有人将政府主导的"国策女权主义"称为"日之丸女权主义"。不知道将其称作"国策女权主义"是否合适，因为，正如上文所论，"男女共同参画行政"能够与女权主义画上等号吗？似是而非。不过，一方面因为外行很难理解这种区别，再加上二者在支持女性参与社会活动方面看起来是一样的，所以在保守逆流派看来，女权主义者现在摇身一变，成了扛着日之丸旗的多数派。这样一来，保守势力的少数派意识就更强了。

女权主义者的参与？

其实，女权主义者对待"国策女权主义"的态度各不相同：有人卷入其中，有人试图利用，也有人保持距离。各地还有很多在大学中有头有脸的知识分子，纷纷跑到各种审议会就任委员。"地方政府好不容易有意愿制定男女共同参画条例，那么至少得干出个样来！"大家抱着这种使命感加入其中。审议会的委员是个吃力不讨好的职务，如果认为她们贪图名利而掺和到里面去，那就有点儿过分了。

不过事实上，她们确实成了政府的合作者。她们从批评者逐渐变成了反对案的提出者，乃至成为需要分担责任的市民参与行政代表……往往发生在地方行政工作中的变化，在男女共同参画行政实行过程中也不例外。

一些女权主义者把这种变化当作千载难逢的机遇，也有很多人希望进一步成为政府的合作者。由于政、商、官僚三界对少子化的危机感很强烈，因此有些人发表"如果女性还不生孩子的话就糟糕了""如果不继续推进男女共同参画行政，事态会进一步恶化"之类的言论，进一步煽动危机感，以此胁迫地方当权者通过其主张。她们主张的根据是发达国家妇女就业率与生育率相关性的数据。

日本的出生率从1989年的"1.57冲击"开始持续下降，并在2005年达到1.26的史上最低水平，相信大家对此记忆犹新。和日本同属超低出生率社会的还有德国、意大利和亚洲的韩国。这些社会的共同点是女性的社会参与程度较低。换句话说，性别歧视和低生育率似乎存在相关关系。另一方面，保持着较高生育率水准的发达国家（虽说较高，也不过是指生育率保持在低于人口更替水平2.07的1.8以上）是瑞典、挪威等斯堪的纳维亚国家，以及英国、法国等西欧国家。把这些国家的女性就业率和生育率数据比较来看，就可以发现其中的高度相关性，因此，她们提出了一个命题：女性参与劳动越多，生育的孩子就越多。

这一发现意味着，造成日本低生育率的罪魁祸首是较低的女性劳动参与率。因此，从中推导出的政策建议就是解决女性劳动参与率较低的问题。

例如，禁止企业"生育离职"的惯例，增加保育所数量以消除待机儿童问题，以及工作与育儿"两立支援"政策，也就是促进企业的"工作生活平衡"，使育儿更加容易。

消除待机儿童的呼声很久之前就有，并非这两天出现的新要求。有人想利用少子化的机会危机来推进这一问题的解决，也是很合理的。但是，消除待机儿童问题，促进工作与生活的平衡，对于已经生育的人来说，可能的确是有意义的政策，但对尚未生育的人来说是否有效，目前还无法确定。

比如，民主党政权倡导的孩童津贴（2012年改称儿童津贴）对于已经有孩子的人来说确实是个好消息，但这个津贴真的可以激励更多人做出生育决定吗？这一点就很难说了。事实上，在海外各国的各种生育激励措施中，现金补贴政策在促进生育率提高方面没什么效果，已经是公认的事实了。

"两立支援"政策如果真的实施，大概可以抑制在职母亲的离职倾向，女性的就业率也将得到提高。但是，这并不能使得"'两立支援'政策提高出生率"这个命题成立。

社会学家赤川学[1]的著作《少子化有什么不好!》中对上述女权主义者的观点提出了批评,认为"女性越是参与劳动,出生率就越倾向于提高"这种观点是女权主义者误用数据的产物。他批评说,女权主义者出于无知或者故意滥用数据,从而诱导政策的决策。他认为,如果数据的范围扩大到OECD诸国之外,就会发现有很多国家呈现女性就业率低、生育率高的特征。

这幅育龄妇女(25~34岁)的劳动参与率作为X轴、总和生育率作为Y轴的散点图经常被引用(1995年)[5](见图9-1)。从图中我们可以看出,13个OECD国家(英国、法国、德国、荷兰、意大利、西班牙、葡萄牙、爱尔兰、瑞典、挪威、芬兰、美国、日本)数据点的分布呈现向右上倾斜的趋势,也就是说,可以推导出"女性劳动参与率高的国家生育率也高"的结论。

然而,赤川批评说,仅凭13个国家的数据就推导出相关关系,显然存在问题。OECD共有25个成员国(截至1995年)。如果加上新西兰、澳大利亚、丹麦、加拿大等其他加盟国,再观察其相关性的话,就会发现相关系数为负,也就是二者存在负相关关系。换言之,应该得出"女性劳动力参与率越高,生育率越低"的结论。也就是说,"女性越是参与劳动,出生率就越高"是结论先行、操弄数据的结果,是把样本限定于出生率较低的发达国家,有意控制调查取样范围的产物。

确实,如果只考虑就业率和出生率之间的相关性就会发现,在

---

1 赤川学(赤川 学,1967—),日本社会学家,东京大学大学院人文社会系研究科教授。代表作即《少子化有什么不好!》(『子どもが減って何が悪いか!』,ちくま新書,2004年)。

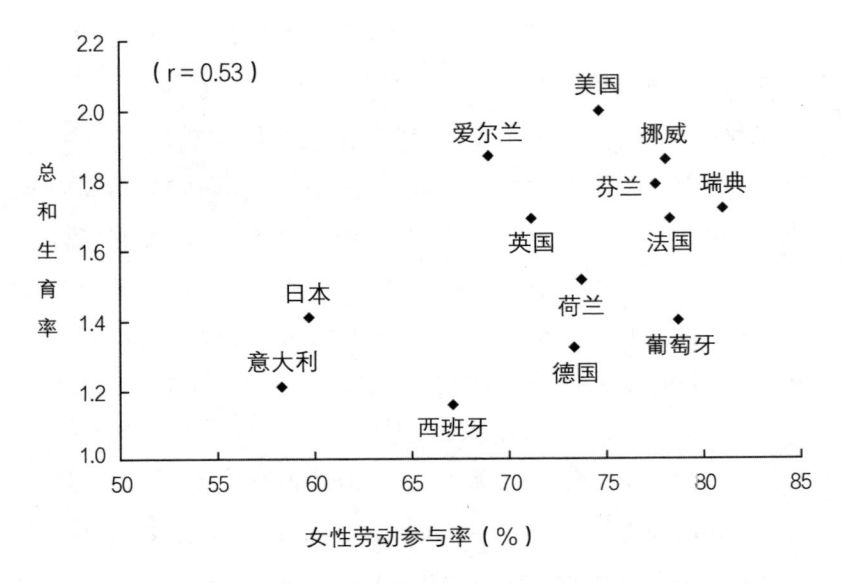

图9-1 育龄女性（25～34岁）的劳动参与率与生育率（1995年）
出处：赤川学著《少子化有什么不好！》
资料来源：女性劳动参与率来自OECD：劳动力统计1996（OECD Labour Force Statistic，1996），出生率来自欧洲理事会：欧洲最近人口发展（1997）（Recent Demographic Development in Europe，1997），转引自阿藤诚《现代人口学》。

日本，女性就业率越高的地方，出生率也就越高。顺便说一句，按照女性就业率从高到低排序，前三名是福井县、石川县、富山县；女性就业率和出生率都处在高位的是富山县、山形县和石川县。如果这样对全日本各都道府县排个序，就会发现一个规律：人均所得较低的地区，女性地位也较低。与此相对，在已经实现高度城市化的地区，比如东京、京都、神奈川、奈良等大都市圈，女性就业率较低，生育率也较低。如果按照上述观察进行推理，似乎能够得出一个极端的结论：如果想要提高生育率，最好不要推动城市化和现代化，而是应该让女性拿着低工资辛苦工作。另外，有人观察到出生率随着女性就业率的提高而降低，便搬出了人力资源理论，主张为了提高出生率，应该加强劳动力市场对女性的性别歧视，因此"为了提高女性就业率，应该推行男女共同参画政策"这个因果关系不能成立。

但是，仅从经历了低生育率的发达国家来看，如果加上数据的长期变化，我们就会发现，一度下降的女性就业率从20世纪80年代开始上升的同时，生育率也有所回升。并且，如果我们观察育儿假、保育所之类"两立支援"政策因素的影响，就会发现：一度被少子化困扰的发达国家中，有些国家曾经直面出生率低下的问题，但此后政府接连出台干预政策，扭转了就业率下跌的颓势，从而使得生育率转而回升。这么看来，虽说不能全盘接受赤川先生的批评，但是我们必须承认，上述政策在提高出生率方面的效果方面确实存疑。这是因为在同一时段生育率趋势相似的国家中，瑞典和芬兰曾实施过慷慨的"两立支援"政策，而法国和英国没有出台类似的措施，但最后的结果却没什么不同。

无论家庭政策实施与否，结果都相同的情况称为"趋同效应"。众所周知，生育率相对较高（生育很多孩子）的移民群体往往会在一两代人之间与移民东道国社会的生育率趋势保持一致，不过这一现象的原因尚不清楚。由此看来，人口现象是个由多种因素共同决定的复杂效应，很难彻底解明，政策干预的效果也就无法准确度量了。

顺便一提，赤川先生在同一本书中对几个问题做出了自己的回答。其一,"为什么少子化来势汹汹?有可能阻止它吗?"赤川先生的回答是"不可能"。其二,"如果说'男女共同参画社会'作为少子化对策来说并没有效果,那么男女共同参画政策也就没必要推行下去了吧?"赤川先生的回答是否定的。其三,"为应对少子化不断加剧,人口即将减少的未来社会,应当出台怎样的政策?"赤川先生的回答是"应当设计以少子化为既定前提的政策"。也就是说,赤川先生主张,虽然我们无法用政策手段阻止少子化,但是男女共同参画作为独立政策而非少子化对策,依然有其存在的意义。

"如果想要提高出生率,那就请采取'两立支援'政策吧!"这个说法确实站不住脚。因此,确如赤川先生所说,这是女权主义者的"阴谋":她们表面似乎是为了解决少子化问题,实则把少子化当成"人质",胁迫政府实行女性友好政策。用"两立支援"政策提高出生率的主张是没有科学根据的。同时,正如他所主张的,无论是否能够增加出生率,对于已出生的孩子来说,家庭友好和儿童友好的政策是绝对必要的。

说到儿童友好,就让人想起满员电车上婴儿车造成的困扰,最近在媒体上闹得沸沸扬扬。带着孩子、推着婴儿车外出的女性,会遭遇到与残疾人相同级别的困难。我曾听一位正在育儿期的年轻朋友说,带着孩子乘坐电车时往往能感受到周围乘客投来不友好的目光。年轻的母亲在这种压迫感之下往往紧张不已。一些年轻女性觉得日本根本算不上儿童友好型社会,在这种地方完全不想生养孩子。听了上面年轻母亲的苦衷,大家应该可以理解这些女青年的想法吧。

新自由主义改革派希望女性多工作，女权主义者同样希望女性多工作。从这个角度来看，新自由主义者和女权主义者似乎有着共同的目标。在旁人看来，二者似乎结成同盟，并肩作战。比如保守逆流派就持这种观点。

但二者最大的区别就在于劳动方式。新自由主义者逼迫女性进行二选一：要么与男人激烈竞争"一决雌雄"，要么甘做一次性劳动力。与此相对，女权主义者同时拒绝这两种选择。结果如您所见。在市场重组和劳动灵活化的过程中，劳方被迫在资方面前今日割五城，明日割十城，可谓节节败退。如此也就如上所述，导致了过度的少子化。

如果女权主义者有什么不甘心的话，那就是在这个过程中没有进行有效的反抗。不仅是女权主义，包括劳工运动在内的所有反抗力量都逐渐被抽筋剥皮，失去了抵抗能力。我们在前文已经看到，在"劳动大爆炸"的雇佣管制宽松过程中，作为全国性工会组织的"联合"都投下了赞成票，工会显然从未关心过非正规劳动者。在其中，为非正规劳动者组织化而东奔西走的全国社区工会联合会会长鸭桃代，在2005年的"联合"会长选举中对阵时任会长高木刚。当时高木会长似乎是众望所归，而鸭桃代对其领导提出了异议，并且抱定了必败的觉悟，毅然参选。所谓社区工会是一种地区性工会组织。与在各个企业中组织的工会不同，中小企业的劳动者可以以个人名义自愿加入这种社区工会。不仅是鸭桃代女士，很多这种社区工会的组织者都是女性。

女权主义为什么没有组织起有效的斗争呢？

这个问题无时无刻不在逼我做出回答。全球化之下不断加剧国际竞争、泡沫经济崩溃后的长期衰退和日元升值、高龄少子化和人口减少带来的暗淡前景，还有似乎要把可悲未来坐实的大地震和核事故。这些理由要多少有多少。右倾化的政治气候、媒体的不理解、保守逆流派的攻击……这一类"敌对势力"也能举出不少。但是我认为，新自由主义改革带来的女性分裂，以及女性无法在关键时刻团结起来的状况，才是造成这一问题的根本原因。没听说过也没了解过女权主义的年轻女性，不用自己的力量与其他女性团结起来，而是用这种力量把其他女性排挤下去，才是造成这一问题的根本原因。

◆ 作者注 ◆

[1] 支持"兼职歧视"的政治势力长期以来都在利用"兼职劳动者不希望转为正式员工"这个意愿调查结果。当然，只希望短时间劳动和主动忍受低工资者除外。大泽真理的著作《超越以企业为中心的社会——在〈性别〉中阅读当代日本》（『企業中心社会を超えて—現代日本を〈ジェンダー〉で読む』，時事通信社，1993年）指出，兼职劳动与正规就业之间的工资差别只能被解释为"身份歧视"，也就是一种不公正的工资歧视。当然，有些人为了家庭责任，不想长时间工作或加班。这些人不应受到工资歧视，"同工同酬"的原则应当在此适用。

[2] Gøsta Esping-Andersen (2009). *The Incomplete Revolution: Adapting Welfare States to Women's New Roles*, Cambridge, Polity Press. 日文版为《平等与效率的福利革命：女性的新角色》，由大泽真理监译（『平等と効率の福祉革命—新しい女性の役割』，

岩波書店，2011年）。
[3] Osawa, et al. ed. (2007). *Gendering the Knowledge Economy: Comparative Perspectives*, Basingstoke and New York: Palgrave Macmillan.（《性别化知识经济：比较视角》，暂无中、日文版）
[4] 樋口惠子在2003年石原政权争取东京都知事第二任期连任的竞选中参选，成为石原的政敌。樋口惠子（樋口　恵子，1932— ），日本评论家、东京家政大学名誉教授、改善高龄社会女性联合会理事长，著有多部女性学著作。
[5] 赤川举出了以下两个例子：阿藤诚《现代人口学》（『現代人口学』，日本評論社，2000年），第202页；大泽真理《缔造男女共同参画社会》（『男女共同参画社会をつくる』，NHKブックス，2002年），第15页。正如赤川指出的那样，这些数据被政府的政策宣传杂志和女性研究人员的论文反复引用（赤川，同上书，第12页）。

第十章

性别歧视合理吗?

谁是"劳动崩溃"的罪魁祸首？

　　劳动领域的性别歧视在日本社会不仅不会消失，反而会变得更加严重，对于这一点我早有论述。男女收入差距不会轻易缩小，女性正式员工比例会持续下降。在另一方面，科长级以上女性管理人员不会增加，生育离职也不会有所改变。不仅如此，好不容易制定出台的劳动相关法律和制度根本没有保护女性，反而为放宽劳动管制铺平了道路，引发了一次"劳动大爆炸"。

　　2012年10月13日，日本学术会议主办了一次主题为"雇佣崩溃与性别"的公开论坛。日本学术会议号称"学者的国会"，不过就像盲肠一样没什么存在感。但经过十年的改革，该会将女性成员的比例提高到了20%。由此，四个与性别研究相关的专业委员会应运而生，也才终于有了四个委员会共办的这次论坛。

　　在筹备的过程中，大家关于主题应定为"雇佣崩溃"还是"雇佣破坏"有过一番犹豫。前者的"崩溃"听上去像一种稀里哗啦四分五裂的自然现象，而后者的"破坏"使人感觉背后一定有犯人在搞破坏。没错，雇佣崩溃的背后确实有犯人。我们在上文已经说过，本案的主犯除了政界、商界和官僚界的政策制定者之外，还有工会组织的大老爷。在当天的座谈会上,大部分发言者在以下几点上达成了一致:造成当今女性困境的元凶,除了20世纪90年代后的全球化之外,还有早已牢牢嵌入职场内部结构的性别歧视。在两者的共同作用下,劳动管制被一步一步地放宽,最终使得女性劳动者彻底成为一次性劳动力。性别法学家浅仓睦子女士作为会场评论者之一,进行了自我反省,指出学界同样是共犯。20世纪90年代以来的劳动法学不是别的,就是"宽松管制法学"。

在这一系列表象背后,有一种牢固的意识在起作用:女性仅仅是"家庭经济辅助型劳动力",女性劳动的作用只是补贴家用。可以说,这就是现代家庭的神话。我在"毫无根据的信念集合"这个意义上使用"神话"一词。"丈夫来养家,工资低也无所谓;随时能回家,不稳定就业也无所谓。"这就是"家庭经济辅助型劳动力"的全部预设。因此,企业以"面向(已婚)女性的劳动"为名,创造了兼职劳动。英国女权主义社会学家西尔维亚·沃尔比[1]指出,不是女性倾向于寻找低工资的兼职劳动,而是因为这些劳动方式一开始就是以"面向女性"为名被设计出来,因此工资才被压低。大泽真理一针见血地指出:明明在进行同样的劳动,兼职劳动者却拿着比全职员工低得多的工资。除了"身份歧视",没有任何理由能够合理解释这一现象[1]。

实际上,女性劳动者中有已婚女性,也有未婚女性。很多已婚女性丈夫身患疾病,或者失业在家。即使曾经有过丈夫,女性也可能经历丧偶或者离婚。不仅如此,随着晚婚化的推进,未婚女性越

---

1 西尔维亚·沃尔比(Sylvia Walby, 1953—),英国社会学家,伦敦城市大学社会学教授。

来越多，终生不婚的女性也在逐步增加。但是，不管现实中有多少女性早已成为"家庭经济的主要承担者"，也就是顶梁柱，"女人要靠男人养活"这个所谓的社会观念却依然根深蒂固。不，与其说是这个社会观念根深蒂固，不如说是企业利用这种所谓的社会观念，对女性实施性别歧视。

并且，被婚姻排除在外的女性，尤其是单亲妈妈的贫困问题最为严重。她们不仅需要养活自己，而且还承担着育儿的重负。有人说，不想过苦日子的话，未婚女性努力结婚即可，离异和丧偶的女性到"再婚市场"重组家庭不就好了？其实不然。如果丧偶女性再婚，寡妇退税和遗属年金[1]都将终止。如果离异妇女再婚，前夫将停止支付子女抚养费。因为新丈夫应该养活她和她的孩子。不仅正式婚姻如此，事实婚姻也是如此[2]。因此，政府相关部门的职员会到单亲妈妈的家中进行上门检查，检查门口有没有男鞋。这些女性不得不忍受隐私被人翻个底朝天的屈辱。

企业内部是否存在性别歧视？

用专业术语来讲，不论是"性别"还是"身份"，都是经济的外生变量。从经济之外的变量中获取经济利益的行为，叫作"歧视"。虽说歧视是不公正的，但由于可以从歧视中受益，企业进行

---

1 寡妇退税（寡婦控除）是日本国税厅对丧偶女性的退税补偿措施。遗属年金（遺族年金）是日本国民年金被保险者去世之后，为维持遗属生活而支付给遗属的年金。

歧视的行为的确符合经济合理性的原则。

企业将劳动市场的性别歧视进行合理化的一个典型借口,就是女性的离职率较高。女性即使被录用,也会没过多长时间就辞职不干。企业不想在女员工身上投入教育培训成本,因此她们不能升迁,这样一来,女员工就被困在非熟练劳动力的位置上,忍受着低工资……也就是说,自我负责、自作自受。确实,在战后的很长一段时间内,女性一结婚就离职是很自然的事。到了20世纪70年代,结婚离职转变为生育离职。但是,不论是当时还是现在,大部分女性在结婚一年内都会生育子女。因此,从结婚离职到生育离职的转变,也不过是把离职时间推迟了一年而已。众所周知,在目前,只结婚不生育并不妨碍女性就业。但在日本,结婚不生育的丁克族夫妇几乎没怎么增加。相反,生育才是婚姻的最大目的,因此直到怀孕才结婚的"奉子成婚"越来越多。

自20世纪80年代以来的20多年间,女性的生育离职率一直保持在60%的水平,几乎没有变化(见图10-1)。"确实,毕竟女性以育儿优先,因此生育离职的风险很大,实在是很难放心聘用啊……"企业好像都是这么说的。

等等,别急着下结论。

其一,长期来看,生育离职率的确变化不大,但是这一现象的背后是非正规就业率的上升。有人说,好不容易在1991年盼来《育儿照护休假法》颁布施行,结果有些女性在此之前就早早辞职,没享受到育儿假,真是自作自受。但是我们要注意,《育儿照护休假法》只适用于正式员工,而女性非正规劳动者一旦告诉老板她们怀孕了,就会立即被解雇。当然,《劳动基准法》规定:"不得以怀

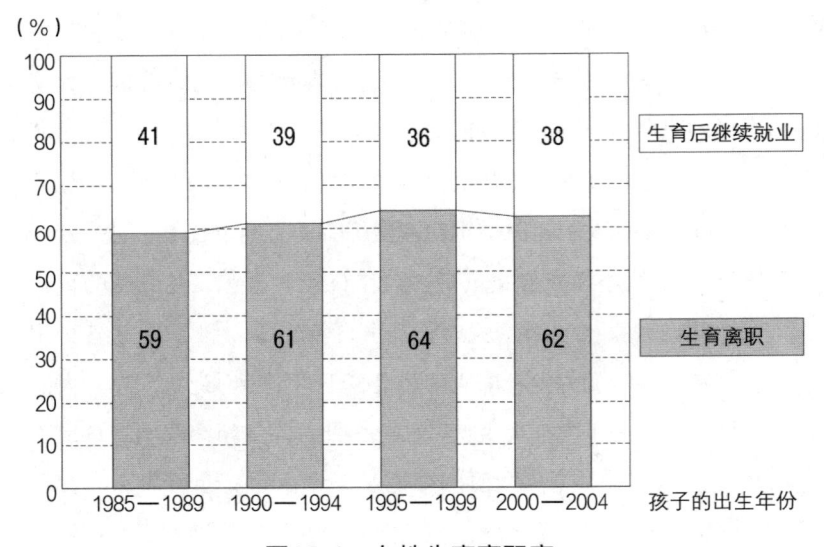

	1985—1989	1990—1994	1995—1999	2000—2004
生育后继续就业	41	39	36	38
生育离职	59	61	64	62

图10-1 女性生育离职率

资料来源：根据日本国立社会保障·人口问题研究所［第13次出生动向基本调查（夫妇）制作］

孕、生育为由解雇劳动者"，但如果是非正规劳动者，就会被以合同期满、雇佣停止之类的理由强行解雇。如上所述，由于雇佣类型不同，《男女雇佣机会均等法》和《育儿照护休假法》都不会惠及非正规劳动者。

其二，待机儿童数量明显增加，从中可以窥见保育政策的缺陷。即便少子化导致儿童数量减少，但由于经济不景气而必须外出工作的母亲却越来越多，待机儿童的人数也在增加。并且，越来越多的生育离职的女性希望在孩子还小的时候就重返职场。在日本，0～2岁幼儿的保育、延长保育、夜间保育、患病儿童和残障儿童的保育资源都极为短缺。尽管如此，政府的对策却迟迟不来。民主党在执政时为"孩童津贴"提交了超过两万亿日元的预算,但是如果真的打算在孩子身上花这么多钱,推进保育机构的建设可能是个更有效的方式。想出去继续工作,但实在抽不开身……这就是职场妈妈的困境。

事实上,女性的连续工作年数在经济萧条期间已经大大延长了。想辞也辞不掉、希望"寿退职"而不得的女性越来越多。尽管如此,从用人单位的角度来看,一套以女性短期内离职为前提——不如说是女性短期内不离职就不痛快——的人事管理体制早已建立。

20世纪60年代以前,职场上一直存在结婚离职制度。有的企业在录用女员工时,让她们签署一份备忘录,保证"在结婚的同时离职"。对于即使如此仍不离职的女性,还有一个"30岁离职制度"对付她们。难道女性到了30岁,就成了不可雕的朽木?可笑至极。30岁的女性本应是独当一面的职场精英,把她们逼走的无非是这种人事制度。现行的人事制度不把女性在短时间内赶走就不痛快。还有男女退休年龄不同的歧视性退休年龄制度。男性的法定退休年龄是55岁,女性是50岁。那些企业的借口是"女人老得快"。真是令人喷饭!要我说,事实恰恰相反,女人比男人朝气蓬勃多了。

为了反对这种歧视性的人事管理制度,老一辈女性劳动者进行了不懈的法庭斗争。前人栽树,后人乘凉。到了20世纪70年代,结婚离职制度、青年退休制度[1]、男女不同龄退休制度相继被宣布为非法。但是,虽说这些制度消失了,但是这些陋习还在。即便现在,

---

[1] 青年退休制度(若年定年制),日语中"定年"意为退休,此处指女性到了30岁需要离职。

也有不少女性因为结婚生子而被"拍拍肩膀"[1]，也有不少女性收到一纸要求她们服从人事调动或者调岗的"战力外通知"[2]，这些女性在压力之下惶惶不可终日，不得不自动辞职。此外，只要女性一开始就是非正规劳动者，那么即使用人单位不动用上述手段，也可以随时解雇她们而不属于任何歧视。

在20世纪80年代，雇佣形式越来越灵活化。当时，我遇到了这样一个案例。有一家公司引入这样的人事管理制度：将女大学毕业生聘为合同工，合同期限为一年，而最长期限为十年。我记得清清楚楚，这家公司就是东京电力的某个子公司。在录用的头一年，合同工的起薪高于正式员工，因此这个岗位大受欢迎。但十年期满，合同解除，这实际上就是不犯法的青年退休制。我顿发感慨：原来如此。当年的女性前辈英勇斗争换来的胜利果实，竟然被如此轻易玩弄……不过这个制度有一个好处：企业会从十年合同期满的员工中选拔优秀女性，转为正式员工。为了成为正式员工，合同工们相互竞争，只有做出成果的女性才能成功转正……换句话说，这是个企业不冒风险，只得利益的好手段，令人瞠目结舌。正像前文所说，在狡猾方面，雇员永远没有雇主精明，总是落后一步，任人摆布！

在歧视性雇佣制度之下，女性如果长期在职，用人单位就很难办。这就是为什么用人单位总是打横炮、使邪力，千方百计诱导女

---

[1] 原文是"肩叩き"，指地位高的人拍拍下属的肩膀，用亲切的态度表达什么意愿。特指劝诱下属离职。
[2] 日本专业竞技体育界，特别是棒球界的术语，指将某选手排除出上场名单的通知。一旦某位选手收到战力外通知，就意味着所属队伍正在准备解除与该选手的合同。

员工离职。依然坚守阵地的女性员工最终被蔑称为"老阿姨"。如此一来,对女性的"分而治之"就开始了:她们("老阿姨")不辞职的话,没法雇你们小姑娘哟。为了创造一个隔离女员工的禁区,"一般职"应运而生。与"综合职"相比,"一般职"在岗位配置、晋升空间方面都有很大差距。工龄达到10年以上,这一差距就会表现得十分明显。事实上,与正式员工的基本工资相比,女员工的基本工资在40岁之后就不再上涨。因此,年龄越大,女员工与男员工的收入差距就越大。

我曾经做过这样一个咨询案例:

"我是丸之内白领女性[1],工龄20年,40岁出头。本来打算坐班坐到结婚为止,但是直到现在也没遇到合适的对象,不知不觉就已经40多岁了。工作也只是每日例行公事,没什么前途。我该怎么办呢?"

看来,类似的既上不去也下不来的女员工在职场中不在少数。大概也是因为如此,用人单位才会在女员工的录用方面更加慎重,倾向于用派遣工和合同工取代"一般职"正式员工。因此,等受害者回过神来就会发现,即使相关法律日渐完备,一旦遭受歧视,还是无法堂堂正正地控诉:"这就是歧视女性!"因为用人单位早已盘算好了钻空子的手段。

---

[1] 丸之内是坐落于东京市中心千代田区的商务中心区。紧邻皇居、东京站,是众多大企业总部所在地,摩天大楼林立。

性别歧视是经济合理的吗？

经济学家川口章著有一本了不起的著作，名为《性别经济差距》（劲草书房，2008年），还在2008年获得了"日经·经济图书文化奖"。这本书的副标题是"差距何以产生？如何克服？"。作为正经的经济学学术著作，这本书试图从正面回答一个问题："企业能否从性别歧视中受益？"换言之，性别歧视在经济上是合理的吗？面向商界老爹们的日经新闻社将大奖授予如此一本铁骨铮铮的著作，真是有见地，有水平，有风度。话说回来，用纯粹经济学手法研究"性别歧视是否合理"的男性经济学家，本来就很少见。

川口先生运用"博弈论"指出："性别经济差距是男性、女性、企业三者的合作、冲突和议价的结果。"（该书第4页）博弈论假设所有参与者都是理性的决策者，他们的行动目的是自身利益最大化。因此，川口得出了这样的结论："日式雇佣制度[3]和家庭性别分工制度是两个相互依存的制度。在二者的共同作用下，日本的性别经济差距虽大，但是十分稳定。"（同上书，第14页）

川口先生提出了这样的问题："（对企业而言）性别歧视是合理的吗？"如果这种行为损害了公司的经济利益，那就叫作"不合理"；反之，如果它有助于提高经济利益，则可以将其判定为"合理"。倘若老爹们都是厌女症患者，把兄弟情谊看得比天还大，因此不惜牺牲经济利益来维持性别歧视，那么似乎可以将他们毫不留情地批为"非理性的生物"；但如果性别歧视真是"经济理性"的行为，那就没办法了。"实在抱歉，我们本来也想平等对待女性"，可惜你们能力一般，动力不足，干劲不大……因此，我们不得不歧视你。"

这里所说的企业内部的性别歧视，有三个测定指标：

（1）正式员工的女性比例；

（2）管理职务（科长及以上）中的女性比例；

（3）35岁时的性别工资差距。

根据上述指标，所谓"歧视性公司"有以下三个特点：

（1）在正式员工的录用方面，男性优先于女性；

（2）优先任命男性担任管理职务；

（3）作为上述二者的结果，工龄越长，性别工资差距越大。

有诸多数据可以印证企业内部的性别歧视陋习。

如果"（统计上的——引用者加）性别歧视是企业利润最大化的产物"（同上书，第84页），那么性别歧视就是公司理性选择的结果。川口认为，最好的解释变量就是离职率的性别差异。通过歧视女性，企业不仅不需要支付女性的离职成本，还可以在性别歧视的前提下以低廉的成本使用与男性同样优秀的女性员工。

关于性别歧视，类似的"合理性假说"流毒甚广。由于结婚、生育以及最近需要考虑到的看护照料，女性的离职概率较高，因此在利用"长期积蓄能力活用型"的日式雇佣制度下，花在女性身上的人才培养成本无法收回。再者说，女性在结婚生子之后，由于家庭责任的牵制，无法在岗位上有效发挥战斗力，并且已婚女性只是来点卯坐班，企业忠诚度很低……所以在职场中，女性只是"二流劳动者"，根本无法与男员工平起平坐。而女性之所以成为"二流劳动者"，完全被归咎于女性自身。"干不下去还不是你自己的错。"

245

川口的发现印证了这个流毒甚广的说法。对于企业而言,"歧视女性"是"经济合理的行为"(同上书,第16页)。原因就是女性的高离职概率。相反,"如果女性离职概率降低,那么企业就没有什么合理的理由来歧视女性了"(同上书,第15页)。

"企业歧视离职概率较高的女性群体,因为这种行为在经济上是合理的,所以这样的企业在日本有很多。"(同上书,第16页)

照这么说,"干不下去还不是你自己的错",性别歧视成了女性自我决定、自我负责的结果。女性总是在短期内离职,离职风险较高,因此企业不愿意安心录用女性;正因为有了企业以短期内离职的预设前提,才专门面向女性设置了特殊的雇佣方式与工作方式。其结果是职场中既上不去也下不来的女员工的离职率越来越高,在这个高企的离职率的作用下,企业又会再次运行歧视性的人事制度,形成了一个恶性循环。这一现实的背后是家庭责任完全由女性承担的"家庭性别分工制度"。而且正如川口所指出的,"家庭性别分工"和"日式雇佣制度"之间存在很强的"相互依存性"。但市场之外的变量与经济学完全无关,也就是说,所有市场之外的变量都被市场本身视为外生给定条件,因此对"家庭中的性别分工"是否公平、是否妥当,经济学是毫不关心的。当然了,市场是由"理性经济人"构成的,只要他们试图去做,那么不论是南北不平等还是种族歧视,都会被他们毫不犹豫地利用,以达到其自身利益最大化。"为什么总是女人承担家务、育儿、照料看护的责任呢?"他们是不屑于对市场之外的变量发此一问的。

歧视型企业与平等型企业

提醒大家一下，川口的分析并没有就此结束。正如副标题所说，川口还试图回答"如何克服性别经济差距"的问题。他之所以认为这一问题可以回答，是因为不歧视女性，还能赚取更高利润的企业确实存在。

川口自己的研究也印证了这一点。基于劳动政策研究与研修机构编写的《关于企业合作、管理、CSR与人事战略的调查》，川口以2531家上市企业为对象，通过对2005年数据进行深入的实证分析，对歧视型企业与平等型企业进行了比较。这里所说"性别歧视"的指标分别是：

（1）正式员工中女性的比例；

（2）管理职务中的女性比例；

（3）打破性别分工措施和积极改善措施[4]的数量。

分析结果显示，歧视型企业和平等型企业之间存在以下差异。歧视型企业的特点是：

（1）公司规模大；

（2）营业额较高；

（3）员工成长期较长；

（4）员工连续在职的工龄较长；

（5）福利制度完善；

（6）更倾向于重视银行而非股东。

另外，平等型企业的特点则完全相反：

（1）公司规模小；

（2）营业额较低；

（3）员工成长期较短；

（4）员工连续在职的工龄较短；

（5）实行打破性别分工措施、积极改善措施；

（6）更倾向于重视股东而非银行。

比较上述二者，川口提出关于日式雇佣制度和女性活跃的两个假设。其一，"日式雇佣制度的各种特征阻碍了女性在职场中的活跃"和"在追求经营效率的企业中，女性更加活跃"。他认为，上述假设都得到了数据的证实（同上书，第248页）。换言之，前者是劳动保障和企业福利都非常完备的传统大型企业，主要雇用"顶梁柱型"男性劳动者；而后者是创业型企业，劳动者男女兼有，多来自双职工家庭。川口认为，后者是"股东管理能力强大、推行各种多样化的经营改革"的创新型公司（同上书，第245页）。

更进一步，他得出了以下结论：女性活跃于其中的平等型企业"具有更高的营业利润率"。

根据川口在文献综述中的总结，以往的研究已经得出以下结论：

（1）女性员工比例高的企业，企业利润率高；

（2）女性员工比例高的企业，企业增长率高；

（3）产品市场竞争激烈行业的企业中，女性员工比例较高；

（4）产品市场竞争激烈行业的企业中，性别工资差距较小。

（同上书，第92页）

那么，到底是歧视型企业更具有"经济合理性"，还是平等型企业更具有"经济合理性"？

企业规模越大，营业额自然越大。但相比营业额的绝对值来说，营业利润率才更能反映企业的管理效率和员工的劳动生产率水平。如果规模较大的企业和效率较高的企业在市场上展开竞争，终将鹿死谁手呢？

企业不仅要在商品市场上竞争，还必须为了融资而在金融市场上进行竞争。不同于交叉持股、十分稳定的大企业，新兴的创业企业必须对股东有足够的吸引力，因此我们就不难看出，为什么创业企业"更倾向于重视股东而非银行"了。顺便说一句，我们可以将金融市场看作把货币当选票的一种竞选活动，这种竞选活动每时每刻都在金融市场中不停重复。如果真的如此，那么在金融市场上，企业的营业利润率越高，就对投资者越有吸引力（因为股息率高）。事实真的如此吗？

按照这种思路，似乎会得出如下结论：平等型企业比歧视型企业更具有经济合理性。那么如果歧视型企业致力于管理改革，提高女性员工的比例，应该会收效显著。然而，川口在这里给出了一个可怕的答案：通过将歧视内化为管理体制的一部分，歧视型企业已经实现了经济合理的平衡。因此，歧视型企业根本感受不到改革的必要性。

歧视型企业维持歧视型均衡系统，而平等型企业创造平等型均衡系统。因为二者内部都有符合各自特性的均衡系统维持运作，因此自然没有理由从一种转型为另一种（见图10-2）。这就是歧视型企业不会自动转型为平等型企业的原因。

川口指出："日式雇佣制度把歧视女性视作自身不可或缺的组成部分……日式雇佣制度的一系列特征妨碍女性活跃在职场之中。"歧视型企业通过歧视来维持内部诸要素的均衡。只要某个

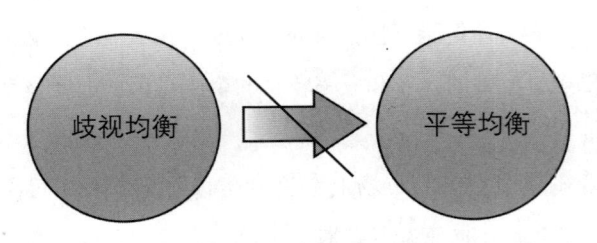

图10-2 命题：歧视均衡不会转化为平等均衡

细节稍有变动，整个平衡系统都会轰然倒塌。我们可以看看臭名昭著的应届生统一招聘制度。可以观察到，无论社会上希望禁止应届生统一招聘的呼声多么强烈，这一制度始终不动如山。这是有原因的。因为这一制度与日式雇佣制度的"长期积蓄能力活用型"人才培养制度密切相关。前首相小泉纯一郎在就业冰河期提倡"应届生待遇应延至毕业三年后"，但是完全没有效果。无论"应届生待遇"期限延长多久，"应届生"总会与后来的一批又一批"应届生"进行越来越激烈的竞争，并且"应届生统一招聘制度"本身依然会稳如泰山。

另一个例子是退休制度。在年功序列工资制这个背景之下，日本企业很难推迟退休年龄。2013年4月，《高龄者雇佣稳定法》修正案生效，该法规定了如下再就业制度：如果劳动者有意愿延迟退休，那么企业有义务雇佣劳动者直至65岁；同时，为了减轻企业继续雇佣（劳动生产率下降的）人员带来的负担，该法允许企业将基本工资减半支付。为了顺利推行这一制度，就必须打破年龄、职位、薪水三者之间的联动关系，从而不得不彻底改变企业的管理体制。这样一来，再就业人员就必须接受年轻上司的领导，反过来看，上司必须对以前的前辈发号施令，这简直是礼崩乐坏。这一别扭现象的背后，一方面是仍在发挥作用的几乎仅仅以年龄作为唯一评价标准的日式人事考核制度，另一方面是尚未完善的职务工资、能力工资体系。这样一来，仅仅是延迟一年的退休时间，对于日本的雇佣制度无法产生什么根本的影响。

维持着一套歧视型均衡系统的企业不会转型为平等型均衡体系。这一命题是支撑着许多既有的大规模组织的经验规律。对于大型组织，尤其是那些有过成功经验的组织来说，最困难的事情莫过于内部改革。因为改革既无理由，也无必要。相反，变革往往来自外部。外部诞生出一个完全异质性的组织，逐渐成长乃至发展出再也无法忽视的影响力，最终抢班夺权、取而代之……稍微思考一下就会发现，所谓"系统的革新"，往往不是由系统本身的内部改革完成的，而是由附着在系统外部的癌细胞主动侵夺乃至替换了宿主而完成的过程。革新者不在既存的大型组织的内部，而往往在其边缘或者外部出现。

平等型企业与歧视型企业展开竞争，结局如何？

倘若平等型企业与歧视型企业展开竞争，结果如何？这个假设会令我们得出更加可怕的结论。当这种竞争局限于国内市场时，我们可以乐观地预测，国内市场将发生创新。产业结构的创新包括朝阳产业的崛起和夕阳产业的衰退。如果这种新老交替顺利进行，我们就可以期待日本经济能够通过结构性改革走上一条增长之路。但如果这是在全球市场上与跨国公司进行的竞争呢？首先，在商品市场上，维持歧视性均衡的歧视型企业将在企业间竞争中落败。不仅如此，在外国投资者不断增加的金融市场中，歧视型企业也没有什么胜算。

歧视型企业为什么会在全球市场上的企业间竞争中落败？让我简单说明一下原因。全球市场不是一个单一的同质化市场。它由一系列多元化的小规模市场组成。如果试图打入某个特定市场，那么必须实施产品的本地化。"Think globally, act locally"（全球化思维，在地化行动）的口号，对于推行全球战略的企业来说非常重要。为了应对多元化的市场，企业必须准备同样多元化的产品和服务。这就是企业的"多元化（Diversity）战略"，如今已经屡见不鲜了。多元化战略的第一步是性别多元化。第二步就是种族多元化、国籍多元化。由于商品市场的最终消费者多为女性，而女性的购买决策权越来越大。正所谓"不知道女人怎么想，产品销售难增长"。家电只由男性制造的时代也已经结束了。就连建造核电站这样巨大的工业产品，如果没有女性技术人员参与其中的话，估计造出来的东西能不能用还要两说。

歧视型企业面对平等型企业，必然在竞争中落败……等待着那些拒绝变革的日本大企业的宿命就是"巨舰沉没"。前首相中曾根康弘曾把日本比作一艘"不沉的航空母舰"，现在看来，这个国家已经变成了一艘泥巴做成的船，正在缓缓下沉。据说，首先逃出沉船的是那些平时藏在船里的小动物。在这个社会中，人们之所以不生孩子，或者说那些尚未出生的孩子，大概就是逃出沉船的象征。

"能够连续奋战24小时吗?"

然而,川口所说的"降低女性离职率"真的是实现平等均衡的唯一良方吗?这无非就是呼吁广大女性:"都去争取综合职。"这是不是意味着,高唱"能够连续奋战24小时吗?"Mr. Regain队列中,要迎来Mrs. Regain、Miss Regain,与他们一同进行男女共同参画呢?

我完全不这么想。川口提倡的所谓平等均衡型"创新企业"无非就是优先考虑短期利益、投资者利益至上的终极新自由主义企业。一旦企业在金融市场上价值下跌,重视股价和股息的投资者会迅速抛售股票,并且同样迅速地解雇"没用的"工人。和传统的银行、企业、劳动者三位一体的紧密共同体不同,更类似外国投资家一类的股东、企业和劳动者之间的关系,除了冷酷无情的"现金交易",就再也没有任何别的联系了。这就是"创新企业"的特征。

不仅如此,川口的详细分析之中似乎也隐藏着巨大的陷阱。让我们在下一章讨论这个问题。

◆ 作者注 ◆

[1] 大泽真理著《超越企业中心社会:从性别视角解读现代日本》(『企業中心社会を超えて―現代日本を〈ジェンダー〉で読む』,時事通信社,1993年)。
[2] 即使离婚或丧偶的女性再婚,除非孩子和新丈夫签订收养合同,

否则不会产生亲子关系。孩子的父亲始终是已经去世或离异的前夫,孩子与父亲的关系随着母亲再婚而改变被认为是不合理的。这是因为现代婚姻关系中仍然包含着"妻子隶属于丈夫、离婚/再婚是隶属关系改变"的旧观念。

[3] 根据川口的说法,"在本书中,'日式雇佣制度'一词是指在经济高速增长期形成的、在两次石油危机后的泡沫经济时期确立起来的制度。"(该书第4页注释2)虽然这个说法描述了该制度的历史背景,但并未给出定义。通常,"日式雇佣制度"被理解为终身雇佣、年功序列工资制和企业内部工会的三件套,本书在这个意义上使用这一术语。此外,就历史背景而言,说这一制度"确立于泡沫经济时期"并不准确。将其表述为"确立于高速增长时期,崩溃于泡沫时期"比较恰当。这个表述也和川口书中"泡沫经济破灭以来发生的经济环境急剧变化,迫使日本的雇佣制度发生变化"的判断相吻合。

[4] 之所以没有出现前文提到的"35岁性别工资差距",是因为"大学毕业生35岁工资"并没有显著的性别差异。另外,"积极改善措施"是指以下内容:"建立专门的部门或负责人,专门负责'积极改善措施'(建立完善推行相关措施的制度)""制订发挥女性能力的计划""积极任用女性""为女性较少的岗位积极培训女性员工""设置女性专用咨询窗口""制定防止性骚扰的规定""向男性进行宣传教育"等(川口,同上书,第232页)。

第十一章

新自由主义的陷阱

导　言

在上一章中，我们做出了一个黑暗的预测：如果继续这样歧视女性，日本企业将在全球竞争中落败，日本这艘巨舰必将沉没。经济学家川口章在其著作《性别经济差距》（劲草书房，2008年）一书中证明，日本企业从性别歧视中受益，这对企业来说是"经济合理"的行为。歧视型均衡因此在这些企业中得以维持，于是日本企业全然无法自觉到自我改革的必要性。

在一个向往变革却没有动力推进变革的国家——日本，一个并非"复兴"而是"复辟"的政权在2012年诞生了。顾名思义，这是一个咸从祖制、悉遵旧章的政权，日本选民似乎从坟墓中挖出了一具僵尸，掸干净上面的尘土，又将其复活了。维持既往现状的惯性——"保守"——实在是根深蒂固。但是，在迅速变革的时代抵抗变革，这一行为本身也是一种逆潮流而动的"变革"。事实证明，如此非但不能"维持现状"，还会使情况更加恶化。

在大选中，多个妇女团体和个人（共24个团体和285人）合作，在网上开展了"性别平等政策"运动。我是运动的发起人之一。2009年，联合国消除对妇女歧视委员会（CEDAW）就如何通过完善国内政策消除对妇女歧视的问题，向日本政府提供了共计5项19条咨询意见清单[1]。基于联合国的咨询意见，"性别平等政策"运动一方提出了26项政策[2]，向全体政党发出问卷，要求他们表态是否同意。问卷结果发布在WAN（NPO法人女性行动网络）的姊妹网站"联结公民与政治"P-WAN网站上（见图11-1）。

各政党的"性别平等度"得分标准如下：对所有政策表示"全部赞成"的，得满分52分，表示"全部反对"的，得-52分[3]。

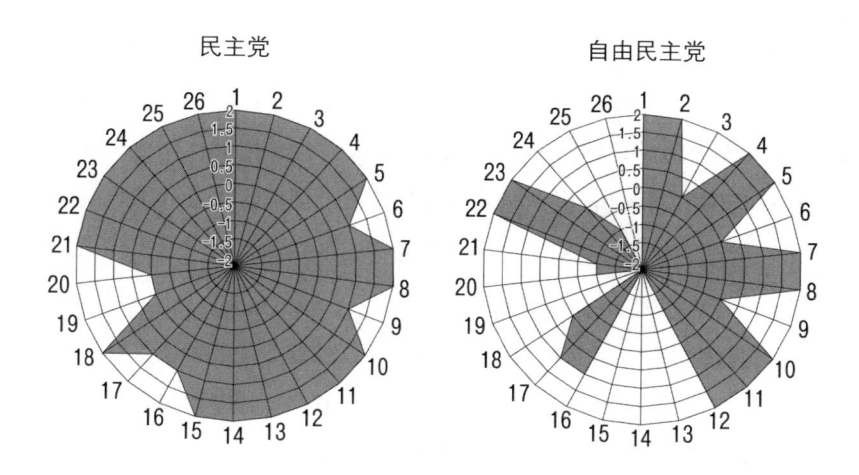

图11-1 政策清单调查问卷：按政策项目分类

1. 严守《宪法》第9条 2. 严守《宪法》第24条 3. 放弃核电站 4. 女性参与防灾复兴工作 5. 雇用女性 6. 女性配额制 7. "202030" 8. 同工同酬 9. 废除配偶退税 10. 减轻照护负担 11. 育儿支援 12. 育儿照护休假 13. 夫妇别姓 14. 婚姻 禁止再婚 15. 歧视非婚生子女 16. 性暴力 17. 反家暴法 18. 河野、村山谈话 19. 谢罪和赔偿 20. 堕胎罪 21. 消除性少数群体歧视 22. 缓解贫困 23. 消除歧视 24. 国内推进机构 25. 任择议定书 26. 国内人权机关
出处："联结公民与政治"P-WAN网址：http://p-wan.jp

12个政党中有10个回复了问卷,其中社会民主党和绿党为满分,国民新党得分最低——为-2分。在轮流执政的两党中,民主党得分为44分,自民党为11分。"性别平等政策"本应是这次选举"隐藏的重要争论焦点",但选民似乎倾向于把票投给在性别平等方面开倒车的政党。

在问卷结果中,我们可以发现有趣的事情。大多数政党都同意"促进女性活跃",但持保守立场的党派并不太积极拥护女性的权利。主要的差异,体现在对"202030"和"废除配偶退税"的态度差异上。

所谓"202030",是指到2020年将各领域管理岗位的女性比例提高到30%的目标。就连安倍晋三这个卷土重来的首相也曾如此表态。不过,这是自民党执政时期制订的《第三次男女共同参画计划》所包含的目标,安倍的这一表态,不过是重复自己过去的承诺罢了。

另一方面,"配偶退税"是与"第三号被保险者制度"挂钩的所谓家庭主妇优待政策,这一政策一旦取消,意味着以男性"顶梁柱"型的标准家庭为前提的税收制度和社会保障制度全面退出历史舞台[4]。

"女性要去工作,有才能的女性更要像男性一样工作",政府、企业都打着这样的如意算盘。在经济衰退期,这一意愿表现为女性从事综合职的机会略有增加。另一方面,没有机会从事综合职的普通女性也要出来工作,不过不同于前者,是成为低工资、一次性、"方便灵活"的劳动力。"配偶退税",也就是所谓"130万日元之壁"。每年130万日元的收入完全无法养活自己。这一政策以一个根深蒂固的信念为前提：妻子是丈夫的"被扶养者"，妻子外出工作只不过是"补贴家用"而已。事实上，根据配偶退税制度，一旦已婚女性的年收入超过141万日元的退税限额，家庭就会蒙受损失。这种税收制度、社会保障制度，无非是诱导女性成为弱势的非正规劳动者。

一直以来，"一般职"被看作面向女性的行政助理型岗位。在女性综合职和非正规就业的夹缝中，"一般职"终于走向崩溃。在雇佣崩溃中，"一般职"首当其冲，被非正规劳动者取代。"一般职"是需要短期培训的非熟练工种，而使用低工资、无就业保障的临时工、派遣工将其替换，可以显著降低成本。

另外，在经济萧条期，有些人大肆鼓噪"兼职劳动力基干化"。实际上，非正规劳动者中也有全职人员，她们凭借多年的经验早已成为熟练工人。而所谓"兼职劳动力基干化"政策就是把她们动员起来，去从事责任更加重大的工作——当然，劳动条件维持不变。

我曾听一个朋友说过：

"我在打工的地方一直负责新人培训工作。我一直很努力，但是一段时间之后，我发现我培训过的那些孩子渐渐成了我的上级。明明是我先来的，为什么会这样呢……"

当初，她们乐见女性就业范围的扩大。但是这些女性逐渐注意到，她们的工资根本没有上涨，而且劳动强度在不断加大。

纵观经济衰退时期的劳资关系，资方总是在劳资谈判中占尽先机，而工人只能被迫不断让步。这是一个劳动者逐渐失去议价能力的过程，其中，女性是最大的输家。

有这些女性前辈的落魄背影在前,年轻女性失去了自己谋生的希望也不奇怪。最新发布的2012年度内阁府关于"性别分工"的调查结果显示,有43.7%的20多岁女性同意"男主外、女主内"的观点。而在2009年度调查中,这个数字只有27.8%。新增的16%就是女性"失去希望"的明证。但即便如此,结婚并不比就业简单多少。

离职率是万恶之源吗?

在川口的《性别经济差距》一书中,职场性别歧视的最大解释变量是女性的离职率。如果真是如此,消除性别歧视的解决方案就是"降低离职率"。也就是说,女性应该坚守岗位,和男性一样努力,延长工龄,成为管理岗位的预备队,最终成为高管——这就是"女人的谋生之道"。

经济学的阿喀琉斯之踵在于,无论分析本身多么细致精确,输入模型的变量都是预先给定的条件,也就是不容置疑的前提。女性为什么会受到歧视?因为女性总是离职——这个命题已经前定地包含了"日式雇佣习惯",在这种陋习之下,劳动者一旦离职,就会处在不利地位;一旦就职,那就要干一辈子。在这种雇佣制度之下,"就职"等于"就社",工龄越长,地位越高。离职之所以不利,是因为人事管理制度意味着高度同质化的人才随着年龄的提高一同晋升。其结果就是,某种特定的"社风"熏陶出特定的"社员"。这种缺乏通用性的人才在培养他的企业适用,但进入其他企业就很难发挥作用了。由此诞生的人才，工龄越长，跳槽越难，对企业的忠诚度也就越高。日本企业并不推行能力主义，而是致力于构筑一个人力资源能够发挥出高于平均水平的能力的，对企业忠诚度高的同质化集体。这当然提高了集体表现的水平，但反过来说，用于评估个人表现的人事管理系统迟迟未能有所发展。更严重的是，一旦进入经济萧条时期，企业就不得不毫不留情地把缺乏通用性的中老年员工当成裁员对象。

有一次遇到川口时，我当面向他请教："一旦取消'离职对劳动者不利'这个预设条件，那么川口先生的假说是不是就崩溃了？"他回答道："的确如此。但我还没考虑那么多。"

在这种情况下，与其呼吁劳动者不要离职，不如建立一个全新的就业体系，使得离职、跳槽和再就业变得更加容易，去除其对劳动者的不利影响。这种设想可能实现吗？

的确有这样一个行业，反复离职或跳槽都没什么不利。那就是我们身处的学术研究者的世界。在学术的世界中，通过反复离职和跳槽来寻找更好的研究条件，获得职业生涯的发展，是理所当然的事情。相反，一直停留在头一份工作，从不跳槽的人，基本上可以看作"缺乏未来发展潜力的人"。这一体制之所以可能，是因为优绩主义才是学术生涯职业体系的基本原则。

大家知道吗？日本的大学中没有人事部，也不搞应届生统一招聘制度。人才招聘事务由各专业在必要的时候进行积分录用。绩效评估由同行评议完成，这套体系运行得十分顺畅。在研究者这个行业中，在大学等研究机构以外，还有按照各种专业领域分别组织的职业团体组织，也就是所谓"学会"。学会作为外部之眼保证了评估的公正性。此外，还有第三方机构公布的大学排名等外部评价体系，而对大学的评价是由论文发表数量和被引用的频率决定的。就理工学科而言，这种优绩主义的评价尺度很好理解，其实，人文学科保持着和理工学科同样的客观性，因此日本企业中那种不合理的人事制度在研究行业中并不存在。

　　经济学家八代尚宏[1]有一本著作，叫作《人事部早已没什么用》（讲谈社，1998年）。我并非赞同他的所有主张，但很能理解他的说法。如果停止应届生统一招聘，各部门根据其必要适时招聘人才，OJT[2]与培训相结合，不论转职人才来自组织内外都给予其晋升空间。如果真能如此，企业既裁撤了人事部，也无须耗费应届生统一招聘制度下每人300万日元的招聘成本。录用标准可以采用同行评议制度。老员工有权选择他们希望一起工作的同事。实际上，大学这个组织就一直实行这么一套办法。为了推行这样一套制度，必须明确每个岗位的工作内容，实行基于优绩主义的评估，实行年龄与性别（乃至国籍）与职务无关的灵活人事制度，建立具有高度开放性和流动性的组织。但是，对于日本企业来说，上述所有条件都是痴人说梦。与上述原则相反，在企业文化，或者说"潜规则"的主导下，越熟悉企业的潜规则，就越是有用的人才。但是因为"潜规则"是依赖具体情境的"客制化"知识，掌握这种知识的人才在某个企业越是吃得开，在另一个企业就越是寸步难行。

1　八代尚宏（八代　尚宏，1946— ），日本经济学家，昭和女子大学全球商务学部部长、特命教授。
2　"On the Job Training"的缩写。指上司或前辈在实际工作中向下属或后辈传授工作技巧、经验和知识。

因此，川口在分析日本企业对女性的歧视时将离职率作为唯一的解释变量，是因为他把日本企业的现状作为预设条件——作为既定前提，无意识、无自觉地接受下来。那么，在他笔下的"创新企业"中，是不是就不存在这些预设条件了呢？

适应新自由主义

川口笔下男女平等的"创新企业"，主要是外资或创业的中小企业。在那里，只要是有一技之长的人才都希望自己成为独当一面的战斗力，他们无时无刻不在与同事进行着激烈竞争。他们如此鼓动女性："有能力、有动力，就有回报"——快快加入竞争，加入和男性对等的竞争！在竞争中脱颖而出，咬紧牙关不要辞职！

但我总觉得哪里不对。

我突然想起当年《均等法》颁布的时候了。就在那时，资方引入了职务类别人事管理制度。难道从此往后，我们应该鼓励年轻女性争取综合职就业机会吗？难道所谓女权主义，就是支持女性争取综合职就业机会吗？怎么可能这么荒唐。

《均等法》是新自由主义就业改革的一环，这一点在前文已经论述过了。"努力争取综合职"，给女性这样的建议，本质上就是要求女性"适应新自由主义世界，在其中生存下来"。那时我只是在直觉上感到"哪里不对"。但经过这20年我终于明白，当年的那些人给女性提供的建议无非是想让女性适应新自由主义改革，成为改革的赢家，也就是所谓的"胜间路线"罢了。

"向着综合职努力",就等于说无论男人的工作方式如何,女性都应该以同样的方式工作。即使如此,也并非每个人都能得到一份综合职工作。经过严格选拔,走过独木桥的人是赢家,惨遭淘汰的就是败者。新自由主义的优胜劣汰、自我决定、自我负责原则无情地发挥着作用。在另一方面,正如我前文的论述,大多数选择一般职而非综合职的女性,不论在职场中遇到怎样的歧视性对待,都再也不能以"歧视女性"为由举报这种行为了。

说起来,与其他领域相比,学术研究者的世界更加流行能力主义原则。在这个领域中,曾发生过这样的事情,一位在某前沿领域进行着激烈国际竞争的男性理科学者曾说:"我们实验室不存在对女性的歧视。如果我们歧视女性,我们就会在竞争中失败。"听罢我问他:"那么,您的实验室中有女性研究者吗?"他愣愣地说:"没有。"真是怪事。

也曾有人说过这样的话:

"我一直考虑是不是要录用一些女性人员,但一直找不到好人选。女性要结婚、要生孩子,做不出什么竞争业绩啊!不管怎么讲,从论文的分数来看,男性还是比女性要强得多。"

原博子[1]教授的研究小组得出了完全相反的结论:如果比较大学中地位相同的男女研究者的成果数量就会发现,女性研究者的业绩约为男性的两倍。换言之,这一数据印证了所谓"女人不做出两倍的成果就不配与男人平起平坐"的"常识"。顺便一提,有本书叫《像男人一样思考,像女人一样行动,像狗一样工作》(德

---

[1] 原博子(原 ひろ子,1934—2019),日本文化人类学家,御茶水女子大学名誉教授。

雷克·A.牛顿著、石原一子译，1980年）。虽然是本30年前的老书，但是标题至今还是至理名言，着实厉害。不过，肯定会有很多女性哀鸣："我做不到啊！"

我生活在一个能力主义的世界中。我的工作就是鼓励甚至训斥学生，让他们拿出业绩。如果干得漂亮，自然会得到第三方的好评——在当今这个世道之下，我们还是可以相信，学术研究领域依然是个相对公平的竞争世界。学术界就是武林。在其中，我只能一边抱定必胜的信念，一边也怀着至今未解的疑惑：难道只有学术界才能给女性一条活下去的道路吗？

如上所述，新自由主义改革固然给了女性机会。女性确实可以参与竞争——但只能在"为男性量身打造"的规则下进行竞争，这就是所谓的机会均等。不得不承认，确实有很多女性拥有过人的能力并进行了卓绝的努力。这些人可以逆流而上，斩将夺魁，但毫无疑问，绝大多数女性必将成为失败者。只有让输家愿赌服输，才能支撑新自由主义竞争的原理。

但是，比赛规则本身会不会就是错误的？为什么不能这样设想一下呢：在这场竞争中，女性是不是被强加了不利条件，是不是被强加了必败的命运？这会不会本来就是一场不公平的竞争，最终的成败却被完全归为自我责任？

在日式雇佣制度之下，离职肯定对于劳动者不利。工龄越长，女性比例越低；职位越高，女性比例越低——倘若这真是"女性自发离职"的结果，这一结果也只能说明，这套竞争规则对于女性集体有着结构性的排挤效果。如果某个制度或者结构使得男性或者女性集体处于有利地位或者不利地位，那么这种制度或者结构就是与"直接歧视"不同的"间接歧视"。即便当事人没有歧视的意图或主观意识,各种数据也可以在流行病学的意义上证明歧视的存在。现今的男性、女性采取的工作方式绝不是"性别中立"的。

"妈咪轨道"的陷阱

让我们回到女性生育离职的问题。

所谓离职,并不意味着劳动者就此退出劳动力市场。以前,结婚离职、生育离职都意味着终身成为"家庭人",这是一条不归路。但现在养育孩子只是"期间限定"的暂时负担。如果人生的资产负债表发生了变化,自然会有人希望重新回到前线。离开职场多年以后,有的人可能很难"重新融入社会",也有的人因为跟不上办公自动化的节奏而被淘汰。不过,各地的女性中心都会举办"再就业准备讲座",还有再就业的职业培训机构,多多运用可能会有不错的收获。

最近,生育离职的女性重返工作岗位的时间逐渐提前。以前,"后保育期"从"最小的孩子达到学龄(6岁)"开始算起。现在,不必等到生育之后六年,年轻的母亲们只需把3岁以上的幼儿送到保育所就可以结束"保育期"。也正因为保育期的缩短,才产生了如此悖论:少子化愈加严重的同时,"待机儿童"的数量却在增加。

如果对各企业的内部情况做个调查就会发现,休过育儿假的女性员工的人事评价往往低于前一年。虽说育儿假是劳动者不可剥夺的权利,但这一权利的行使总被看作先私后公的行为。可以说,降低这些员工的人事评价,就是对职场妈妈的一种惩罚。

只有一年的育儿假结束,并不意味着育儿的任务结束。如果孩子能进保育所,为了接送孩子,就必须按时下班。如果孩子在保育所发烧,还要随叫随到。虽说丈夫可能也会帮忙,但在绝大多数情况下,都是母亲一人挑起育儿的重担。

曾经听一个男性如此发言:"家务和育儿,两者经常被并列起来。但其实,自然是育儿的负担更重。但育儿也无非是一转眼的事情。现在的家务,又节能,又省力,女人还有什么可抱怨的?"果真如此吗?家务和育儿,说得轻巧。从哪里到哪里属于家务?从哪里到哪里属于育儿?二者根本无法分割。就算费劲的哺乳期、幼年期一转眼就结束了,此后的很长一段时间,母亲都需要准时准点待在家里,给饥肠辘辘、按时回家的孩子做饭——这种劳动是家务还是育儿?如果母亲下班可以回家,孩子的放学时间就是母亲必须回家的时间;如果回不了家,母亲在外面还要对孩子的饮食忧心忡忡——这种生活至少要持续十年。这种生活,单亲爸爸应该会有所体验。做出上述发言的男性,做好了和妻子一起,乃至代替妻子长期承担这一责任的觉悟了吗?许多男人根本没有意识到,女性的家务时间绝不仅仅是家务劳动本身的时间。为家务做准备的待机时间、为了家庭成员的方便而空出的私人时间,都构成了女性的沉重负担。

女性在生育之后,必须在很长一段时间内优先考虑家庭而非工作(这完全是无可奈何的选择)[5]。用人单位"体谅"这一点,特意减少职场妈妈的加班时间,将她们从责任较重的岗位上调离,这种处理方式在性别研究中叫作"妈咪轨道"（Mommy Track，专为母亲设置的职务类别）。"体谅"的背后就是"歧视"。换句话说，所谓"妈咪轨道"，就是从此把职场妈妈当成二流劳动力的"战力外通知"，就是困住职场妈妈的隔都。

众所周知，综合职女性与男人们一起苦哈哈地努力工作，但她们的离职率高得出乎意料。不过，她们的高离职率是不是生育离职造成的，从数据中无法得出结论。注意到出乎意料的离职率，有一个学生调查了综合职女性的离职理由。她们因结婚、丈夫的工作调动、怀孕等原因离职，但会将离职原因写成"个人原因"，而不会把"生育"明明白白地写出来。考虑到工作与私生活的平衡，她们早意识到，现在这种每天加班到晚上10点的工作方式与家庭生活根本不能两全。

如果这样的话，提前转为加班和调动都比较少的一般职，也就是说，在生育之前就预先进入"妈咪轨道"，是不是一个比较好的选择呢？然而，正如我之前提到的，受雇佣崩溃影响最大的就是一般职。首先，公司本来就并不期望从事一般职女性在生育之后继续工作，也不欢迎她们长期工作。现在也有很多女性劳动者在产后离职或者跳槽。她们跳槽之后，往往去做兼职或者成为派遣工。这是因为兼职和派遣工的工作时间比较短，可以按时回家。但是，这种选择的代价就是低工资。在日本，如果说非正规雇佣发挥着与"妈咪轨道"相同的作用，那么我们可以断定，这个社会确实会对生育孩子的女性施以惩罚。处于这种不利地位的女性自然不会想去继续生孩子。这样下去，让大家多生孩子显然是白日做梦。

目前，"工作生活平衡"的口号喊得很响。但是换汤不换药，这种说法和"妈咪轨道"相同，都不过是"二流工作方式"。大概只有雇佣保障完备（不能轻易被解雇）的正式员工，而且还得是福利制度完善的大企业社员，才能真正做到"工作生活平衡"。有些女性本来好不容易被录用为综合职，结果得而复失进了"妈咪轨道"；也有些一般职女性上不上，下不下，工龄越混越长。有些企业很重视熟悉潜规则的行政助理人员的价值，正如必须重视将士兵送上前线的后勤保障业务，金融机构就非常重视客户信息的管理。不过，显然企业更加滑头。企业可以返聘曾经离职的员工，将她们编入下属的劳务派遣子公司。这样，企业既不必特地冒着风险雇佣正式员工，也只需支付正式员工一半的工资。事实上，很多大型金融集团内部都设有专门"储存"女性离职员工的劳务派遣公司。某大型商品流通企业实行了生育离职女性的再雇佣制度。但再雇佣的条件是，离职时上司给出的考核评价必须达到A级或者以上。符合这一条件的十个人里也没有一个。也就是说，只有非常出类拔萃的女性才能享受被再次雇佣的"特典"。换言之，对于企业来讲，生育离职只是用来区分"能用的员工"和"不能用的员工"的手段。相反，如果真的想要把某个女员工赶走的话，企业可以把她转入"妈咪轨道"，也可以把她调到通勤困难的地方去，总之，用人单位总会使出千方百计，让不堪忍受的女员工自己提出离职，这种例子不胜枚举。

假设你很幸运，在一个雇佣保障完善，福利待遇优厚的企业进入了"妈咪轨道"。那么问题来了：日本的人事制度往往并不承认"败者复活"。一旦进入"妈咪轨道"，就再难脱身——企业张机设阱，埋伏于后。如果你在育儿假结束之后重返工作岗位，那么等待你的就是一个负担较少，可以按时回家的岗位。到了下班时间，"亲切"的上司就会来提醒你"喂，你先回家吧"，上司的潜台词就是"你已经没什么用了"。"妈咪轨道"既是"体谅"，更是"歧视"。更可怕的是，你会慢慢习惯这种境况。"算了，这样其实也不错，既来之，则安之嘛。反正他们也是出于好意。"这样一来，即使你工作再努力，也不会得到认可。能够升任管理岗位的全都是"没什么魅力"的女性：要么是败犬，要么是寡妇。在如此现实造就的日式职场中，职场妈妈们很难找到自己的"职场楷模"。

那么"楷模"到底是什么？

只要女性申请了育儿假，不管育儿假期有多短，不管怎样辩解"这是正当权利的行使"，人事评价都会被下调。不仅如此，如果职场人手不足，在没有安排好替班的情况下就休假，就会把同事的工作搞得紧紧张张的。这种换来他人白眼的"权利行使"确实不容易。

女性休育儿假都会被下调人事评价，更不用说男性了。有个民间团体叫作"育时联"，也就是"不论男女都要育儿时间！联络会"[1]。《劳动基准法》保障女性劳动者在幼儿0岁期间享有每天两

---

[1] 该组织的日文名称为"男も女も育児時間を！連絡会"。该组织创立于1980年，致力于缩短男女劳动者的劳动时间，以获得充分的育儿时间。它的官方网站为 https://www.eqg.org/.

次，每次30分钟，共计至少一个小时的育儿时间。事实上，女性在育儿期间可以向用人单位申请缩短劳动时间。在过去，女性劳动者可以把孩子带到企业托儿所，这段时间也就是哺乳时间。现在没有了企业托儿所，母亲们就用这段时间到保育所接送孩子。因此，不仅是母亲，父亲也有权申请缩短劳动时间，承担接送孩子的责任。"育时联"的男性成员就以"为男人争取育儿时间！"为口号，与企业展开了斗争。当然，企业将他们视为眼中钉、肉中刺。

他们当中就有这样一位男性。他虽然申请了育儿时间，但是几年之后，比起其他男同事，他的晋升速度并没有受到影响，顺利晋升到了管理岗位。他如此调侃道：

"我们公司可不会放着我这么有能力的员工不管！"（笑）

没错。无论是"妈咪轨道"还是"爹地轨道"，如果育儿期结束，至少能够回到原来的岗位就好了。如果能够重来，能够再挑战还有复活战就好了。如果有一种能够与每个人的意愿和能力相适应，在人生的每个阶段都达成生活与工作的平衡，从而充分发挥人的能力的工作方式就好了。如果离职或者休假不被认为是"职业生涯（Career）的中断"，而被看作另一种生涯的积累就好了。那是因为，不管男性还是女性，那段期间经历的家务、育儿、照料等一切作为"生活着的人"的体验，无疑可以让"人生"（Career）[1]本身变得更加丰富。

行笔至此，依然无法释怀。人生本就起起落落，最后谁输谁赢也未可知。

---

1 "职业生涯"和"人生"的日文原文都是"キャリア"，也就是英文"Career"。

我曾与一家企业工会的女性部合作过。这是一家员工福利保障丰厚的大公司。女性正式员工的比例绝不算低,可是一旦上升到管理岗位,女性数量就急剧减少。在这家企业中,不婚的单身贵族女性越来越多。于是,那些已经进入了"妈咪轨道"的已婚女性就成为单身贵族羡慕嫉妒恨的对象。一方面,已婚女性不需要加班,工作压力就转移到未婚女性身上。面对着怡然自得的已婚女性,未婚女性难掩自己的嫉妒和烦躁。另一方面,已婚女性面对未婚女性异样的目光,心里想的却是"不当家不知柴米贵,不养儿不知报娘恩,不过河不知水深浅,不生孩子你不知道怎么回事"。

在这个企业,我向她们提出了三个问题:

首先,在你们的企业中,有"妈咪轨道"这个做法吗?

其次,员工能够根据个人意愿脱离"妈咪轨道"吗?

最后,你们的企业中有没有已婚已育女性员工的"楷模"?

到底什么是"楷模"?我提出了一个触及根本的问题。能够脱离"妈咪轨道"、成功晋升管理岗位的女性就是楷模吗?让更多女性进入管理岗位就是我们的目标吗?这套说法似乎只是鼓励女性争取综合职岗位的在同一水平上的延续而已。

身处为男性量身打造的规则之下,与男性进行机会均等的竞争,还要得胜而归——这就是女性的生存之道吗?从新自由主义的陷阱中脱身而出,无疑是一件如此之艰难的事情。

◆ 作者注 ◆

［1］ CEDAW建议的5个项目如下：

国际条约；

制定和完善国内法律；

劳动和就业；

性暴力；

人权。

［2］ "性别平等政策"清单是以下的12个项目，共计26条。

一、宪法

（1）严守《宪法》第9条（放弃国家的战争权）；

（2）严守《宪法》第24条（男女平等）。

二、放弃核电站

（3）最迟到2030年实现全国所有核电站停止运行。

三、防灾复兴

（4）推进女性参与防灾复兴工作；

（5）为灾区女性创造就业机会。

四、积极改善措施

（6）实行政党候选人的女性配额制；

（7）在2020年之前，使政治、公共事业以及教育领域的女性管理人员比例达到30%。

五、雇佣、劳动

（8）切实有效地实现同工（价值相同的劳动）同酬；

（9）废除配偶退税；重新评估第三号被保险者制度；

（10）减轻家庭照护者的负担，改善护工的待遇。

六、工作与生活的平衡

（11）实施育儿支援措施，解决保育所、学龄儿童保育的待机儿童问题；

（12）普及、宣传育儿和长期照料休假制度，并促进男性取得这一权利。

七、民法修改

（13）实现选择性的夫妇别姓制度；

（14）实现最低结婚年龄男女平等、废除只对女性实施的"禁止再婚期"制度（女性离婚100天内不得再婚——译者注）；

（15）废除对非婚生子女的歧视性规定。

八、性暴力

（16）制定全面的法律禁止性暴力并保护受害者；

（17）扩大《家暴防止法》保护令的范围，不分性别，将非婚的交往关系也纳入保护范围。

九、日军"慰安妇"问题

（18）继承河野谈话和村山谈话精神；

（19）政府（国家）对受害者进行谢罪和赔偿。

十、性健康

（20）废除刑法中的堕胎罪；

（21）消除对性少数群体（LGBT）的歧视和社会排斥。

十一、少数群体、社会弱势群体

（22）实行富有成效的政策，缓解单亲家庭和单身老年女性的贫困问题；

（23）消除对外国籍居民的歧视和社会排斥。

十二、履行《联合国消除对妇女一切形式歧视公约》的缔约国责任

（24）强化国内相关部门职权，提高妇女地位；

（25）批准该公约的《任择议定书》；

（26）建立具有保护妇女和性少数群体的人权权限的、独立的国内人权机关。

[3] 对某项政策回答"同意"，得2分；"部分同意"，得1分；"部分不同意"，得-1分；"不同意"，得-2分；未作答则得0分。合计得分区间为52分到-52分。各党派得分按降序排列如下：社会民主党52分、绿党52分、国民生活第一党51分、日本共产党

50分、民主党44分、公明党38分、日本未来党36分、自由民主党11分、日本维新会9分、国民新党—2分。

[4] 根据各政党对"202030"和"废除配偶退税制度"两项政策的态度，可以将这些政党区分为"女权主义政党"、"新自由主义政党"以及持歧视女性的传统家庭观念的"保守政党"。对两个政策都持赞成态度的是女权主义政党，包括社民党、共产党、国民生活第一党、绿党、民主党和未来党。这些政党的立场都相当接近女权主义立场。赞成前者、反对后者的是新自由主义政党，包括自民党和公明党。两者都反对的是传统保守政党，包括国民新党和日本维新会。理论上，还有反对前者、赞成后者这种组合。如果真有某个政党持这种态度，应该是非常支持管制放松化和自由竞争的，新自由主义程度更高的政党。按照这个分析进行推理的话，在本次没有参加调查的政党中，"大家的党"应该是新自由主义政党，而"新党大地党"应该是传统保守政党。

[5] 绝不能指责抚养孩子的妇女把孩子放在第一位而忽视了其他东西。正是因为有这样的女性，孩子才得以成长，人类才得以延续。不抚养甚至虐待、无视孩子的女性非常少见。因此一旦发生这种事情，就会成为社会关注的热点话题。相反，为什么作为父亲的男性可以天经地义地不把育儿放在第一位？这才是我们必须思考的问题。

第十二章

为了女性的生存

给女生的建议?

近来,市场上冒出了很多面向女学生的求职书籍。曾任《日经Women》主编的麓幸子[1]撰写了《求职生父母必须知道的那些事》。正如腰封所写:"母子的444天求职战争",此书根据麓幸子女士和她儿子的求职体验写成。不过,其中也有一章名为"对于女生和她们的父母想说的话"。这说明,麓幸子女士同样关注求职女生和她们的父母。最近,麓幸子女士的另一本书正在日经电子版女子求职版块实时连载。读了这两本书,我切实地感受到了男生和女生在求职战线上体现出的显著不同。[1]

海老原嗣生在瑞可利公司深耕多年,通晓招聘人事,人称"求职的卡理斯玛"。[2]他有一本切中要害的著作,叫作《女子的职业生

---

1 麓幸子(麓 幸子,1962—),日本媒体人,《日经Women》创刊人之一。文中提到的著作为『就活生の親が今、知っておくべきこと』(日経プレミアシリーズ,2011年)。
2 海老原嗣生(海老原 嗣生,1964—),咨询师、编辑、企业家。在人才中介、职业咨询公司RECRUIT AGENT任社交媒体执行官。所谓卡理斯玛(Charisma)意为具有超凡魅力的领袖。文中提到的著作为《女子的职业生涯》(『女子のキャリア』,ちくまプリマー新書,2010年)。

涯》。这本书的副标题是"教你'男性社会'的运行机制"。海老原断言"求职的最大问题除了性别,还是性别""非正规雇佣问题,基本上就是性别问题"[1]。

竹信三惠子[2]女士作为新闻记者,长期关注女性劳动问题。她在《向着能够幸福工作的社会进发》一书中义愤填膺:"这种工作方式真的好吗?"海老原和竹信女士的著作,都是为初入职场的年轻人而写。虽然可以将他们笼统地称为"年轻人",但我们必须注意到:不论招聘、岗位指派还是晋升,都存在如此巨大的性别鸿沟。因此,不区分男女,笼统讨论这一问题是没有意义的。竹信女士自己作为职业女性,也有着丰富的职业经历。基于她自己的亲身体验,竹信女士在著作中特别着眼于讨论女性的工作方式。

麓幸子女士在她的书中指出,母亲鼓励女儿成为"专业主妇"早已不合时宜,她还特别指出了"专业主妇这个'职业'的高风险性质"。内阁府最近发布了关于"性别分工意识"的调查结果。这一调查显示,同意"男主外,女主内"这一观点的受访者比例自1992年调查开始以来首次增加(见图12-1)。令很多人吃惊的是,20~29岁的男女对这一观点的支持率竟然超过了50%。不过,根据统计数据,妻子的主妇率实际上正在持续下跌,因此也有很多女性虽然有成为专业主妇的意愿,却不能得偿所愿。当今社会的现实是不工作根本无法生活下去。虽然年轻人大概已经意识到,这种

---

[1] 参见筑摩书房的宣传杂志《筑摩》2012年11月号刊载的海老原·上野对谈,第6页。
[2] 竹信三惠子(竹信 三惠子,1953—),日本记者、和光大学名誉教授,曾任朝日新闻社记者。

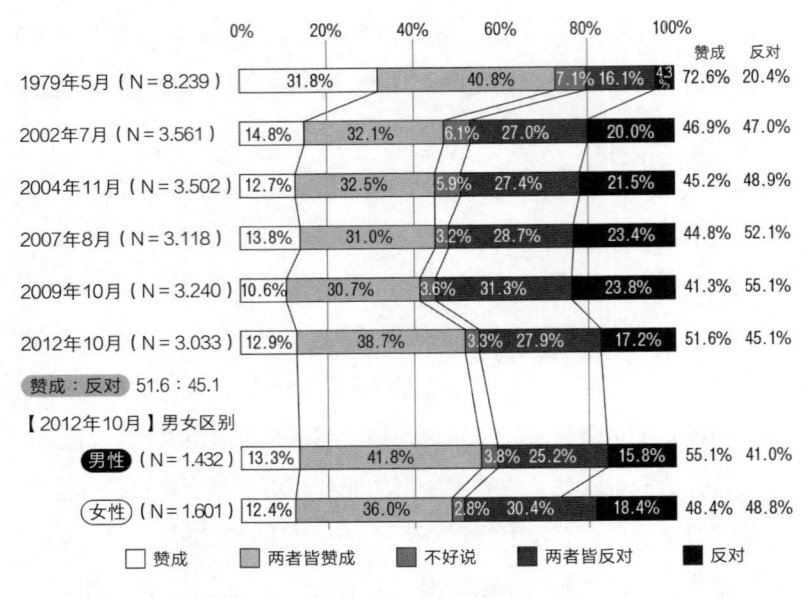

图12-1 关于"男主外，女主内"观念的调查结果

资料来源：根据《男女共同参画白皮书（2012年版）》制作

就业、工作方式根本没什么可羡慕的，可是与其说年轻人需要考虑"是否去当专业主妇"，不如说她们根本没得选。对于生活在这个时代的年轻人来说，人生选项只有"去工作"，需要考虑的事情只有"怎么工作"。

竹信女士在她的著作中为上述问题提出了"劳动时间限制""同工同酬"之类政策的解决方案。但是，比起研究工作方式，"改变制度结构"才更加必要。我也曾经提出，对于在不利的规则下工作的女性来说，改变规则比适应规则更加重要。提出政策建议固然很好，但是身处迫在眉睫的问题之中，这些女性已经不能再等。这些主张仅仅作为建议，也就显得太过迂回了[2]。

另一本涉及类似主题的书是永滨利广所著的《男性萧条》[1]。然而，我对这种书中"女人抢了男人的饭碗"这种老生常谈并不感冒。此书的副标题是"'男人职场'的崩溃改变了日本"，但造成"男人职场崩溃"的并不是女性，相反，"男人职场崩溃"无疑是男性德不配位，长期以来享受着超乎能力水平的优渥待遇的证据。在全书的结论部分，作者自问自答，给出了自己的结论。"那么，面对这样一个时代，男人该如何活下去呢？"作者给出了一个解决方案：男女双职工。对于这么个方案，我倒是没什么可说的。

不过，虽说如此，我似乎能够听到年轻女性，以及不再年轻的女性们的叹息声：那么，我们该怎么办呢？

"Bari Career"，还是"Happy Career"？

海老原著作的开头讲述了一个令人印象深刻的片段。一位身怀六甲的年轻女职员在他面前边哭边说：

"等我生完孩子、充分休息，马上就可以回到岗位上来。公司的环境还是对女性很友好的，也给了我充分的考虑时间。但是……我一直勤勤恳恳，在同期入职的同辈人中，我也是最努力的……我总觉得，我这段奔走忙碌的职业生涯似乎就要完结了……就算我还想和之前一样努力工作，可能只有等到40岁之后才有机会了……"

---

[1] 永滨利广（永濱 利廣，1971— ），日本经济学家。现任日本第一生命有限公司经济调查部首席经济学家。著作《男性萧条》（『男性不况』，東洋経済新報社，2012年）等。

海老原对职场女性的未来持乐观态度。首先，从本世纪最初十年开始，大学毕业生女生人数超过同龄人口的30%。与《均等法》实施之初那种设置综合职，把女性视为稀有动物的做法不同，在不到十年的时间里，企业就把女性视为不可或缺的战斗力了。与此同时，晚婚化和非婚化的进程也在不断推进。事实已经证明，婚姻并不会妨碍女性的事业。然而，在生物钟的作用下，生育的上限年龄越来越近。比起婚姻，育儿更加严格地约束着女性的人生。这样，本节开头孕妇的哀叹就诞生了，但海老原乐观地认为，日本的企业正在稳步学习，缓慢改变。他"乐观"的根据在于，20世纪70年代以前的欧美同样是一个保守的男权社会，后来欧美国家花了整整30年转变这一局面。因此海老原预测，日本社会经过改变，迟早也能达到欧美国家的水平。我不能赞同他的预测，原因如下。

　　日本企业真正学到的是"女人也是可用的劳动力"。这是理所当然，这帮人直到现在才开窍，才真叫愚蠢。企业还发现"女人也能胜任管理岗位"。这也是很自然的。岗位可以历练人。只要给她们机会，她们就能做到——这就是《均等法》颁布以后的经验。除此之外，他们还发现："女人并不是总辞职。"然后，《均等法》颁布之后，企业还发现，必须给女性与能力相应的工作。这一系列变化的结果就是，股长以下的初级管理人员中，女性人数稳步增加。不过要想继续晋升到科长级别，就需要再工作十年。海老原主张，如果女性不轻易离职，有始有终，那么企业终将改变。

　　针对上述问题，他提出了一个出人意料的解决方案。大家都知道，生产、育儿是女性持续就业的最大瓶颈。他的解决方案就是推迟生产和育儿。他著作的最后一章叫作《"35岁"太折磨女人了》,几乎整章都致力于进行"40多岁首次生产并不可怕"的启蒙。此前的章节都在谈论工作方式、企业的真心之类的话题,但为什么到这一章就突然开始讲起了晚育、不孕治疗和残疾婴儿出生概率?一开始我有点儿摸不着头脑,但后来就明白了原因。这一章始终试图向读者传递一个信息:如果已经将生育推迟到了30多岁,再推迟十年也问题不大,40多岁首次生育并不危险。所以再努力个十年八年,等着看吧,到时候企业肯定会做出改变的。

这简直就像劝说癌症病人再坚持个十年八年,等着看吧,到时候特效药肯定会开发出来的。当然,把孩子比作癌症确实有点儿不恰当,不过胎儿和癌症都是在体内不断发育的异己细胞。如果胎儿在此期间茁壮成长,企业却还是老样子,到时该如何是好?

毫无疑问,海老原的书就是一首献给"职业女性"的热情助威歌。但是,如果"晚育建议"真的能够解决问题,无非就是宣告了生育和工作,特别是综合职女性的生育和工作根本无法两全是个不可动摇的事实。事实上,在他的书中基本上没有生育之后的女性登场。

一切问题始于生育之后。如果女性不是"负责生育的性别"(產む性),那么所谓"女性问题"即使不会全部消失,其中的一大半也会烟消云散。那么,与推迟生育这个建议相反,真正想要生育或已经生育的女性应该怎么做?

海老原区分了"Bari Career"和"Happy Career"。所谓"Bari Career",就是日语"拼命苦干的职业女性"(バリバリのキャリアウーマン)的缩写,她们追求男性化的工作风格;而"Happy Career"就是"幸福的职业女性"(ハッピーなキャリアウーマン)

的缩写，她们适度工作，结婚生子。只有后者的称呼里有个"幸福"（Happy），无非就是"女人的幸福在于结婚生子"这种刻板印象的鲜活写照，我们不必管他。但是，后者真的算是"职业女性"吗？显然，海老原认为给男性员工打下手的辅助型事务工作算是一个不错的职业。但是，如果我们冷静看待现实，不被术语迷惑的话，"Bari Career"就是综合职，"Happy Career"无非就是一般职，也就是前文论述过的"妈咪轨道"。"Happy Career"无疑意味着被封闭在女性的隔都，成为二流劳动者。后者与前者相比，无论是晋升空间还是工资上涨空间都非常狭窄，即便有很长的工龄，到了40岁以后工资也很难上涨了。

那么应该选择"Bari Career"，还是"Happy Career"？这个由海老原提出的问题，无非就是选择综合职还是一般职，换汤不换药。正如上文所说，更严重的问题在于，大多数女性的选择——进入"妈咪轨道"，长期在岗的那种一般职就业形式早已崩溃。

作为同一代职业女性，我曾与坂东真理子进行过一次对谈[3]。坂东女士是一位现实主义者，她给后辈女性的建议是："坚持工作，按照自己的节奏继续前进。"与我看起来"激进"（笑）的外表相反，每次接受毕业生关于离职创业或跳槽的咨询时，我往往给出如下"稳健"的建议：

"三百六十行，每行都有谋生之道。还是有一份固定职业、固定收入比较好。如果没了固定职业，就像鱼儿离了水，瓜儿断了秧……虽说组织可能是人才的桎梏，但也是平常人的保护伞。除非你认为自己出类拔萃，否则，在组织中工作才是明智之选。"
（同上书，第86页）

不仅如此，无论工作多么努力，企业并不一定能对你所做的贡献有所回报。对于女性来说尤其如此。与其一本正经地承担责任，不如摸鱼。这类员工人称"不良债权"。但是，男性"不良债权"的持有成本实在太高，企业会想尽办法拆东墙补西墙。因此，不管用人单位怎样找麻烦，女员工也要坚韧不拔，不要主动离职。20世纪90年代中期以前，一般职女性享有充分的就业保障。只要不主动离职，企业很难开除员工。因此在当时，这个建议还是有效的。不过，那个时代已经过去了。

与此相对，海老原的建议如下：

"如果你还没结婚的话，就应该找个能够兼顾家庭和事业，也能做家务的男人。"[1]

育儿劳动的负担远比单纯家务劳动的负担沉重，这一点无须多言。育儿负担之沉重，足以改变女性的工作方式。能否根据女性的负担，让男性同样参与"足以对工作方式产生影响的育儿劳动"呢？所谓"足以对工作方式产生影响"包括不加班、拒绝职务调动或调往异地的选择权。正因为"育儿男"[2]少之又少，所以才会成为热门话题。海老原提倡"爸爸配额制"[3]，但即使男性拥有休育儿假的权利或者"爸爸配额"，众所周知，事实上很少有男性会真正行使这一权利。大概是因为男性员工行使这一权利会使企业方不满。

---

1 《男性的萧条》，第11页。
2 所谓"育儿男"（イクメン）由"帅哥"（イケメン）衍生而来，是"育"（イク）和"男人"（メン）的组合词，指热心育儿从而显现出魅力的男性。
3 爸爸配额制（パパ・クオータ制，Father's quota）是在挪威、瑞典和冰岛实行的一项育儿假政策。在家庭全部育儿假期内有一部分是给父亲的配额。如果父亲不使用这一配额进行休假，那么这段时间的假期自动作废。

最近有数据显示,"参与足以对工作方式产生影响的育儿"的年轻父亲正在逐渐增加,但无疑,他们背负着被企业惩罚的风险。

很多生育后重返岗位的职业女性都感叹"老公根本靠不住""就算我想让他帮忙,他也根本不着家""就算他想帮忙也帮不上"。这样就产生了朴素的疑问:为什么女性没找那种海老原口中的"也能做家务的男人"?就算找不到,为什么婚后不把丈夫教育成这样呢?虽然有此一问,但答案其实众所周知。她们自己之所以不选择"也能做家务的男人",是因为女性根本不希望自己的丈夫"参与到足以影响工作方式的育儿之中"。为什么?男人育儿"力不足"的根本原因是"心无余",他们本就没有育儿的意愿。更简单地说,工作优先于育儿。男人不可能以育儿优先,并且这个"不可能"也有理由。更重要的是,社会也认可这一理由,妻子们同样认可这一理由。妻子的真实想法也是丈夫应该工作优先、育儿其次,或者说,她们根本没打算和育儿优先的男人结婚。

说到这里,我知道有一些人会反驳:"育儿男"并不是没有,休育儿假的男人也有很多,他们不都是家庭主夫吗?我必须再次声明:这些人之所以上新闻、受关注,正因为他们是少数中的少数。

妻子作为职业女性,并不希望丈夫因为参与育儿而影响工作。因此,当接到保育所来的紧急电话,通知孩子发烧,要求家长来接时,她们就会把"为什么总是我去接?"的抱怨吞进肚子里,立即向单位请假。她们并不会要求丈夫去接孩子。她们知道,即使联系丈夫,丈夫也会回答"不行不行,我去不了",因此只好把这个想法和抱怨一同吞进肚子里。职业女性之所以选择这样做,是因为她们觉得丈夫的职业比自己的职业更重要,让自己的职业承担不利影响才是理性的选择。即使夫妻二人都是高薪的专业人士，比如医生、律师，妻子也会做出如此选择。

这就是精英女性的阿喀琉斯之踵。麓幸子女士、海老原和竹信女士都没能指出的是，女性其实在作茧自缚。这意味着，精英女性不可能允许她的丈夫不是精英。不过，立刻就会有人反驳："我就不是这样的。"确实，任何倾向都有例外。但数据冷酷地表明，精英女性更倾向于与精英男性结婚，但精英男性与精英女性结婚的比例相对较少。因此，海老原"找一个能做家务的男人"的建议是无效的。

精英女性的另一个弱点是，不仅不允许丈夫不是精英，而且更不允许孩子不是精英。这种倾向在孩子达到入学年龄后变得更加强烈。工作或育儿的两难矛盾在孩子进入受教育阶段之后变得更加严峻。本田由纪[1]在《"家庭教育"的难关》一书中更加详细地讨论了这个两难困境，大家可以阅读参考。

对了，对于本节一开始提到的"稀里糊涂"怀孕的女员工，海老原给出了什么建议呢？为了庆祝海老原的著作出版，我在筑摩书房的宣传杂志《筑摩》（2012年11月号）上与他进行了一次对谈。本来想在对谈中就这个问题询问海老原，可惜直到最后都没有得到他的回答。

---

[1] 本田由纪（本田　由紀，1964— ），日本教育学家。东京大学大学院教育学研究科教授，文中提到的著作为《"家庭教育"的难关》（『「家庭教育」の隘路』，勁草書房，2008年）。

揖美追欧？

海老原"乐观"的另一个原因是，即便西方社会，也是历经了30多年的变化才达到目前的水平。因此他预测，日本社会通过持续的变革，或迟或早终将赶上欧美。我不同意这一点。原因在于，世界各国发生社会变革时，都各自处于世界历史的不同阶段。"不同社会在单一的线性轨道上发展"，这种历史观早已不被认可。每一个社会变迁，既有世界历史的同步性，更包含着其自身的独特路径依赖性。30年后开始的变化遇到了与30年前不同的世界历史背景，所以这个问题不在于简单追随30年前起跑的社会。相反，这30年来，日本社会与欧美社会处于相同的世界历史环境中，却没有发生相同的变化。日本究竟存在什么样的特点和问题以至于此？这才是我们必须问的问题。并且，日本社会必将为这一变化的推迟付出代价。

与30年前不同，当今世界正面临冷战格局的崩溃和全球化的进一步发展。在这个时代，亚洲崛起，日本衰落，老龄少子化日益严重。某些社会变革在30年前，本可以实现软着陆。但是推迟到今天，同样的变革很可能伴随着剧烈的社会痛苦。

1973年，石油危机席卷全球。在这一背景下，发达工业国家一个接一个地实行去工业化，推进经济灵活化。这就是所谓的产业结构转型。当时，西方国家选择充分利用女性劳动力，开始为此制定并完善相关法律制度。正如海老原所指出的，女性参与社会生活是"社会需求"的产物，而非女权主义的影响。事实上，直到20世纪70年代，大多数西方社会无论在家庭还是性别方面都极为保守，这一点海老原所言不虚。不过，发生在女性身上的变化同样显著改变了既有的家庭和性别关系。今天西方发达国家的离婚率上升、非婚生育率上升等现象都可以归结于其上，这一点前文已经叙述过了。

与此同时，在"会社资本主义"——也有人称之为"企业社会主义"[1]——之下，日本一直在保护男性劳动者的就业，这些男性劳动者就是父权制家长。这是因为，在经济高速增长时期形成的劳资协调路线下，存在一种达成劳资合作，保护就业路径依赖。也可以将其称为"老爹联盟"。在这一路径依赖之下，早该解体的以男性为顶梁柱的日本标准家庭存活至今。也正因如此，今天的年轻男女依然向往这种"昭和型"生活模式[4]。在泡沫经济时期，日本看似在普遍萧条的世界中一枝独秀。泡沫经济其实也为昭和模式延续了本该完结的寿命。但与此同时，美国和欧洲虽然仍在因为结构调整带来的痛苦而呻吟，但也已经开始为下一步棋着手准备了。

20世纪90年代，泡沫经济的崩溃和通缩螺旋的开始是推进结构转型的良好契机，但是如前文所说，日经联的《新时代的"日式经营"》一纸报告使得劳资合作进一步强化，行将就木的"老爹联盟"也就因此又缓过一口气来。于是，女性（和年轻人）都成了耗材式的一次性劳动力，日本也成了发达国家中少有的女性地位低下的国家。

欧美发达国家还拥有一个日本不具备的决定性条件，那就是

---

1 据作者括注，持此说的是正村公宏（正村　公宏，1931—2020）。正村是日本经济学家，研究领域为经济政策，专修大学名誉教授。日文"会社"就是公司。所谓"会社资本主义"就是以高度发达的企业福利为特征的资本主义生产方式。这种生产方式是劳资协调的结果，带有战后福利社会和社会民主主义的性质，因此也叫"企业社会主义"。

移民劳动者。所谓全球化过程，一言以蔽之，那就是信息、货币、货物和人员的国际流动增加以及随之而来的国内和国际秩序重组的过程。上述经济要素的移动速度依次减慢，人员的移动最后才会到来。全球化的最终阶段就是人员流动的日益活跃。这里所说的"人员"，当然不是指游客一样的过客，而是指劳动力的跨境移动。海外各国都在为移民待遇问题而苦恼，但他们既不能阻止移民入境，也不会考虑阻止移民入境。这是因为没有了移民劳动力，经济就要停摆。然而，在发达国家中，只有日本在人员流动方面仍处于"闭关锁国"[1]的状态。

欧美发达国家通过引进移民劳动者承担托儿、长期照护等照料的外包工作，促进了女性的劳动参与。关于育儿劳动，目前共有两条道路：美国的市场化选项（奶妈、保姆、女佣）和欧洲公共化选项（公立保育所和照护设施）。在日本，由于这两种选项都极为有限，女性的"生活工作平衡问题"变得更加尖锐。这样一来，与国外相反，在其他国家中由移民劳动者扮演的角色，在日本由女性扮演——照料劳动市场的底层劳动者基本都是已婚的中老年妇女。但是，这并不意味着日本应该像西方一样从国外引进照料劳动者。这只是以牺牲其他女性为代价推迟问题的解决。众所周知，照料劳动者的国际移动——所谓"全球照料链"（global care chain）——的最终结果就是亚洲欠发达地区照料劳动的崩溃。如果在世界范围

---

[1] 实际上，日本在1993年开始实行"技能实习制度"，也就是所谓的外国人研修生制度。外国人劳动者，特别是东亚、东南亚的劳动者抱着学习技术、追求更好生活的目的以"研修生"身份进入日本，却沦为廉价劳动力。这种压榨第三世界国家劳动者的制度被批评为"现代奴隶制度"。

内审视发达国家在其国内实现的所谓男女平等就会发现，那只是把其他社会的女性作为垫脚石罢了。

换言之，日本与西方国家既分享世界历史的共通性，也有很大的差异性。这并不意味着哪个先进、哪个落后，而只是进行差异的比较。因此，日本别无选择，只能自己体验自己的变化。不过迄今为止，这些变化一直朝着对女性不利的方向发展。因此，我很难赞同日本追随欧美变化的"单一线性进步史观"。

制度的变革

本章是全书的最后一章，所以让我们谈一谈标题所说的"生存战争"。为了生存而战，我们必须考虑以下三个层面的问题。

（1）在国家层面，通过改变政策和制度，我们能够做到什么？

（2）在企业层面，通过改变雇佣习惯和劳动规则，我们能够做到什么？

（3）在个人层面，通过个人和群体的自救和互助，我们能够做到什么？

首先是（1），也就是国家层面的政策和制度。

其实，处方在很多年前就已经开出来了。前文曾经介绍过，在"性别平等政策"运动政策清单之中，劳动就业项目包含两条，分别是"同工同酬"和"废除配偶退税；重审第三号被保险者制度"；育儿、照料社会化项目包含三条，分别是"减轻家庭照护负担""育儿支援政策""推进育儿、照护休假制度的普及、启发男性参与育儿和照护、推进男性获得相应休假"。请注意,上述政策清单不包括"扩大正规就业"或者"加强就业保障"。时至今日再要求"非正规就业人员转为正规就业""为所有非正规就业人员提供就业保障",已经是时代错误。正如沃勒斯坦所预见的那样,世界体系中心部门的正规就业岗位越来越稀缺,其数量根本没有增长的可能性。取而代之的是灵活就业（Flex Labor）。这是世界历史的潮流。灵活就业本身倒没什么好坏。关键在于,这个"灵活",到底对谁来说"灵活"？在日本,所谓灵活就是对资方灵活。资方不断推进的就业灵活化,无非就是把劳动者变成一次性耗材式的自由劳动力。

另一方面,如果灵活就业真的对劳动者来说"灵活"的话,这种工作方式肯定会受到欢迎。话说回来,朝九晚五就是所谓"通常型工作",这条规矩是谁定的？发达国家在应对少子化问题时总结出一条经验法则:"通常型工作"和育儿不能两全。事实上,一个社会如果实行灵活就业,其生育率就会有所上升。

另一个问题在于,灵活就业是否必然就是对劳动者不利的就业？没错。如果无论是短时工作还是非典型工作,都能做到同工同酬,那么一定会有人愿意选择灵活就业。与其他国家不同,在日本,非正规就业与正规就业存在极大的工资差距,因此必须提出"同工同酬"的要求。说到"同酬",如果灵活就业缺乏就业保障,由于其风险比正规就业高,不仅应该同酬,还应该获得更高的工资。

我与辻元清美合著的《代际团结》[1]一书中论证了"良好的灵

---

[1] 上野千鹤子、辻元清美著《代际团结》(『世代間連帯』,岩波新书,2009年)。

活"和"不好的灵活"。西方国家通过推进这种"良好的灵活"政策，既增加了女性劳动力，又维持了生育率，可谓一举两得。

当然，灵活化劳动力市场管制放松的一个环节，也是出于企业利益考虑的结果。在丹麦，政府并不要求企业提供就业保障，而是自己提供了一项名为灵活型就业社会保障（Flexicurity）的政策。这一机制并不要求企业不可轻易解雇工人，而是通过加强失业应对措施和职业培训来提高劳动力的市场灵活度。换句话说，这意味着国家代替企业接管社会保障工作，劳动者可以减少他们对企业的依赖。然而，日本却反其道而行之。在日本，从生计到住房，从资产形成到养老，全都依赖于所谓的企业福利保障，一旦离开企业，人们就会失去一切。而且，国家还在缩短失业保险的领取期限，这迫使人们越来越依附于企业。埃斯平-安德森的比较福利制度理论指出，被称为"社团主义"（Corporatism）的企业福利制度是日式福利制度的特征，这种制度一旦进入长期萧条，就会变得难以持续。不仅如此，还有学者指出，只有大企业的正式员工能从日式企业福利中受益，这一制度根本无法惠及企业系统之外的劳动者。

简单来说，"同工同酬"与"取消配偶退税"的政策组合，就是允许任何人，以任何工作方式及其组合，每周都可以完成相当于"通常型工作"40小时的工时，从而使人们不必依靠社会保障和企业福利也能生存下来。对于女性来说，这个政策意在把社会保障的最小单位由家庭改为个人，让妻子不必依赖丈夫的社会保障也能生活，从而改变女性收入达到一定额度以上，家庭就会蒙受损失的不合理的制度，使任何人都只是根据自己的工作量纳税，不受其他因素影响。社会政策领域的研究者早已提出了上述制度设计，但并未被采纳。经济学家神野直彦是这一政策的提案者之一。他在就任民主党政权的政府税制调查会专家委员会委员长时曾被寄予厚望。但随着政权的再次更迭,经济财政咨问会议复活。劳动管制放松的铁杆支持者竹中平藏成为这个会议的委员。这样一来,上述计划的实现就变得遥遥无期了。

除此之外,竹信女士提出的"限制总劳动时间"政策也很重要。在欧美发达国家,通常的劳动时间是指每周工作35小时。这一"通常的劳动时间"是如何确定的?在政治上,它由劳资双方协商决定。日本人的劳动时间之所以一直保持在每周40小时而从未减少,这是因为日本劳动者的议价能力较弱。正如我多次重复的那样,经验证明,每天8小时、每周40小时,朝九晚五的"通常型"工作时间与育儿绝对不能两全。尽管如此,在日本,正式员工的长时间劳动正在强化。即使是在"抢椅子游戏"中过关斩将,夺得了日益减少的正规就业席位的赢家,也不得不在入职后接受资方无休止的加班要求。"黑心企业"[1]的悲剧在等待着他们。

规则的变革

接下来是(2),通过改变企业的雇佣习惯和劳动规则,我们能做些什么?

如前所述,首先就是要杜绝以"离职为万恶之源"的"日式

---

[1] "黑心企业"(ブラック企业)指在新兴产业中大量采用年轻劳动力,实行过重劳动、违法劳动、权力骚扰等手段榨取利润的企业。

雇佣习惯"。既然规则本来就是错误的,那么在错误的规则之下进行"机会均等"的竞争,以Mr. Regain和Mrs. Regain为目标,咬紧牙关不离职,就更是一条不可能的道路了。这套规则对女性本就不利,女性被强加了必败的命运,但她的失败又会被归咎为自我负责。偶尔,也有一些成为赢家的女超人(Super Women)。她们说:"我就做到了,你们不努力去做,是你们的责任。"这种发言只会给别人添麻烦,再者说,只有女超人能够生存下来的社会本就有问题。

对于这一问题,处方也早已开出。应该先废除应届生统一招聘制;取消职务类别人事管理制度;废除年功序列工资制,改为能力绩效薪酬制;采取公正的考核评价体系,促进人事管理流动化,从而创造一套离职对劳动者并无不利,地位和工资与年龄、性别无关的人事制度;将家庭工资制改为个人工资制,废除以家庭为单位的企业福利制度(该份额由社会保障代替);取消退休年龄制度,包容能够符合不同人生阶段、不同需求的多样化的工作方式,并且不同工作方式之间不存在工资的歧视型差别——哎,可惜这些政策显然距离现状太过遥远。为了实现上述改革,就必须从根本上改变公司的组织结构和人事制度,而鉴于公司迄今为止的行为惯性,不得不说道阻且长。然而我们必须记住,正如本书第十章所述,歧视型企业倾向于保持现状,维持既有雇佣习惯,但它们很有可能会被创新型企业(主要是外资企业)在国际竞争中击败。

多样性

大家可能会有些许惊讶:"性别"概念没有在上述建议中登场。没错,这组建议旨在使不论男女、不论条件和属性的所有人都可以轻松工作,是一组"通用性(Universal)就业"的建议。正如通用工业设计旨在使健全人易于使用的工具对残疾人同样易用一样,通用制度设计也是如此。通用性就业不仅意味着促进残疾人就业,更意味着创造对社会弱势群体(典型的例子是带孩子的劳动者母亲)友好的、对任何人都友好的职场环境。而制度,不过是社会的工具。

于是,在企业组织内部,多样性(Diversity)迅速推进。最近在企业界,多样性、合规性和企业的社会责任都是非常火爆的概念。不过我们明明可以用汉字"多样性"来表记这一词语,但我们之所以特地使用片假名(ダイバーシティ),是因为提高企业内部的多样性是企业在全球市场生存下来的关键课题。关于这一点,商界早已形成共识,成为世界标准。

全球市场绝不是一个单一的、同质的大规模市场。相反,它是多样的小型市场的集合。那么,为了适应全球市场,企业就必须广纳贤才,将能够适应多样化市场的多样化信息源纳入麾下。这就是所谓多样性。

什么是多样性?简言之,就是与多种文化共存。年龄、世代、性别、国籍都意味着不同的文化。信息诞生于不同文化之间的接触点。对一个人来说是理所当然的东西,对另一个人来说是不可思议的——差异会产生噪声(Noise)。顺便说一句,信息由噪声转换而来,没有噪声的地方就没有信息,这是工科专业之一信息论研究者的常识。

多样性是指性别、国籍、少数族裔等要素的多样化,但如果要欢迎不同国籍、不同文化的成员加入组织,首先要学会欢迎"女性"这个"异文化"进入团体。与外国人不同,女性和既有组织成员共享相同的语言和相同的教育,因此相对来说,不存在什么准入门槛。反过来说,倘若连女性都不能很好地进入某个组织,那么外国人就更难进入了。

因此,我们不必为了提高多样性而特地实施什么花里胡哨的政策,只要变革前文提到的雇佣习惯,多样性就会自动提升。这就是我的理论立场。

个人的多样性

那么接下来让我们讨论一下,在如今的环境之下,(3)通过个人层面的努力,即个人和群体的自救和互助,我们又能做到什么呢?"我"到底应该怎么做呢?

(1)政府层面的体制变革、政策变化和(2)企业组织的体制改革和雇佣习惯变革,对于我们目前面临的生育和就业难题来说都是远水难解近渴。我在过去的数十年人生中一直期待这样的变革,可是至今没有任何改变的苗头出现。我甚至觉得,"日本沉没"很可能发生在"日本变革"之前。

随着就业形式的灵活化,工作方式的选择也在趋于多样化。但也有人指出，这其实是打着多样化的旗号，搞着破坏就业、放松劳动管制，拉大社会差距的勾当。在现在的日本，大约60%的女性劳动者是非正规劳动者。在如今这个时代，就连应届的女大学毕业生都要被卷入非正规就业市场。从这个角度来看，前文提到的三位作者所给出的建议，都只对那些取得正规就业席位的幸运儿有效。这也难怪大部分人听了之后都只会觉得"与我无关"。目前，把"女强人"打造成强大的战斗力是企业面对的最重要课题。因此，最近总是能听到为这些女性准备的职场生存建议。但是，如果以为正规就业意味着皆大欢喜，那可就大错特错了。即使是无论干什么都能达到满分水平的东大女生，毕业多年之后带着满脸愁容来办公室找我谈心的也不在少数。太过努力而身心俱疲的女性——还有男性——只会越来越多，不会越来越少。就算自己生存下来，也不知道企业能生存到什么时候。

迄今为止，女性共有两种生存战略：一是婚姻战略，二是劳动战略。可以说，原来女性的生存战略仅限于前者。这是因为当时只有几个有限的职业可以让女性自己养活自己。对于非正规就业的女性来说，名为"婚活"的婚姻战略可能仍然是最重要的课题，但实际上，正规就业女性的结婚率、生育率都高于非正规就业的女性。

既然是生存战略，那么肯定是两人合作比单打独斗强，三个人又比两个人要厉害，正所谓人多力量大。女性在考虑生存战略时，必须兼顾婚姻和劳动。下面按照家庭年收入降序列出了两者组合得出的各种选项：

①正规就业妻子＋正规就业丈夫；
②无业妻子＋正规就业丈夫；

③非正规就业妻子＋正规就业丈夫；

④非正规就业妻子＋非正规就业丈夫；

⑤正规就业的单身女性；

⑥非正规就业单身女性。

这些组合中收入最高的是组合①，即正规就业妻子和正规就业丈夫的组合。我曾经说明过，在以前，组合①中丈夫的收入不如组合②、组合③中的丈夫收入高，只有加上正规就业妻子的收入，组合①的家庭收入才会超过另两个组合。但是现在，事情起了些许变化。《均等法》实施以后，与男性收入相当的女性人数增加，在组合①中，高收入夫妇的数量越来越多。一个人收入已经很高，如果两个人在一起的话，家庭年收入就会更高了。这背后是男性配偶偏好的变化。高收入的男性选择高收入的妻子，或者说精英男性更喜欢精英女性。本来，精英女性就倾向于选择精英男性，但过去的精英男性倾向于选择社会地位稍低的配偶。现在，男女的配偶偏好逐渐趋向于一致了。埃斯平-安德森警告说，这些变化在欧洲已经出现，这将导致家庭收入的差距进一步拉大。这之所以是一条"警告"，是因为家庭之间的收入差距拉大，会导致不平等的代际再生产，进而拉低社会整体的效率。

组合②，也就是无业妻子和正规就业丈夫的组合，家庭年收入要高于组合③非正规就业的妻子＋正规就业的丈夫。之所以能够做出这样的判断，是因为如果丈夫的收入不足，他就无法支撑妻子做全职家庭主妇。不管在哪个时代，妇女参与非正规劳动的主要理由就是"补贴家用"。如果丈夫收入足够的话，没人愿意在这种不利的条件下工作。换句不那么具有性别研究视角的通俗说法，那就是

299

赞成"女主内"观念的年轻女性，更希望与有钱的男人结婚。

与双职工家庭相比，单身人士无论是正规就业还是非正规就业，都会在家庭年收入方面处于劣势。"单身贵族"也是经济弱者，贫困率也会上升。其中，占有经济资源的⑤正规就业单身女性与⑥非正规就业单身女性之间，不平等将逐渐产生。当我写作《一个人的老后》这本书时，关于必须区分两种老人——拥有"独居资源"的老人和没有这种资源的老人——有过一些讨论。前者应该称为"选择性独居"，而后者应该称为"没有退路的独居"。

而且虽然没有列出，但⑦非正规就业的单亲妈妈位于这个列表的最下层。单亲妈妈不仅需要维持自己的生计，还要承担孩子的抚养责任。据了解，她们的贫困率极高，生活保障金领取率也很高。⑥的顺序之所以比⑦靠前，是因为非正规就业单身女性与父母同住的比例较高。除了婚姻战略，女性的生存战略还包括与父母同住。尽管女性的经济状况在整体上并没有发生根本性的改善，但在父母所提供的基础设施的支持下，日本女性的非婚化正在不断推进。

根据上述分析，我们是不是应当建议女性找个正规就业的老公？找份正规就业的工作？或者两手抓，两手都要硬，也就是"婚活""求职"双管齐下？这实际上与以前并无区别。正如我们所看到的，求职中的赢家往往也是婚姻中的赢家；相反，如果输掉一个，也就意味着全盘皆输。于是，赢家和输家之间的差距越拉越大……

虽说，现在的女性拥有成为求职赢家这个新选项，但是女性的求职竞争之路是比男性更加狭窄的独木桥。并且，一旦找到工作就永远腾不出手来，事业与家庭不能两全。这样一来，这条建议也和以前没什么区别了。自从山一冲击[1]以来,丈夫职场的稳定性也受到了严重损害。首先,好不容易求职成功,本来可以在公司安定地干到退休,但由于这次经济萧条,又不知道什么时候就会被解雇。企业并不总是回报员工所做的贡献;相反,他们会毫不留情地推行企业改制。其次,如果努力过头,很有可能落到健康受损乃至过劳死的万劫不复之地。我们很难想象一个对丈夫的过劳死毫不在意的无情妻子。更现实的是,妻子越是依赖丈夫,越会在出事之后走投无路。

因此,上述组合中最危险的是组合②,也就是无业妻子和正规就业丈夫的组合。"昭和妻"可以说是风险最高的选项。似乎男性也开始意识到这一点,因此他们也倾向于避开希望成为"昭和妻"的女性。这样一来,希望成为"昭和妻"的女性结婚意愿虽然很高,但仍旧可能成为婚姻市场的败者。

甚至像胜间和代这样的新自由主义女赢家也建议大家不要依赖于公司,而要自立。应该说,无论是对公司的依赖,还是对丈夫的依赖,都是充满风险的。顺便说一句,依赖父母也是充满风险的。一开始是看起来不错,但如果时间长了,就会有承担照料责任的风险。[2]

经历过跳槽、辞职的男性,普遍有着这样的感慨:因为妻子有收入,他们才能安心地提出辞职。从此我们可以得出一个关键的经

---

1 山一证券株式会社是日本的大型证券公司,创立于1897年,与野村证券、大和证券、日兴证券并称日本四大证券公司。泡沫经济崩溃之后,山一证券经营状况恶化,公司采取不正当手段隐匿损失。事情败露之后,山一证券于1997年11月24日宣布停止营业,2005年解散,这一事件就是"山一冲击"。
2 日本并没有强烈的"养儿防老"观念,故有此说。

验：单一收入或双重收入都不是可靠的收入来源。我们必须使收入多样化，从而分散风险。

从实践上来讲，我们不应该把自己的命运托付给一个人或一个组织，也不能仅仅满足于单一收入或者双重收入来源。我们要追求三重，乃至四重收入，最大限度地使收入来源多样化。

事实上，比起个人，企业组织早就开始谋划生存战略以延长寿命了。为了应对组织内外的多样化，企业纷纷实行经营多元化、市场细分与多样化、人力资源多样化等战略，比如日本的关联企业。如果母公司安全，下属关联企业的运行自然也会顺畅无虞；但中小关联企业同时也在努力实现客户多样化和分散化。一些NPO为了减少对政府的依赖程度，制定了公共资金不得超过预算一半的规定。如果组织都具有如此灵活的多样化战略，那么个人为了生存下来，也应该多样化发展。我将这种生活方式称为"个人的多样性"。

回归"百姓"[1]生活

我从已故的日本中世史学家网野善彦那里受到启发，得到了这个想法。他大胆地改写了日本历史，主张日本的"百姓"并非定居农民。"百姓"的字面意思就是"各种各样的种姓"（くさぐさ

---

[1] 日语的百姓与汉语泛指人民的含义不同，在传统上（江户时代以后）指农民。在7—10世纪的律令制时代，日本实行良贱分籍，百姓泛指除天皇、奴隶等贱民、化外之民（虾夷人）之外的所有人民。后来，也指各种职业的从业者。日本的"姓"与中国的姓氏不同，在古代是氏族及其世世代代从事的职业的称谓，有种姓的性质。

のかばね），也就是多种多样职业的组合。他们根据气候风土，夏季种植水稻，冬季种植小麦和油菜。在农闲季节，他们纺织、烧炭以赚取现金收入，也有人拥有酿酒之类专业技能，可以外出打工。这些人并不仅限于农业，而是通过多种多样的职业谋生。最近，有人将第一、二、三产业结合起来，提出了"第六产业"的概念。但即使不创造这种新词，林区的加工业，比如木材加工业早已发展起来；养蚕的地区也有繁盛的纺织业。日本农民成为单一的稻作农民的时间并不长。只是由于工场手工业发展起来，社会分工逐渐确立之后，养蚕区逐渐成为单一的原料供应区，不再生产制成品。仔细想想就会发现，在现代化的过程中，分工和专业化的力量创造出了一批又一批被狭窄的专业领域限制的、片面的"专业人士"。

不论这些专业人士拥有怎样的高超技术，一旦环境条件改变，他们的专业技能随着落后的技术一起被淘汰，他们也就不再是可用之才。比如说当年的排字工、打字员就是被这样淘汰的。看来，不论是组织还是个人，都不应该为了适应某个特定的技术或者领域而过于特化。这是因为，生活本就不是这样的细分化、专业化的东西。在我看来，"后现代"作为现代化完成之后的时代，也是一个重新"去专业化"的时代。

沃勒斯坦的世界体系理论补充了网野善彦的观点。今后，正规就业必将越来越稀缺，因此未来将是一个多种收入的时代，而非单一收入的时代。这种收入形式也被称作"分散式家庭经济"[1]。能

---

1 原文是"持ち寄り家計"，指家庭聚会时参加者各自携带自己制作、购买的食物与大家分享。"分散式家庭经济"在这里指收入来源更为多元化的家庭经济模式，不同于以往男性家长挣钱养家的日本传统家庭。

够获得收入的成员当然是越多越好，但一个人也可以实行分散式家计，换言之，我们要选择不将自己的收入限定在一个单一来源。

正因如此，我一直主张"回归百姓生活"才是21世纪的可持续生活方式。确切地说，这个回归绝不是简单的复归，而是创造新的、多样的生活方式。我们想想看，只依赖一种收入来源的上班族生活的历史其实极为短暂，这种"现代生活方式"在历史长河中，仅仅是昙花一现。

至今为止，只有把自己生活的绝大部分时间和精力奉献给一个组织，只有拿到"正规就业"的入场券，劳动者的生活才能得到保障。相反，如果没能获得这种名为"正规就业"的承诺，劳动者的生活将无依无靠。将企业和自身合而为一——将个人利益与组织利益牢牢绑定，达到"我运即社运"的程度固然是好；但是，仅仅与企业签下劳动力的买卖契约，进行两不相欠的等价交换，不去谋求以"福利厚生"为名的企业福利，不把生活和人生一股脑儿地托付给企业，也不失为一种明智之选。这样一看，与正规劳动者相比，似乎非正规劳动者更符合我所说的"百姓生活"。当然了，前提是正规劳动与非正规劳动之间不存在如今这样巨大的收入和社会地位差距。

目前，很多专业技术人员和创作者都在实践这种生活选择。其中不乏在经济上和社会上都很成功的例子。这样的人可能受上天眷顾，拥有特殊的才能和旁人没有的条件。但是，根据每个人不同的能力和条件，"百姓生活"大概也会相应地有A级、B级、C级之类的等级区分。我认识一位日本女性，她远渡重洋，没有任何后盾就孤身赴美。这位女士在日本家庭中做过孩子的家教，也曾通过按摩的技能谋生，还一个人运营进出口代理业务，在国外顽强地生存了下来。就算不至于这么传奇，也有很多人同时在做两三份工作。比如可以工作日在公司上班，周末做电商，不定期开设讲座，还额外配置一些收益性资产；也有一些人在赚取固定收入的同时在一些NPO工作。正因为在某个领域可以认真赚钱，在其他领域才可以不计报酬地贡献力量——我认为这才是真正的志愿服务精神。

互助机制

"百姓生活"之"个人多样性"的优势之一在于，我们可以适应任何环境变化而生存下来。如果考虑一下日本女性的未来就会发现，"生存下来"是比可持续生活更迫切的问题。如果有多样性的技能傍身，倘若日本真的"沉没"，我们沦为无家可归的难民，也可以生存下来。不同于考取各种资格证所获得的技能，我所说的能力是指，一个人即使没有肉体上的力量，也可以利用这种技能调动其他社会资源为我所用。换言之，这种能力就是求生的能力。

这么说的话，似乎日本这艘缓缓下沉的泥巴船上，只有掌握了求生能力的人能够逃过一劫，其他人的呼救则被置若罔闻。这样一来，我这条建议似乎像一条只顾自己的自私建议，那样就有违我的本意了。因此在最后，我们来谈一谈：不仅要自救，而且更要互助。日本的就业之所以崩溃得如此之快，就是因为劳动者的力量薄弱。并且，把持正规就业的老爹们所领导的工会又与资方串通勾结。工会不仅没有保护非正规劳动者的打算，而且还在隔岸观火。

大多数劳动者认为职场中的工会根本没有帮助过自己。因此，工会的参与率越来越低。在"日式经营"三件套中，"企业内部工会"是共存共荣的劳资合作路线的象征。劳资双方利益一致时还好，但一旦劳资利益发生冲突，这条路线就行不通了。企业内部工会的功能早已陷入瘫痪，取而代之的是以个人名义就能加盟的社区工会、妇女工会和管理层工会。在一些地方，既有的工会早已成了摆设，这些组织为陷入绝境的工人提供了临时的庇护所。它们的组织者也都是在不公平的劳动条件下受尽压迫、无家可归的劳动者。可以说，这些新兴工会都是互帮互助的产物。竹信女士呼吁大家积极参与这些工会的活动。此前，这些工会的活动并没有多少人知道。

"我就是我，与他人无关。在集体之中真烦人，真老土！"这种心态是典型的新自由主义产物。新自由主义制造强者和弱者，但问题是弱者却和强者拥有着相同的心态。弱者也是独立的个体，没有理由依附于强者。但是，正因为弱者是弱者，所以弱者不得不依附于强者。当今社会，无论从哪个角度来看，女性都被既有权力结构置于弱者的地位。更何况，连家庭资源都没有的"单身贵族"是最弱的弱者。这也是我在《一个人的老后》一书中极为重视弱者互助的原因。因此，《一个人的老后》这本书，绝不是在鼓励大家完全不靠他人，去过一种咬牙硬扛的日子。

我们大概无法改变制度，也无力涉足政治。但我们和同伴或许有能力使自己的小世界变得更加舒适。"如果每一天都能高高兴兴地生活就好了"，为了创造这样的社会，很多女性前辈给我们留下了诸多智慧和经验。这些前人留下的宝物，就是这本小书的全部内容。

女性运动的存在意义就在于此。即使眼前的问题不能立即解决,但我们互相分担痛苦,使得受难者不仅不向苦难低头,还能重拾直面问题的勇气——千百年来,女性正是如此生存至今的。有人讥讽我们:"你们不过是互相舔舐伤口罢了!"没关系。受伤的人总要互相舔舐伤口。也正因如此,女性才会彼此联结起来。谨记勿忘!

最后的话

让我们再次回到第二节的开头:对于海老原的女性后辈,我们应该说些什么呢?

人生的盈亏不是五年、十年就能搞清楚的。她的职业生涯将因育儿而中断,她之前不让须眉的自尊心可能会被打破。但是,即使她选择把事业放在第一位,公司并不一定给予她相应的回报。这样一来,工作的压力必将转嫁到孩子身上,这可能给她带来无法挽回的遗憾。而如果为了眼前的孩子选择牺牲事业,她会享受到小生命成长的快乐。正如一个从未参与育儿的丈夫,以后必然为淡漠的亲子关系付出代价。比方说,一旦离婚,一位丈夫很可能因为孩子的一句"从没跟爸爸说过话"而丧失抚养权。不论育儿还是长期照护,这两种劳动都是等不得的。并且,至今没有任何一种职业像育儿和长期照护一样,对专业化如此排斥,对人的综合能力要求如此之高。一位女性在育儿期间获得的综合能力,不论在哪里工作都能派上用场。倘若真有哪个岗位用不上如此宝贵的综合能力,别犹豫，跳槽就行了。现在，人生越来越长，育儿时间越来越短。一定存在这样一个职场，能够让她在完成育儿之后，重返马力全开的工作模式。如果一家企业、一个组织任由她困在"妈咪轨道"上逐渐贬值，也不允许她挑战新的职业生涯，那么，这家企业、这个组织必然没有未来。又或者，能够让她一展身手的地方不是企业，而是社区或NPO。可能在这些地方工作更有社会参与感，能带给她更多的生机和活力。职业顾问福泽惠子[1]将这种不在企业中谋求晋升，而是在"After Five"[2]的场所一展才能的发展方式称作"横向发展"。这样，不仅收入来源将会变得多样化，而且生活的根基和自我认同也会变得多样化。这也是一种良好的风险分散方式。

　　思考如何工作，就是思考人生的资产负债表。听起来有些矛盾的是，正是拜各种歧视所赐，今天的女性得以更加中正平和地审视自己的人生资产负债表。

◆ 作者注 ◆

[1] 该书出版一年后，麓幸子女士迎来了小女儿的求职期，并在日经电子版实时连载《续·母子的求职战争》。

[2] 竹信女士在《每日新闻》连载的"Real 30's"的评论中也发表了同样的主张。

[3] 坂东真理子、上野千鹤子著《女人的后半生才有趣》（『女は後

1　福泽惠子就是第一章提到的早稻田大学《我们的应聘手册》的创立者和编辑之一。
2　"After Five"指下班之后的业余时间。

半からがおもしろい』，潮出版社，2011年）。

[4] 有人揶揄希望成为"昭和妻"的年轻女性，给她们起了一个诨名，叫作"AERA"。正如上文介绍过的，根据内阁府性别分工意识调查的最新结果显示，以"昭和妻"为人生榜样的比例在20多岁女性中居高不下。（*AERA*是朝日新闻社主办的一份杂志，读者以家庭主妇为主。——译者注）

后　记

今年7月，我也正式迈入了"老年人"的行列。就在前几天，我收到了政府寄来的"照护保险一号被保险者证"。就算真的如樋口惠子所说，现在是个"人生百年时代"，我的人生也已经过去了三分之二。或许正因为如此，最近回顾这个时代的著作越来越多了。[1]

"世道怎么这个样子，实在讨厌。"年轻时，我时常这么想。"老头子们，真烦。"这种念头也时不时地冒出来。不过等我回过神来，发现我也已经上了年纪，被更年轻的后辈逼问："到底是谁把世道搞成这个样子的？"现如今年纪已到，面对年轻人的逼问，我确实没什么托词。

是我们造成了核事故。是我们污染了日本列岛。我无法阻止、无法防范这些灾难：我就是同谋，我就是共犯——对不起。

是我们对女性处境不断恶化坐视不管。是我们制造了一个年轻女性不想生孩子的社会。虽说为了对抗恶化的现状，我也尽了一点儿绵薄之力，我曾说过，在这种世道下想生孩子才是奇怪的想法——这条预言后来也的确应验，但我的这点儿反抗力量还是太绵薄了。不，与其说是绵薄，不如说是彻底无力。我无法阻止、无法防范这些灾难：我就是同谋，我就是共犯——对不起。

说句实在话，我现在最大的想法就是向年轻的女性道歉。

但大家都明白，现在年轻的女性，也终将青春不再。

最近遇到40岁左右的女性，我总是这样说。

40岁是人生的转折点。仍在蒸蒸日上，衰老也确确实实。虽说还能继续奋斗20年。但20年后，她们一定又要被更年轻的后辈逼问："到底是谁把世道搞成这个样子的？"

而20年的时间又是如此白驹过隙。

这本书的写作是一项艰巨的任务。自不必说，去年12月的众议院选举和今年7月的参议院选举过后，这个担子就更重了。

为什么呢？不管怎么讲，日本政治都正朝着对女性不利的方向发展。这并非因为女性不曾发声。从各种民意调查来看，女性早已清晰地对核电问题和宪法问题表明态度，但女性的态度似乎从未反映在政治上。

我正在把自己在各种场合所说、所写全部整理起来。我想准确地记下日本女性生活在什么样的现实中。一旦下笔，再难停笔，一章接一章，一口气写了12章。

本书主要讨论《均等法》颁布至今的近30年，也就是新自由主义改革的30年。我认为对于女性来说，劳动问题和雇佣问题无疑是这个时代最深刻的问题，本书因而聚焦于此。换句话说，没有工作，就没有饭吃。养得起家庭主妇的男性急剧减少。这并不是因为女人抢了他们的饭碗，而是新自由主义者的错。如果非要恨，不要恨女人，去恨那些推动新自由主义改革的罪犯吧。

这30年与我参加工作后的30年人生几乎完全重叠。这本书不仅仅是一部评论，也绝不仅仅是一份研究。这是一个时代的记录。在这个时代中，我有时怒，有时笑，有时被算计，有时也抱憾。

《均等法》颁布时，我在一所女子短大当教员。当时，我首先开设了女性学的课程。在课堂上，我对大家说："各位，《均等法》昨天在国会通过了！"……不过，我不得不补充一句："和在座的各位关系不大。"那种悲凉的感觉我至今无法忘怀。当派遣劳动者和合同工被随意解约时，我禁不住想：来了，这一天终于来了。为了废除结婚离职制度、30岁离职制度，女性劳动者前辈们进行过无比艰苦的斗争。今天她们的成果毁于一旦了。资方在劳动者面前总是占尽先机。随着"总评"解散、"联合"成立，我痛苦地意识到，轰轰烈烈的日本战后劳工运动终于走向了终结。因此，这本书也是我对这个时代的一份证言集。

女权主义高扬"女性也要走出家门去工作"的旗帜。"让女性去工作"同样是新自由主义的意图之一。于是女权主义与新自由主义抱着同一个目的，进入了短暂的蜜月期。但女权主义者万万没想到的是，新自由主义给女性提供的竟是如此一种劳动方式。女性要么抛弃家庭和孩子，选择一种和男性一样的工作方式；要么抛弃稳定的雇佣关系，成为一次性的灵活劳动力。《均等法》的出台，实际上是逼迫女性进行选择的第一步。但对于那时的女性来说，左右为难才是她们真正的心里话。

另一方面,女权主义也要求"男性也要承担家庭责任",但这条呼吁完全石沉大海。Facebook首席运营官谢丽尔·桑德伯格(Sheryl Sandberg)在她的新书《向前一步》[2]中写道:女性早已活跃职场多年,但不论在职场中还是在家庭中,男性和女性的关系始终不曾改变。读到她的文字,我意识到原来美国也是如此。桑德伯格随后指出,重要的是男性做出改变:只要男性不承担家庭责任,女性的工作方式就不会改变。可是,作为两个孩子的母亲,桑德伯格本人在产下幼子之后也没有得到丈夫的照顾,她依靠保姆才渡过了这一难关。现在,Facebook正在推行下午五点半下班的制度,但她在书中并没有提到她的丈夫是否也能五点半下班回家。

我在20多年前的著作《父权制与资本主义》中曾经预测,职业女性的家务和育儿负担,并不会转移到机会成本极高的丈夫身上,而是会由外包、商品化以及机械化的力量分担。现在看来,这个预言已经应验。

与经合组织内的其他国家相比,日本男性参与家务劳动的时间最短。有人认为,这一现象的原因在于,日本男性的工作时间相比于其他经合组织国家的男性工作时间都要长。所谓日本父亲不承担家庭责任是心有余而力不足,完全是一派胡言。在我看来:首先,日本男性没有这个意愿;其次,企业也不希望日本男性这样做;最重要的是,日本妻子也并不这样要求他们。这是为什么呢?因为日本的妻子们从不想为了家庭而牺牲丈夫的事业。正因如此,日本女性只能反过来委屈自己,于是她们把不满和怨恨都积累在育儿过程中。我亲眼见过无数年轻女性在如此纠葛中与丈夫日益水火不容,乃至最终分道扬镳。

在我们这个时代，"工作或家庭"的选择题已经变成了"工作和家庭"的必做题。这意味着女性的选项变得更加狭窄，负担变得更加沉重。不过，男人们依然只能从"工作或工作"中进行选择。与工作相比，家庭的价值完全微不足道。这就是新自由主义改革的结果。日本社会既不想在孩子们身上花钱，也不想在孩子们身上投入人手。日本社会在表面上"再苦也不能苦孩子"，实则是一个仇视孩子的社会。在这样的社会中，难怪女性都无意生育下一代。

《文学界》[1]杂志是一个为自由表达、自由书写提供空间的媒体。可我为什么会在《文学界》投稿呢？在每期的文学作品中，我那些艰深难懂的稿件连载似乎显得格格不入。打开杂志就会发现，只有我的稿件密密麻麻，全是汉字，与其他版面对比起来充满违和感。不过，文学也是从同时代的现实中诞生的，绝不是与社会无关的东西。当然了，也同样有很多读者期待我的连载。当时，是主编田中光子拍板接受我的稿件。不愧是作为女性主编的英明决断。最近不仅是《文学界》，《世界》还有《新潮45》之类并非"女性杂志"的杂志社中，女性主编越来越多。就这一问题，在稿件连载期间，我接受了一位记者的采访。"那是因为杂志本来就在走下坡路吧。""正所谓遇到麻烦事，就找女人来解围。"听到我一如既往的毒舌，田中主编却赞同地说："确实如此。"这么说来，我发现弱小政党的领袖似乎往往是女性，安倍政府也总是把女性当作救火

---

[1] 《文学界》是由文艺春秋发行的月刊杂志，主要内容是纯文学。《文学界》与新潮社发行的《新潮》、讲谈社发行的《群像》、集英社发行的《昴》、河出书房新社发行的《文艺》并称"五大文艺杂志"。

队长使用。

虽说如此，女性能够一展身手的空间越来越大也是事实。只有身居高位、乾纲独断，才能有权拍板："就这么干！"桑德伯格也说过，位置升得越高，工作越是好搞。顺便一提，当初是两位年轻的女编辑拍板，决定让我做这个项目。她们是衣川理花和鸟岛七实。她们二位都是东京大学的优秀生，也都是我的研讨班学生。现在，她们在文艺春秋这家名企就职，也受了不少"爹味企业"的文化冲击。"事到如今还说什么？之前你不知道吗？"听她们二位的抱怨，我起初挺想说她们两句。不过，越听越发现，我想得还是太简单了。

说实话，我还真没想过文艺春秋会出版我写的书[3]。当然，我肯定没有改变。从这个意义上说，应该是文艺春秋早已悄然改变。最重要的是，他们聘请了女性编辑。正是由于女性在其中努力生存了下来，才带来了出版社今天的改变。文艺春秋，您能够出版我的书，真的十分感谢。

后来，鸟岛编辑因工作调动，不再负责本书的编辑工作。同样毕业于东京大学的丹羽健介编辑加入进来，于是本项目成了一个"男女共学"的团队。丹羽编辑向我坦白，他在东大时也参加过我的研讨会，只不过半路知难而退了。这次，丹羽编辑想要一雪前耻，打一场漂亮的翻身仗。他为本书的编辑出版出了很大力。

回归正题。不管在怎样的世道之下，女性都必须顽强地生存下去。

比起社会的可持续发展，我们要优先选择自己的生存。在我看来，时代终于到了逼迫人们做如此抉择的时候了。

军国主义时期的日本把无辜的人民推向战争深渊；现在的日本政府尸位素餐，以致海啸和核事故的灾难。在这些灾难之后，男人们或者推诿争斗，或者茫然自失。看看吧！一手牵着孩子、一手拉着老人，努力逃生的人，不是别人，而是女性。想方设法填饱孩子们的肚子、寻找避难所的人，不是别人，而是女性。

最近，如果遇到和年轻人谈话的机会，我已经不和他们说什么"你们担负着日本的未来"之类的话了。正如之前所说，日本早就成了一艘泥巴做成的船。正如敏锐的小动物们纷纷逃出沉船一样，你们也快快逃生吧。与舰同沉是船长的责任，你们不需要一同殉葬。这个国家不值得你们做什么。相反，你们快逃吧，不管在世界的哪个角落，活下去就好。不管你们怎么做，不管你们在哪里，充满活力地活下去就好。如果我有亲生儿子或者亲生女儿的话，我一定也会这样劝告他们，而不是任由他们困死在这片土地上。

我们这些造成核事故的罪人，没有资格要求年轻人留在这块被污染的土地上，让他们继续养育他们的子孙。

是啊。事到如今，怎么可能拉下脸来，向年轻人做出这样的请求（不过，还真有些厚颜无耻之徒要求那些离开家园避难的人回到被核污染的土地上，要求重新开启核反应堆）。这就是报应。对于"把世道搞成这个样子"的罪人的报应。

但是，如果你不能逃离，或者你不想逃离的话……请务必谨记弱者的抗争。即便是官邸前的游行示威，即便是不受欢迎的女权主义，这些绵薄之力或许真能为世界带来些许改变。"当年你在哪里？你在做些什么？"你想面对儿孙这样的质问吗？如果不想，那

317

就请做一个知其不可而为之的斗士。

而我，只能为诸君的生存作战祈福了。

上野千鹤子

2013年盛夏

◆ 作者注 ◆

［1］ 上野千鹤子、荻野美穗、西川祐子著《在女性主义时代生存》（『フェミニズムの時代を生きて』，東京：岩波現代文庫，2011年）。上野千鹤子著《女性的思想：我们，不会忘记你》（『〈おんな〉の思想　私たちは、あなたを忘れない』，集英社インターナショナル，2013年）。

［2］ シェリル　サンドバーグ著（2013）『リーン　イン——女性、仕事、リーダーへの意欲』，日本経済新聞社。［谢丽尔·桑德伯格（Sheryl Sandberg），美国计算机领域经营企业家、Facebook首席运营官和第一位女性董事会成员。她的著作《向前一步》俨然已经成为新自由主义女权主义的圣经，而Lean In也就成了新自由主义女权主义的代名词，相当于本书所说的"胜间路线"。原书：Sheryl Sandberg, *Lean In: Women, Work, and the Will to Lead*, New York: Knopf, 2013. 中文版于2014年由中信出版社出版。——译者注］

［3］ 我从文艺春秋出版的第一本书是与辻井乔先生合著的《后消费社会的未来》（『ポスト消費社会のゆくえ』，文春新書，2008年）。当时的负责人也是一位名叫河村容子的女性编辑。

译后记

经过近一年的翻译、审校和修改工作,《女性生存战争》中文版终于要交给读者批判了。这本书篇幅不长,也并不是艰深难懂的学术著作。但正因如此,这本书的实践意义将远大于其理论意义。

自1985年日本政府颁布《男女雇佣机会均等法》至本书在日本出版的2013年,近30年的社会变迁构成了这本书的叙事语境。本书介绍了这三十年间日本女性在教育、就业、婚恋、生育、照护等方面直面的种种挑战,同时系统地探讨了性别、新自由主义与国家主义之间错综复杂的关系。本书的主要内容来自上野千鹤子在不同杂志上发表的文章、演讲稿,这些针砭时弊的文字时常夹杂着作者的嬉笑怒骂。本书基于性别视角写就,又有政治经济学分析的深度,还是一部容易阅读的"轻学术"著作,填补了中文性别研究著作在这方面的空白。

1970年,随着反越战和左翼学生运动气氛高涨,参与运动的女学生逐渐体会到了根植于新左翼运动"日常"中的矛盾：即便在激烈的学生运动中，女性依然需要遵循性别劳动分工。1970年10月21日（日本的"国际反战日"），一队女性在东京游行中高喊"女性解放（ウーマンリブ）"的口号，自此拉开了日本第二波女权运动的序幕。田中美津、榎美沙子、秋山洋子、上野千鹤子、井上辉子等人纷纷加入日本第二波女权运动的浪潮中。

本书前三章介绍了日本第二波女权运动的两项成具《男女共同参画基本法》和《男女雇佣机会均等法》的历史意义和评估。审校者有幸作为一名学生，聆听过上野千鹤子老师为日本御茶水女子大学性别专业硕博生开设的课程（2015年10月到2016年1月）。当时，上野老师选用的教材正是这本刚出版不久的《女性生存战争》。除了上课，我们还要求参加了一场由日本学术会议组织的研讨会。这场研讨会的题目是"均等法这只丑小鸭长成白天鹅了吗"。《男女雇佣机会均等法》自1985年颁布后，历经数次修改，变得愈加完善，被外界戏称为"丑小鸭变成了白天鹅"。但是，就像作者在本书第三章"劳动大爆炸"中提及的现实问题：1985年以后，日本政府逐渐放宽劳动力管制，拉大了社会差距，特别是拉大了女性之间的差距。一方面，有部分女性走向综合职岗位，另一方面，大量女性进入劳务派遣领域，成为临时工、合同工、承包工、兼职等非正规雇员。换言之，非正规就业的女性化问题逐渐凸显。这次研讨会上，大家一致认为，尽管《均等法》颁布实施已有30余年，日本女性的就业状况并没有改善。而这一结论也印证了当初反对立法的妇女团体的担忧。南希·弗雷泽（Nancy Frazer）指出，有人利用女权主义对"家庭工资模式"的批评，为"弹性资本主义"赋予正当性，女权主义因而沦为了新自由主义的"婢女"[1]。日本反对《均等法》立法的妇女团体早已敏锐地察觉到这一点，比南希·弗雷泽早了几十年。

1992年，丽贝卡·沃克（Rebecca Walker）在杂志 *MS.* 上发表了一篇名为《成为第三波》的文章，标志着第三波女权运动的开端。第三波女权运动试图超越第二波女权运动中存在的对阶级、种族、性少数的偏见。日本较少讨论第三波女权运动，本书正好补全了日本第二波女权运动到第四波女权运动（2010年左右）之间30年间的女权运动的历史。而这30年也是日本泡沫经济破裂之后新自由主义改革的30年。作者从性别研究和政治经济学视角分析新自由主义改革对性别的影响，令人耳目一新。具体来说，第四章从宏观角度分析新自由主义改革如何导致少子化问题产生；第五章和第六章作者通过母女关系这个巧妙的微观视角，展示了女性是如何利用代际间策略应对新自由主义改革导致的"女女格差"，以及女儿的双重负担。

另一方面，新自由主义改革也拉开了社会整体差距，还有一部分人从既得利益集团中跌落。第七章、第八章作者介绍了"男性败犬"，并且详细记述了亲身经历的保守逆流下女权运动受挫的历史。另外，作者第九章解答了"新自由主义改革下女性是否受益"这个提问。第十章、第十一章针对经济学家川口章在其著作《性别

---

[1] Fraser, Nancy. "*How feminism became capitalism's handmaiden - and how to reclaim it*"（《女权主义如何沦为资本主义的婢女》），The Guardian, 30th June 2013, https://www.theguardian.com/commentisfree/2013/oct/14/feminism-capitalist-handmaiden-neoliberal

经济差距》的主张（性别歧视对企业来说是"经济合理"的行为）进行了质疑和批判。

正如开头所说，《女性生存战争》是一部通俗性大于学术性的著作，具有很强的现实意义，抽象的理论阐述并不多见。但正是这一特征，使得本书的翻译工作要比一般的学术翻译更具挑战性。"具体之所以具体，因为它是许多规定的综合，因而是多样性的统一。"[1]上野千鹤子展现给读者的是一个具体的日本社会，这个社会由政治、经济、法律、道德、习惯等诸要素构成，这些要素的背后又有各自的历史和权力结构。这个诸要素构成的整全总体就是日本女性的"生存战场"。对于日本读者来说，本书之所以通俗易懂，就是因为作者直接呈现了这个熟悉的、整全的世界，而非用理论将其分析得七零八落，但是反过来说，对于中国读者来说，作者对具有各种要素的日本社会描述可能成为阅读和理解的障碍。为了让中国读者能够通过文本，走进这个丰富的总体，从而感性地理解日本女性的处境，译者必须替读者扫清障碍。

这个工作的主体部分并非翻译本身，而是译者注。译者为人名、著作、法律、制度、语言表达等可能构成理解障碍的内容加入了尽可能详尽的注释，审校者也逐条审阅、修改了这些注释，为其准确性和可读性保驾护航。本书约18万字，其中1.4万余字都是译者注。在进行这一工作的时候，译者时常扪心自问：加入如此多的注释，是否有画蛇添足、喧宾夺主之感？做得越多，出错的可能性是不是越大？但译者的责任不仅是翻译文本，更是转换语境。译者

---

[1] 马克思：《马克思恩格斯全集》中文第二版第30卷，人民出版社1995年，41页。

的目标就是让读者能够在译者注的帮助之下"无痛"阅读这部著作,走进日本女性的生存战场。如果读者觉得阅读本书的体验还算轻松,不会被不断冒出的新名词打断思路,那么译者和审校者就不会在乎"喧宾夺主"或者"画蛇添足"的批评了。这些冗长的脚注难免出错,请各位师友、读者批评指正。

其次,在文字方面,译者尽量保持了原文口语化的文风,对于能够直译的部分,译者尽量保持原文原意;对于谚语、俚语和文字游戏,译者或将其替换为含义一致、语气相同的汉语俗语,或者按照原文形式编排新表达。因此,有些地方矫揉造作,有些地方语气古怪,也请大家多多包涵。

最后,是专有名词的翻译。这是一部女权主义著作,涉及诸多性别研究领域的专有名词,尤其是性别相关的日本法律、制度等。很多名词都是在本书中首次译为汉语,缺乏参考。在专有名词方面,译者秉持以下原则:如果原文为汉字表记,且不影响中国读者理解,或有特殊含义的,则保持原有汉字;如果原文为汉字,但中国读者无法理解或容易产生歧义的,则在尽量保留原有形式的前提下进行翻译;原文为外来语的,则参照词源语言的标准译法进行翻译。审校者在这方面投入了巨大精力,运用专业知识以保证翻译的准确性。但时间紧任务重,出错难免,不足以成为以后译者的参考,希望大家多多指正。

由于学科背景不同、语言表达习惯也有差异,译者和审校者在翻译审校过程中吵吵嚷嚷,热闹非常。在这里我们互相致敬、互相致谢,也希望我们的工作不会为上野老师的著作拖后腿。

我们必须感谢复旦大学历史学系的陈雁教授。陈教授为我们提供了这次宝贵的机会，让我们，尤其是名不见经传的译者有幸翻译上野老师这部重要的著作，我们无以为报，只能尽全力保证翻译质量，不辜负陈教授的信任和托付。复旦大学外国语言文学学院日语语言文学系的艾菁老师、大学英语教学部的夏威老师为译者提供了重要的帮助和指导，译者在这里衷心感谢二位老师的教导之恩。译者的父亲郭建斌先生是从业30余年的老编辑，他审阅了全稿并进行了极为细致的校对和修改。谁言寸草心，报得三春晖。没有他无私的工作和译者母亲张桂峡女士的支持，没有他们的生产劳动和再生产劳动，这部译稿不可能与各位见面。译者、审校者的同学、朋友也群策群力，为本书的细节出谋划策，限于篇幅，无法一一提及，在这里向他们致以最诚挚的谢意。

吾辈爱自由，勉励自由一杯酒。

用鉴湖女侠秋瑾的诗句作结，诸位共勉！

郭书言　李亚姣

2022年9月15日

读客®女性主义文库